谁在研究中国
海外中国研究中心要览

梁占军　方强◎主编

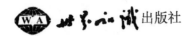

世界知识出版社

图书在版编目（CIP）数据

谁在研究中国：海外中国研究中心要览／梁占军，方强主编. --北京：世界知识出版社 2023.12
ISBN 978-7-5012-6638-8

Ⅰ.①谁… Ⅱ.①梁… ②方… Ⅲ.①社会发展—研究机构—概况—中国 Ⅳ.①D668-24

中国国家版本馆 CIP 数据核字（2023）第 054945 号

责任编辑	狄安略
责任出版	赵　玥
责任校对	陈可望

书　　名	**谁在研究中国：海外中国研究中心要览**
	Shui zai Yanjiu Zhongguo：Haiwai Zhongguo Yanjiu Zhongxin Yaolan
主　　编	梁占军　方强

出版发行	世界知识出版社
地址邮编	北京市东城区干面胡同 51 号 （100010）
网　　址	www.ishizhi.cn
电　　话	010-65233645 （市场部）
经　　销	新华书店
印　　刷	北京虎彩文化传播有限公司
开本印张	787 毫米×1092 毫米　1/16　18¾印张
字　　数	313 千字
版次印次	2023 年 12 月第一版　2023 年 12 月第一次印刷
标准书号	ISBN 978-7-5012-6638-8
定　　价	80.00 元

代序：海外中国学研究的历史脉络

中华文明源远流长，作为世界几大古代文明中唯一没有中断并延续至今的文明，在历史上从不乏羡慕、尊崇和学习者。早在隋唐时期，日本就派遣多批使者到中国学习汉字、艺术、政治体制、建筑、宗教等。日本幕府在江户的都城就是参照唐都长安建成，日文至今尚保留大约 1/3 的汉字。其他的东亚国家如朝鲜、韩国和越南等也都从中华文明中汲取众多精华，其中包括汉字、大乘佛教和科举制度。到了 13 世纪，意大利旅行家马可·波罗（Marco Polo，1254-1324）到达当时正处于元朝的中国，对中国的大运河、纸币、邮政系统、美丽的树荫大道和元朝对宗教的宽容政策等都充满了兴趣和羡慕。他写的关于他在中国和印度的见闻不仅是欧洲第一本"解开东方（神秘）面纱"的书，而且也是"在以后相当长的时期内唯一一本关于东方的书"。从某种意义上说，马可·波罗是西方最早的汉学家。他的游记在一定程度上激发了葡萄牙、西班牙、荷兰、法国、英国等欧洲国家发现新大陆的浓厚兴趣。①

不过，近代以来，尤其是西欧第一次工业革命以后，随着中西贸易和政治交往的深入，西方国家对中华文明的观察和了解逐渐扩大和深化。特别是在 20 世纪中叶以后，西方国家对中国学的研究兴趣日增，加快设立了中国学研究中心并由政府和民间基金会投入巨额资金用以扶持中国学的发展。虽然目前国内有一些介绍海外中国学的研究，但尚未有一本较为详细的介绍海外高校中国学研究机构的著作。本书的主要目的是希望能在这方面做些开创性的工作。

---

① Milton Rugoff (eds.), *The Travels of Marco Polo* (New York: Signet Classics, 1961), pp. 8-9.

一、早期阶段：传教士中国学学者

一般而言，近代西方国家对中国学的研究大致经过了四个阶段。传教士进入中国传教是近代西方了解中华文明最初步和直接的阶段。自从1517年马丁·路德在自家门上贴出声讨罗马教皇的《九十五条论纲》后，欧洲爆发了延续百年的新教和天主教之间的争斗和战争。为了拯救陷入危机的天主教并努力扩大其影响，西班牙牧师伊格内修斯·洛约拉（Ignatius Loyola, 1491-1556）等在罗马教皇的支持下于1540年建立了"耶稣会"（Society of Jesus），并派遣耶稣会士（Jesuits）到亚、非、拉等洲传教。其中，一些著名的耶稣会士如利玛窦（Matteo Ricci, 1552-1610）、汤若望（Johann Adam Schall von Bell, 1591-1666）、南怀仁（Ferdinand Verbiest, 1623-1688）等在明末清初不辞万里到达中土传播天主教。虽然这些天主教传教士在康熙末年和雍正时期因为反对中国天主教徒祭祖和祭孔而与清朝政府决裂，并被禁止入境和传教，且乾隆时期实施了更严厉的禁教措施，但是少数传教士依然冒死秘密潜入中国进行传教。[①]早期的耶稣会士和清朝后期的大多数传教士一样，他们到中国的主要目的是宣教，吸引更多的中国人加入基督教，而将中华文化向西方介绍和传播则是附属或顺带的事情。到了鸦片战争前期，随着中西贸易活动（包括鸦片走私）和文化交流的进一步扩展，更多的传教士（其中不乏一些来自美国的新教传教士）到达了清朝当时唯一对外开放的口岸广州。

早在1807年，英国传教士马礼逊（Robert Morrison, 1872-1834）就开始到中国广州传教。鉴于当地中国人有一些不良的卫生习惯，马礼逊先后在广州和澳门开办了几所医院为中国人治病。1818年，马礼逊建立了中国第一个教会学校，用于传教和介绍西方先进的近代科技和文化。容闳是中国近代第一个留美学生和1872年留美幼童计划的倡导人，他就毕业于这个学校。马礼逊不仅努力将基督教和西方近代文化和科技传到中国，还尝试

---

① John W. Witek, S. J., "Christianity and China: Universal Teaching from the West," in *China and Christianity: Burdened Past, Hopeful Future*, eds. Stephen Uhalley Jr. and Xiaoxin Wu (London: Routledge, 2001), pp. 11-28, 20-21; Jonathan D. Spence, *Emperor of China: Self-Portrait of Kanghis* (New York: Vintage Books, 1974), pp. 79-81.

向西方介绍中国文化。1815 年，马礼逊编纂了《英华字典》。两年后，他又将一万多本中文书籍带到英国向英国民众介绍中国语言和文学。同时，他还将《论语》和《朱熹集注》翻译成了英文。另一个早期英国传教士麦都思（Walter H. Medhurst, 1796-1857）在中国传教期间创办了中国近代第一个印刷所——墨海书馆。1838 年他发表了《中国的现状与传教展望》，向西欧介绍中国的历史与文明，包括中国的礼仪、文化成就、语言文字、法律等。① 根据丹麦学者柏思德（Kjeld Erik Brodsgaard）的研究，近代欧洲的汉学远比美国建立得早。早在 1814 年，汉学作为一门学科在欧洲就已经存在。当时，法兰西学院设立了"汉语和鞑靼-满语语言与文学教席"；而在英国，汉学要晚一些才获得学术地位。②

19 世纪，英国和西方对中国学研究最出色的学者和传教士应该是理雅各（James Legge, 1815-1897）。根据理雅各女儿所写的回忆录，理雅各在 1839 年接受伦敦传教士协会的召唤后到东南亚传教，鸦片战争后他转移到香港传教。理雅各对中文和中国文化有很深的研究。据说太平天国运动爆发后，有一次理雅各等一行传教士到广州黄埔坐船去太平军的营地时，理雅各对中国船员说："你们中国人因为外国人不能说你们的话而看不起他们，但是现在你们看，有我这样一个英国人能够说中文。"中国船员们都惊讶地说理雅各的中文说得真好。在中国传教的同时，理雅各还认真翻译了许多中国古典文献，包括《论语》《诗经》《易经》《书经》《孝经》《礼记》《道德经》等 23 部。1875 年，理雅各获得法兰西铭文与美文学院颁发的被后人誉为"汉学界诺贝尔奖"的"儒莲奖"。1876 年，一些中国商人和理雅各的英国朋友筹资 3000 英镑给牛津大学，希望聘请理雅各为中国学教授。这样，理雅各从一个传教士和中国学的爱好者变成了世界顶尖的牛津大学的第一个中国学教授，并一直任教到 1897 年去世。理雅各在牛津大学开设了中文课，部分学生上了一到二年中文课后就被英国的殖民办公室派往中国和缅甸。学生们对理雅各的教学评价很高。③ 1880 年，理雅各在

---

① 黄建刚：《晚清西方传教士对中国现代化进程的贡献》，《社科纵横》2015 年第 8 期，第 87—91 页。

② ［丹麦］柏思德：《欧洲的中国研究》，吕增奎编译，《国外书刊信息》2008 年第 5—6 期。

③ Helen E. Legge, James Legge, *Missionary and Scholar* (London: The Religious Tract Society, 1905), pp. 9-27, 204-223.

伦敦的长老会学院（Presbyterian College）作了四个有关中国儒家和道家的讲座，之后都收录在一本名为《中国宗教》的书中。有一则书评这样评价理雅各的《中国宗教》："这本书是目前对这种难懂的科目最通俗和易懂的解读……"①

其他努力向西方人介绍中国文化的英国传教士还有李提摩太（Timothy Richard，1845—1919）和苏慧廉（William Edward Soothill，1861—1935）。李提摩太长期在山东省和山西省传教，并帮助建立了山西大学。他在上海还建立了翻译部，翻译英文科技文献，帮助中国官员和学者了解西方近代科技。李提摩太要求西方传教士能学习中国文化，主张中西文化融合，并通过翻译《西游记》等中国读物在西方传播中国文化。② 苏慧廉在温州传教26年，先后发展基督徒万余人。他把自己对中国文化的研究成果如《中国与西方》《中国与英国》《儒释道三教》以及《论语英译》等在英国出版，希望向英国读者介绍中国的传统文化。他在中国学上的成就和知识得到牛津大学的赏识并被聘请为该校的中国学教授。③

独处新大陆的美国虽然建国比很多欧洲国家晚，但是在1803年从法国购买了路易斯安那后，它一跃成为领土辽阔的大国。自17世纪约翰·温斯洛普（John Winthrop，1588—1649）在波士顿建立以新教清教（Puritan）教义为宗旨的马萨诸塞湾公司（Massachusetts Bay Company）以来，④ 新教在美国一直占据着统治地位。19世纪初期，随着欧洲传教士开始进入中国宣教，美国的一些新教传教士也在教会的资助下来到广州。根据迈克尔·C.拉齐奇（Michael C. Lazich）的研究，鸦片战争前，美国到中国的传教士只有6人。⑤ 与英国和其他西方国家早期的传教士一样，美国传教士的主要事业是宣教，力图在中国发展基督徒，而介绍传播中国文化则是附带的工作。最早的美国传教士是美部会（后改称"公理会"）的裨治文（E. C.

① 参见牛津大学东方学教师网站：https://www.orinst.ox.ac.uk/chinese-0#/。
② 柯慧娟：《英国传教士李提摩太对中西文化交流的影响》，《档案溯源》2015年第5期，第92—93页。
③ 黄建刚：《晚清西方传教士对中国现代化进程的贡献》，《社科纵横》2015年第8期。
④ Edmund Sears Morgan, *The Puritan Dilemma: The Story of John Winthrop* (London: Longman, 2007).
⑤ 这一数字与韩德的研究稍有出入，韩德认为1839年美国在华传教士有7人。Michael H. Hunt, *The Making of a Special Relationship: The United States and China to 1914* (New York: Columbia University Press, 1983), p. 25.

Bridgman，1801-1861），他于 1830 年 2 月到达广州并在几年中掌握了中文。尽管最初在华传播基督教很不成功，也很少有华人愿意信基督教，但裨治文还是在 1832 年创办了世界上第一个中国学杂志《中国丛报》（*Chinese Repository*），目的是向西方人提供一个英文表达的学习中国文化的论坛。与此同时，为了让中国人了解世界其他地方，裨治文还与他的同事合作出版了一系列中文刊物介绍世界地理、西方历史和西方学术，客观上增进了中国对世界尤其是对西方的了解。1839 年，出于对西方国家走私鸦片行径的痛恨，裨治文在《中国丛报》上发表了林则徐致英国女王的信，并批评西方很多国家和基督徒都参与了鸦片走私贸易。①

1836 年，另一个美国传教士埃德温·斯蒂文斯（Edwin Stevens，1802-1837）在广州传教时偶遇日后的太平天国领袖洪秀全。当时洪秀全正在广州城参加科举考试，在街上碰到斯蒂文斯和他的中国教徒，其中一人塞给了洪秀全一本传教小册子《劝世良言》。这本书据说对洪秀全创办拜上帝教乃至对太平天国的发展都有重要意义。②

近代史上最知名的美国传教士应该是伯驾（Peter Parker，1804-1888），这位耶鲁大学医学院的毕业生在鸦片战争前就到广州开设诊所。通过医治数千名中国病人，其中包括清朝官员林则徐和耆英等，伯驾获得了很高的声望。1840 年，伯驾不甘于仅仅在华治病和传教，他试图在中美外交方面有所贡献。他充分利用他对中国的了解与当时的美国总统、国务卿和重要议员会面，要求美国政府在当时的中英冲突中发挥更大的作用。1844 年中美商讨签订《望厦条约》时，伯驾和裨治文等传教士成为美国特使凯莱布·顾盛（Caleb Cushing）的中国顾问和翻译。经过多年的传教，传教士们对中国的了解远比仅在中国通商口岸短期停留的美国外交官多得多。因此，美国学者韩德（Michael H. Hunt）指出，伯驾和裨治文经常可以影响美国的对华政策。美国特使顾盛也赞扬两位传教士顾问为"值得表扬的顾问并对中国有着长期而精准的了解"。③ 比如，正因为裨治文坚决反

---

① Michael C. Lazich, "American Missionaries and the Opium War Trade in 19th-Century China," *Journal of World History*, Vol. 17, No. 2 (Jun. , 2006), pp. 197-223, 198-205.

② Jonathan D. Spence, *God's Chinese Son*: *The Taiping Heavenly Kingdom of Hong Xiuquan* (New York: W. W. Norton, 1996), pp. 30-32, 64.

③ Michael H. Hunt, *The Making of a Special Relationship*: *The United States and China to 1914*, p. 31.

对鸦片贸易，中美《望厦条约》最终与中英《南京条约》不同，其明确禁止美国人参与鸦片贸易，违反者将被交由中国政府处理。不过，正如迈克尔·C. 拉齐奇所说的，虽然《望厦条约》禁止美国人参与鸦片贸易，但由于外国人享有领事裁判权，从事鸦片贸易的美国商人可以轻易躲过中国的法律制裁。①

与理雅各和裨治文不同，伯驾的中文并不是很好。根据美国学者史景迁（Jonathan D. Spence）的观点，伯驾并非像他声称的那样热心传教。实际上，伯驾仅仅是散发了一些基督教宣传册，而他更在乎的是权力和金钱。1845 年，伯驾因为他对中国的了解而被美国国务卿任命为美国使团的秘书。1846 年和 1856 年，伯驾两次担任美国驻华公使，代表美国与中国政府谈判，其间他还鼓励美国政府夺取台湾以便与占领香港和新加坡的英国保持战略平衡。但是，伯驾最终没有完成使命，因为中美官员都对他心生厌恶。中国官员认为他"狡猾、易怒和顽固不化"，美国官员则批评他"自大和多变"。② 鸦片战争后，西方国家的大学中唯一着手建立中国学的国家是英国。英国政府在伦敦大学资助并培训中国学的专门人才以应付日益增多的英中贸易、文化和政治交往。美国政府则在外交官中初步增加了中文培训，但是没有大学建立中国学。③

二、清末到第二次世界大战：中国学日渐重要

这种以传教士为主的西方学习和传播中国学的状况一直持续到民国时期。前面已经谈到 1876 年被牛津大学聘用的传教士理雅各是西方第一个中国学专家。到了 20 世纪初，中国的吸引力日益增大，其他西方国家的大学也紧锣密鼓地着手创办或扩大中国学项目和机构。例如，1900 年法国学者爱德华·沙畹（Edouard Chavannes，1865-1918）在巴黎大学开设了中国历史课程。④ 荷兰的莱顿大学（Leiden University）从 1876 年起就设立了一个

---

① Michael C. Lazich, "American Missionaries and the Opium War Trade in 19th Century China," pp. 212-219.

② Jonathan D. Spence, *To Change China: Western Advisers in China, 1620-1960* (London: Penguin Books, 1969), pp. 52-55.

③ John M. H. Lindbeck, *Understanding China: An Assessment of American Scholarly Resources*, p. 18.

④ Ibid., p. 30.

汉学教授职位，并于 1930 年建立了汉学研究院。[1] 1909 年，德国的汉堡大学设立了德国第一个汉学科目；1922 年，莱比锡大学增加了一个汉学教授职位来教授中国语言和文化。可惜的是，纳粹上台以后，一些著名的德国汉学家如西门华德（Ernst Julius Walter Simon，1893–1981）等被迫流亡国外。另一些汉学家如法国的马伯乐（Henri Maspero，1883–1945）等留在德国，但他们多附庸于纳粹政权或被关押。[2] 1916 年，英国伦敦大学建立了亚非研究院，专门讲授东亚和非洲语言和文化。这可能是由于作为"日不落帝国"的英国在亚洲和非洲都有很多的殖民地，因此需要专门的人才去管理和处理英国与当地人民和官员之间的事务。丹麦学者柏思德认为，第二次世界大战以前，西方的中国学研究尽管还很薄弱，但中心依然在欧洲，而不在美国。从历史上看，柏思德的观点应该是正确的。1929 年，美国哈佛大学中国学的创始人费正清（John King Fairbank，1907–1991）到牛津大学学习中国文化时，并不认同当时牛津大学的中国学很发达，因为那里没有中文课以及中国历史课程。当然，与同时期的美国哈佛大学相比，牛津大学更具有世界性。[3]

20 世纪上半叶，美国的中国学学者很多还是传教士或者与传教士有关的学者，其中最著名的是赛珍珠（Pearl S. Buck，1892–1973）。赛珍珠的父亲是传教士，赛珍珠才三个月大的时候，就被父亲带到中国江苏省淮安市。她在中国长大，对中国农村了解很多。1931 年，赛珍珠创作的小说《大地》出版，主要反映了中国农民的生活。该书被认为是她最出色的作品。1932 年这部小说获得了美国的普利策奖，六年后赛珍珠被授予诺贝尔文学奖。赛珍珠的小说极大地帮助了美国人了解中国文化和社会，促使他们在第二次世界大战时捐款帮助中国人民抗战。出于对中国社会和人民的热爱，赛珍珠积极联系美国各界人士（包括罗斯福总统）向国会议员施压，要求废除长达 60 年的《排华法案》（The Chinese Exclusion Act of 1882）。通过她和其他很多人的努力，1943 年美国国会终于通过了《马格努森法案》

---

① 王莜芸：《荷兰莱顿大学汉学研究群体：以 20 世纪 80—90 年代为中心》，http://www. raduga. com. cn/skwx_eypt/LiteratureReading. aspx？ID＝556728。

② 马伯乐就被纳粹关押，并在德国解放前去世。参见罗丹美：《中国学在德国》，https://www. goethe. de/ins/cn/zh/kul/mag/20720621. html。

③ ［美］费正清：《中国回忆录》，熊文霞译，中信出版集团，2013，第 54—55 页。

（Magnuson Act），终结了长期困扰和歧视华人的《排华法案》。① 类似赛珍珠这样的传教士子女从事中国学研究和写作的人还有不少，另一个是美国哥伦比亚大学中国学教授富路德（Carrington Goodrich，1894-1986），其父亲也是美国在华传教士。富路德生长于中国北方，他的博士论文《乾隆年间的文字狱》出版于 1935 年，奠定了其在中国学中的地位。② 还有一个稍晚的中国学学者裴宜理（Elizabeth Perry）也是出身于传教士家庭，她曾任哈佛大学燕京学社社长并担任美国亚洲研究学会主席一职。裴宜理 1948 年出生于上海，其父母当时是上海圣约翰大学教授和美国圣公会传教士。在中国出生的经历促使裴宜理后来从事了中国学研究，并取得了丰硕的成就。③

20 世纪 20 年代以后，美国政府和大学对中国的兴趣逐渐强烈，急需中国学方面的人才。正如哥伦比亚大学中国哲学史教授德克·卜德（Derk Bodde，1909-2003）曾经说的，直到 20 世纪 30 年代，中国对美国而言几乎还是一个未知数。④ 不过，美国凭借其首屈一指的经济实力，特别是在第一次世界大战以后跃居世界军事和政治大国之列，其在中国学领域可谓后发先至，不少著名高校如哈佛大学和一些研究机构不断推动和资助中国学的发展。20 世纪 30 年代当费正清到北京学习中文的时候，同时在北京学习中文的还有其他很多致力于中国学的美国年轻人，费正清在其回忆录中提到的顾立雅（Herrlee Glessner Creel，1905-1994）就是其中之一。顾立雅是芝加哥大学历史学教授，专门从事中国古代史的研究，并在 1929 年就出版了《中国人的世界观》一书。⑤ 他在 1980 年发表的《周代的实体法和程序法》一文也是海外研究中国周代法律的经典之作。⑥

---

① Jay C. Kang, "The Enduring Importance of the 1965 Immigration Act," *The New York Times*, October 13, 2021. 有关赛珍珠及其作品更详细的研究请参见朱骅：《美国东方主义的"中国话语"：赛珍珠中美跨国研究》，复旦大学出版社，2012。

② ［美］费正清：《中国回忆录》，第 212 页。

③ 2012 年笔者去哈佛大学查找资料时曾拜访过裴宜理在燕京学社的办公室。2012 年裴宜理也曾评审过笔者在英国劳特利奇出版社出版的一本关于中国上访制度史的书。

④ Shuhua Fan, *The Harvard-Yenching Institute and Cultural Engineering：Remaking the Humanities in China，1924-1951* (Lanham：Lexington Books, 2014), p. xxiii.

⑤ ［美］费正清：《中国回忆录》，第 213 页。

⑥ ［美］顾立雅：《周代的实体法和程序法》，杨焯、方强主编《法律史研究：欧美学者研究中国法律史论文选译专号》（第五辑），法律出版社，2017，第 1—30 页。

　　这个时期，除了传教士和中国学爱好者，美国的一些大学和机构也开始创办专门研究中国学的学术团体。美国最早的东方学机构是建于1842年的美国东方学会（American Oriental Society），该学会最初的目的是注重人文包括语义学、批判文学、古文书学、碑文学、考古学、历史学等。虽然这个学会影响不太大，但其学报《美国东方学会学报》（Journal of American Oriental Society）发表过很多研究古代和近代中国的论文。① 1919年，13个学术团体联合创办了美国学术团体协会（The American Council of Learned Societies，ACLS），并在国际科学院联盟（International Union of Academies）中代表美国。这些学术团体希望这样一个能够自由加入并致力于学术研究的组织能够融合美国的民主气息和学术理想。根据该学会的章程，其使命是"在所有人文和社会科学领域推动人文主义研究以及保持和加强国家和社会对这些研究的支持"。1926年，该学会第一次向研究人员提供4500美元的资助。这种学术资助以后几乎每年都有，并且数目日益增加。到2019年，该学会提供的人文资助达2500万美元，接受资助的个人多达350人。其中，每项资助都经过严格的同行评审，评审专家来自美国各地和其他国家。②

　　1941年，美国学术团体协会在美国洛克菲勒基金会的赞助下，鼓励远东学会（Far Eastern Association）出版《远东季刊》（The Far Eastern Quarterly），以期变为一个"具有广大目标和兴趣且拥有活动会员和知性的社团"。远东学会1956年改名为美国亚洲研究学会（Association for Asian Studies，AAS），主要服务对象为对中国研究有兴趣的学者或其他人。从1958年开始，美国亚洲研究学会通过其亚洲研究委员会为研究中国和亚洲的学者提供少量资助。③ 今天，美国亚洲研究学会是世界上最大的亚洲研究学会，拥有大约5000名会员。学会主办的《亚洲研究杂志》（Journal of Asian Studies）是美国最著名的亚洲研究刊物，由英国剑桥大学出版社出版发行。④

　　值得一提的还有负有盛名的富布莱特项目（Fulbright Program）。它是

---

① 有关信息参见：https://www.americanorientalsociety.org/about/。

② 有关信息参见：https://www.acls.org/Our-Work/History。

③ John M. H. Lindbeck, *Understanding China: An Assessment of American Scholarly Resources* (New York: Praeger Publishers, 1971), p. 37.

④ 详情请参见：https://www.asianstudies.org/about/history/。

一个由美国政府资助的国际学者文化交流项目，1945 年由美国参议员 J. 威廉·富布莱特（J. William Fulbright）提出，旨在配合二战结束和联合国建立，促进世界和平和各国间的互相了解。这个项目的经费主要来自二战后美国政府所变卖的战争财产。1946 年 8 月，美国国会正式通过议案建立这一历史上最大的国际教育交流项目，主管部门为美国国务院下属的教育与文化事务局（Bureau of Education and Cultural Affairs）。[1] 富布莱特项目创立的第二年，美国政府和中国当时的国民党政府签署了合作协议。中国学学者卜德在其回忆录《北京日记》中写道，1948 年 3 月的一个早上，他突然接到一个来自首都华盛顿的电话，电话中的人问他是否愿意参加一个到中国去的项目。对于卜德来说，这个消息是个惊喜。他不顾当时中国的内战，欣然接受了这个学者交流项目。在之后的一年中，卜德在当时的北平亲身体会到了中国平民的日常生活，尤其是详细地记录了解放军进入北平后的一些情况，如解放军官兵平等，统一着装；中国共产党保护北平一般的工商业，没收大资本家的财产，要求资本家提高工人待遇；等等。卜德还赞扬中共法官的效率高，以及北平市长的简朴是"斯巴达式的"，其工资比普通大学的教授还要低。[2] 卜德的日记对了解当时北平人民的状况和中国共产党和平解放北平以后实施的政策具有很好的历史价值。1979 年中美建交后，中美富布莱特项目即刻恢复，每年都有很多中美学者参与交流，对美国中国学的发展起到了积极的作用。根据富布莱特项目官方网站的介绍，该项目实施以来，每年资助大约 8000 名交流学者，其中学生项目包括 1600 名美国学生和 4000 名外国学生，学者项目包括 1200 名美国学者和 900 名外国访问学者。在将近 37 万名参与富布莱特项目的学者中，有 60 人获得过诺贝尔奖。[3]

就美国大学的中国学而言，这个时期发展最快的应该是美国哈佛大学。哈佛大学很早就对中国研究感兴趣。1879 年，哈佛大学就邀请中国诗人葛坤华来校教授汉语。20 世纪初，哈佛开办亚洲学科的教学，一位名叫柯立芝（Coolidge）的教授开了一门课《19 世纪的远东》。当然，20 世纪上半

---

[1] 详情请参见：https://cies.org/history。

[2] Derk Bodde, *Peking Diary: A Year of Revolution* (New York: Henry Schuman, Inc, 1950), pp. 1, 112-122, 155, 195.

[3] 详情参见富布莱特项目网站：https://cies.org/history。

叶最著名的专门研究中国学的机构是 1928 年由哈佛大学和由美国传教士在北平创立的燕京大学联合创办的燕京学社（Harvard-Yenching Institute）。燕京学社的宗旨是促进"亚洲尤其是中国人文学科的教学、研究和出版"，涉及的学科包括历史、语言、文学、宗教、艺术、哲学等。燕京学社的创办者最初就强调用西方的科学分析和批评方法来研究中国的人文科学。得益于美国铝业大亨查尔斯·M. 霍尔（Charles M. Hall）的遗产捐赠，燕京学社迅速发展成为美国大学里最早和最大的从事中国学研究的学院。虽然有基督教的背景，但燕京学社一开始就定位为非营利和非宗教性的学院，这一点与燕京大学不同。《文化工程：哈佛燕京学社与中国人文学科的再建（1924—1951）》[1] 一书的作者、美国斯克兰顿大学教授樊书华指出，燕京学社的非宗教性是因为其有充足的资金，所以可以集中力量从事中国学和亚洲的人文研究，而不需要依靠教会的支持。燕京学社在北京的分部还为哈佛和其他大学的中国学学者提供了一个学习和培训中国学的基地。[2] 像费正清和顾立雅这些来自美国的学者都曾在燕京学社进修过。

三、第二次世界大战到尼克松访华：
中国学蓬勃发展时期

海外中国学真正进入快速发展的阶段是在第二次世界大战以后。从国家安全和冷战角度考虑，西方国家更加关注中国日益增长的军事力量和国际影响，美国、欧洲主要国家乃至加拿大和日本都逐步重视和发展中国学。各国学者关注的地方多有不同。根据费正清和日裔美国学者蒲地典子（Noriko Kamachi）的研究，二战后美国学者多关注于鸦片战争以后的中国；苏联中国学学者则将重点放在社会革命的发展和批判帝国主义方面；而日本学者借助于得天独厚的中国文化影响，能够熟练阅读中文文献，因此较

---

① 樊书华：《文化工程：哈佛燕京学社与中国人文学科的再建（1924—1951）》，方堃杨译，北京大学出版社，2017。

② Shuhua Fan, *The Harvard-Yenching Institute and Cultural Engineering：Remaking the Humanities in China，1924-1951*, pp. XXii -1.

多关注近代中国。① 确实，作为东亚中华文化圈内的国家，日本的中国学很早就已诞生，但其近代的发展壮大则是在 20 世纪 30 年代以后。当时日本开始对中国进行一些深入的研究，其中比较著名的著作是京都大学的宫崎市定（Miyazaki Ichisada）1939 年完成的《中国史》和日本中央文学院教授市古宙三（Chuzo Ichiko）的《中国的近代》《近代中国的政治与社会》等。其中，市古宙三参与了费正清等主编的《剑桥中国史》的写作。二战以后尤其是 20 世纪 60 年代以来，日本的中国学得到蓬勃发展。日本中国学学者在世界上都很有影响，涌现了很多著名学者，并在很多领域如中国法律和文化史方面都可以与美国学者并驾齐驱，甚至实现超越。②

　　不过，二战以后，对日本大学来说中国学依然是一个新的领域。20 世纪 50 年代和 60 年代初，由于日本大学生对欧美感兴趣，因此日本大学都不设中文课程，想学中文的学生只能到私立学校或者东京的孔子庙学习。即使到了 1974 年，也就是中日建交以后，还是没有一所日本大学有来自中国的中文教师。同样，当时能提供中国史课程的大学也很少。例如，20 世纪 50 年代，日本大学很少有全职教授中国近代史的教师。这是因为二战前日本学者尽量避免研究当代史，而把关于近代中国的研究交给了记者或在政府资助机构从事研究的学者。二战后，因为新建立的日本大学保留了这一传统，所以日本大学较晚才开始重视中国近代史。随着日本学者对中国史的关注，日本学者对清朝中期和晚期的研究逐渐取得丰硕的成果，对清朝政府体制以及中国大陆学者所关心的一些课题如太平天国运动、义和团运动和辛亥革命等都有所涉及。从 20 世纪 50 年代开始，日本建立了一些专门研究中国近代史的研究所，如 1958 年建立的经济研究所、1960 年建立的日本国际问题研究所，后者在 1963 年还编纂了《新中国资料集成》。日本还有一些附属于大学的研究所，如东京大学东洋文化研究所、京都大学人文科学研究所等。③ 本书收录的日本爱知大学的中国研究中心就是其中

---

　　① Noriko Kamachi, John King Fairbank, Chuzo Ichiko, *Japanese Studies of Modern China Since 1953: A Bibliographical Guide to Research on China* (Cambridge, MA: Harvard University Press, 1975), pp. ⅸ-ⅹ.

　　② Ronald Suleski, "Modern Chinese Studies in Japan and the West: Coming Closer Together," *The China Quarterly*, 2009, Vol. 75. pp. 655-659.

　　③ Noriko Kamachi, John King Fairbank, Chuzo Ichiko, *Japanese Studies of Modern China Since 1953: A Bibliographical Guide to Research on China*, p. ⅺ.

之一。

　　二战后，除了日本，其他亚洲国家对早期中国的历史几乎没有深入的研究。受冷战影响，亚洲很多国家的政府对本国关于近现代中国的研究都不鼓励甚至禁止，与中国有关的信息也遭到阻遏。只有出于安全和政治方面的考虑时，政府才会资助一些中国学学者的研究。例如，印度在 1962 年与中国爆发边界冲突后，政府才出资培训少数分析人员来应付外交、情报和国防的需要，但并不赞助大学和研究院的中国学研究。缅甸、泰国、马来西亚、印尼、菲律宾等国都有大量的华人移民，这让它们对中国有种畏惧感，而且拥有众多华人的亚洲国家并不认为中国学很重要。中东、非洲、拉丁美洲也几乎没有国家对中国学研究有很大的兴趣，因为中国对它们来说太过遥远。

　　美国的北方邻居加拿大也是在二战后才开始发展中国学研究的。1965年以前，加拿大大学中与国别和区域研究相关的课程主要是英语和与欧洲有关的课程。新中国建立以后，很多西方传教士开始撤离回国。加拿大的传教士从中国返回后迅速成为本国中国学研究的主力。1950 年前后，当麦卡锡主义在美国肆虐时，一些美国的中国学学者如陈志让（Jerome Chen）等只能跑到英国、加拿大任教。更重要的是，成立于 1925 年的美国太平洋国际学会（Institute of Pacific Relations）1928 年创办的著名中国学学报《太平洋事务》（Pacific Affairs）在 1961 年迫于麦卡锡主义的压力而迁到加拿大，最终落户于温哥华的不列颠哥伦比亚大学（UBC）。今天，这个学报依然是加拿大最知名的中国学研究期刊。[①]

　　二战后，中国学的迅猛发展主要集中在西欧和美国，这些国家大部分是工业国，对国际关系和教育有很大的兴趣。例如，瑞典中国学的建立是基于传教士的传统、文化上的考虑以及皇家的赞助，其主要研究中国早期历史和文明。在法国、英国、德国和俄罗斯等国，中国学肇始于 19 世纪，这些国家在国际上逐步扩张，需要了解更多有关中国方面的知识。在英国，对中国的兴趣在二战后虽有延续，而且一些新的有关现代中国学的项目或研究中心也有发展，但其总体上对中国的兴趣和资助依然有限，甚至比对英国前殖民地的重视都要少。由于香港的脆弱地位，英国政府在二战后还

---

① Graham E. Johnson, "State of the Field: The True North Strong: Contemporary Chinese Studies in Canada," The China Quarterly, 1995, pp. 851-866.

是继续培训了少量中国学专家以应付实际的军事、政治和经济需要。总体而言，中国在英国知识界及其国家考量中地位并不高。在法国，中国学在二战前有一定的发展，二战后法国虽与中国有少量政治、经济和留学生交往，但不足以加强其对中国历史和现状的学术研究。西德在二战以后的一段时间对中国学的兴趣也并不大。随着 20 世纪 60 年代与中国的商业往来增多以及考虑到中苏关系破裂对西德的影响，西德一些私人基金会乃至美国的福特基金会在西德开始资助和扩大中国学研究，尤其是与当时中（西）德问题有关联的研究。① 一些大学如海德堡大学就设立了"东方艺术史"的教职，教授中国艺术。新建的洪堡大学则提供中文语言和政治历史课程。②

　　毫无疑问，美国是二战后中国学发展最为迅猛的西方国家。欧亚强国如德国、英国、法国和日本在二战中都遭到重创，沦为二流强国，而早在半个世纪以前就成为世界经济霸主的美国则在战后一跃成为世界头号强国。随着 1948 年开始的援助欧洲的马歇尔计划的出台以及 1949 年北约的建立，美国更是成为整个西方世界的领袖。强大的军力、全球性的战略加上雄厚的经济实力，使得美国可以也愿意投入巨额资金发展中国学研究。不仅很多大学建立和扩大了中国学项目，而且美国政府出于国家安全和政治考量也对中国学进行巨额投入。尤其是朝鲜战争以后，美国政府希望更多地了解中国。经过几十年的投入和耕耘，美国中国学研究的专家数量及其成果在世界上仅次于中国，远超其他西方国家和日本。

　　正如美国哥伦比亚大学教授约翰·M.H. 林德贝克（John M.H. Lindbeck，1915-1971）所说，二战前，美国大学一般还是以欧洲和希腊作为研究的中心，对中国学并不怎么重视。其中，一个重要的原因是语言障碍，因为欧洲多数国家的语言与英语同宗同源，都属于拉丁语系，所以美国学生学习起来较为轻松。即使中国的邻国如日本、越南、朝鲜等也都在近代采用了方便西方人读懂的音标系统，但中文当时还没有拼音，所以学起来比较难。③ 另外，美国的中国学研究在战前受欧洲传统的影响，主要集

① John M. H. Lindbeck, *Understanding China: An Assessment of American Scholarly Resources*, pp. 22-25.

② 参见罗丹美：《中国学在德国》，https://www.goethe.de/ins/cn/zh/kul/mag/20720621.html。

③ 当时美国人学习的中文主要是繁体字。中国大陆在 1958 年颁布了第一部法定的拉丁字母式汉语拼音方案，促进了汉语的学习和使用，而汉语拼音在 1979 年中美建交后才开始传到欧美。

中于中国古典作品，很少研究近现代中国历史和文化。直到 20 世纪 50 年代中期，美国的中国学研究最多的是中国历史，对中国的政治、经济、社会和法律很少关注。但是，这些科目恰恰是当时的美国政府最需要了解的，而对中国古代经典的研究无法向美国政府提供有益的信息。

在这种历史背景下，美国大学、基金会和政府才决定大力投资发展中国学研究。二战前，美国仅有东方学会有时举办一些论坛。洛克菲勒基金会是美国国内中国学研究最大的赞助者，1933—1945 年，该基金会赞助了 16.4 万美元与美国学术团体协会合作资助中国学专家。1941 年，远东学会出版了《远东季刊》，并在战后将其自身扩大成为一个亚洲学研究中心。1948 年 4 月，亚洲研究学会在哥伦比亚大学举办了一次有 200 名学者参加的大会。该学会的第一个年度会议于 1949 年在耶鲁大学召开。到了 1958 年，美国有 17 所大学建立了中国学研究项目。

如果说二战前洛克菲勒基金会是美国国内中国学最大的资助者，那么二战后美国中国学最慷慨的资助者可以说是福特基金会。福特基金会主要赞助了哈佛大学、哥伦比亚大学、加州大学伯克利分校和华盛顿大学的中国学项目，这四所大学都有比较完善的东亚研究所，而且图书馆的藏书也比较多。福特基金会还部分资助胡佛研究所、斯坦福大学、耶鲁大学、康奈尔大学、加州大学洛杉矶分校和一些缺乏经费的大学或个人的东亚研究。① 费正清也是在这个时期创办哈佛大学东亚研究中心的。按照他的说法，他在朝鲜战争和麦卡锡主义肆虐时期被公开谴责要为美国"失去中国"负责后，决定在 1954 年创办东亚研究中心以让美国公众更了解中国和东亚。费正清创办的东亚研究中心获得了福特基金会的大量资助。从 1955 年到 1970 年的 15 年间，东亚研究中心就从福特基金会获得了 500 万美元的资助，占其资助总额 3000 万美元的 1/6。充裕的经费让东亚研究中心可以招收一流的中国学学者和研究生，极大地促进了中心的发展。1955 年，中心两年制硕士研究生项目每年可以培养 14 名研究生，其中一部分学生继续攻读历史学博士。1956 年，历史和东亚语言方向联合培养博士生的申请者有 26 人，1975 年达到 70 人。费正清从 1947 年开始编纂的《中国研究论丛》（*Papers on China*）持续发表研究生的论文。据统计，在 1955—1975 年

① John M. H. Lindbeck, *Understanding China: An Assessment of American Scholarly Resources*, pp. 36-39.

的 20 年里，哈佛东亚研究中心里获得至少 1000 美元津贴资助的研究员等有 200 人。中心的工作人员中很多都是外国人，其中 50 人来自中国、35 人来自日本、6 人来自朝鲜。在这 20 年间，哈佛大学获得东亚研究博士学位的有 275 人，其中包括芮玛丽（Mary C. Wright, 1917 - 1970）、孔飞力（Philip Kung, 1933-2016）等著名学者，他们都是费正清的学生。在这 20 年里，东亚研究中心出版了三卷本的《东亚文明史》丛书，费正清本人还着手编辑《剑桥中国史》系列丛书。① 费正清是那个时代中国学学者中的佼佼者，他还是一个成功的实干家和企业家，不但一手建立了东亚研究中心并争取到各种经费，而且培养了很多中国和东亚学者。②

除了福特基金会，还有一些美国机构也资助中国方面的研究或学术会议。例如，美国社会科学研究理事会（Social Science Research Council）与美国学术团体协会下属的当代中国联合委员会（Joint Committee on Contemporary China, JCCC）都致力于促进美国的当代中国研究。在 1960—1961 年和 1968—1969 年，当代中国联合委员会发放了 115 项拨款，用于资助 103 名学者、30 个研究会议和讨论会。这些讨论会和会议涉及多个学科，吸引了全球 662 名学者参加。与此同时，美国学术团体协会下属的另外两个委员会也都致力于促进中国学的研究。一个是亚洲研究联合委员会（Joint Committee on Asian Studies），其负责资助从事中国、日本和朝鲜研究的博士后研究人员。从 1959—1969 年的 10 年里，该委员会资助了 56 个研究项目。另一个是中国文明研究委员会（Committee on Studies of Chinese Civilization），它与福特基金会合作赞助有关明朝政府、明朝思想、道家和中国文学等方面的学术会议。美国国家科学院的国家研究委员会（National Research Council）、美国东方学会以及美国政治科学学会（American Political Science Association）也都对中国研究和相关会议提供支持。

除了民间基金会和机构的资助，美国政府对中国和东亚研究也提供巨额资助。1958 年美国国会通过了《国防教育法案》（National Defense Education Act），其中一部分资金用于资助一些大学的本科生和研究生的近代史和社会科学方面的培训以及中文学习。下面的表格是二战后美国大学以外的机

---

① ［美］费正清：《中国回忆录》，第 556—559 页。

② 汪荣祖：《美国的中国研究：历史与现状》，中国人民大学清史研究所网站，2010 年 11 月 22 日，http://www.iqh.net.cn/info.asp? column_id = 5463。

构对中国学的资助情况（见表 1）以及美国主要高校和学术机构接受福特基金会在中国学方面的资助的情况（见表 2）。

表 1　美国高校中国学的外部资金来源　　　　（单位：美元）

来源	年份			总额
	1933—1945	1946—1957	1958/1959—1970	
洛克菲勒基金会	741047	492439	278261	1511747
卡耐基公司	—	—	1739000	1739000
福特基金会	—	2986009	23821201	26807210
洛克菲勒兄弟基金	—	—	50000	50000
亨利·卢斯基金会	—	—	45000	45000
国防教育法案	—	—	4800000	4800000
国防外国语言奖学金	—	—	8950000	8950000
国家科学基金会（NSF）	—	—	250000	250000
国家人文基金会（NEH）	—	—	40000	40000
其他	—	—	1000000	1000000
总额	741047	3478448	40973462	45192957

资料来源：John M. H. Lindbeck, *Understanding China: An Assessment of American Scholarly Resources*, p. 78。

表 2　1959—1969 年美国主要高校和学术机构中国学研究
接受福特基金会资助的情况　　　　（单位：美元）

受资助者	总额
哈佛大学	2913000 （其中包括费正清建立的东亚研究中心）
美国社会科学研究理事会	2745000
密歇根大学	2525000
哥伦比亚大学	2039000
加州大学伯克利分校	1800000
华盛顿大学	1742000

续表

受资助者	总额
康奈尔大学	1363260
外国领域奖学金项目 （由美国学术团体委员会负责管理）	1177745
斯坦福大学	1503000
美国学术团体协会	641800
普林斯顿大学	580000
耶鲁大学	375000

资料来源：John M. H. Lindbeck, *Understanding China: An Assessment of American Scholarly Resources*, p. 78。

　　表1显示，二战前美国高校在中国学方面最大的资助者是洛克菲勒基金会，但是二战后福特基金会提供的资助远远超过其他基金会，占所有资助的86%。表2显示，福特基金会对美国中国学的资助主要集中在9所高校和3个学术机构。另外，表1还显示，二战前没有任何美国政府机构资助中国学研究，但是这一情况在1958年以后发生了很大的变化。从1958年到1970年，美国国防部、国家科学基金会、国家人文基金会等多个机构提供了1500多万美元用以提升美国的中国学研究。这很可能与朝鲜战争和台海危机导致中美发生冲突的风险再度提高有密切关联。[①] 1958年以后中苏关系出现裂痕，1969年中苏爆发边境冲突，再加上中国发展核武器等因素，这些都促使美国政府加速培养中国学方面的专家。

　　丰富和多渠道的资金对美国大学中国学的发展无疑具有巨大的促进力量。美国大学里修习中文的学生数量在此期间增长很快，从1960年的1844人跃升到1968年的5061人，翻了几乎两番。下面的表格是美国大学中修习中文的学生人数（见表3）。

　　[①] Melvyn P. Leffler and Odd Arne Westad, *The Cambridge History of the Cold War*, Volume 1 (Cambridge: Cambridge University Press, 2010), p. 391.

表3　美国大学中修习中文的学生人数

年份	学生人数	
	本科	研究生
1965	2561	798
1968	4090	971

资料来源：John M. H. Lindbeck, *Understanding China: An Assessment of American Scholarly Resources*, p. 49.

在中国学方面领先的美国大学基本都得到了《国防教育法案》的资助。在美国的大学中，小规模的中文教学主要由兼职的华人教师讲授。其间，中国学领域的研究生一般需要到台湾的中文语境中学习一年。中美建交后，美国学生到中国大陆的人数逐渐增多。笔者的博士导师纽约州立大学戴佛士（Roger Des Forges）教授在20世纪70年代初期就曾到中国台湾地区学习中文一年。

1970年，美国大学中有超过50%的研究中国学的教授在1960—1969年拿到了博士学位，而1960年仅有17人获得相关博士学位，1969年这个数字增加到68人。这十年中，总共有400多人获得中国学博士学位，但是他们中1/3毕业于9所大学，其中145人是赴美读书的华人移民。1970年，虽然美国有56所大学授予一个或多个中国学方面的博士学位，但大多数大学并没有中国研究的相关项目。例如，亚拉巴马州立大学的经济学博士学位仅要求学生利用中文文献写作博士论文而已。如果将这些大学去除，美国只有23所大学提供常规的中国学方面的博士学位（见表4）。

表4　1960—1969年美国大学中国研究博士学位的授予情况

大学	授予博士人数
哈佛大学	65
哥伦比亚大学	48
加州大学伯克利分校	35
华盛顿大学	33
芝加哥大学	25
印第安纳大学	18

续表

大学	授予博士人数
宾夕法尼亚大学	16
耶鲁大学	15
密歇根大学	15
乔治城大学	14
纽约大学	12
康奈尔大学	9
克莱蒙特学院	9
斯坦福大学	8
普林斯顿大学	8
威斯康星大学	7
加州大学洛杉矶分校	6
美利坚大学	5
明尼苏达大学	5
南加利福尼亚大学	4
麻省理工学院	3
伊利诺伊大学	3
匹兹堡大学	3
俄亥俄州立大学	3
得克萨斯大学	3
科罗拉多大学	2
福特汉姆大学	2
堪萨斯大学	2
马里兰大学	2
密歇根州立大学	2

从表 4 中我们可以看到，1970 年美国中国学研究的重镇还是集中在哈

佛大学、哥伦比亚大学、加州大学伯克利分校、华盛顿大学、芝加哥大学等少数几所大学，这些大学基本上都能得到基金会和政府的充裕资助。①

1960—1969年，在获得中国学博士的412人中，中国历史方向的博士生最多，有149人；政治学其次，有75人；另有中文34人、中国文学49人、经济学21人，等等。这说明美国的中国学不仅发展得很快，而且涉及多个领域。以前主要是培养中文和中国史方面的专家，1970年时已经包含几乎所有中国学领域，这也显示出美国二战后从政府到民间都十分重视中国学而获得的丰硕成果。这些获得博士学位的人员中有350人到美国大学任教，良好的就业前景以及政府和大学的支持都激发了更多的学生从事中国学研究，使美国中国学研究生的数量翻了3倍。研究生数量的增多还受益于各种各样的奖学金和助学金，比如福特基金会从1962年开始为研究外国项目的学生提供奖学金。1958年通过的《国防教育法案》也增加了外国语言奖学金，加上富布莱特项目、国家科学基金会、国家人文基金会等的资助，这些都吸引了越来越多的学生从事中国学研究。比如，从1959年到1970年的12年里，国防外国语言奖学金项目就提供了1796个博士前奖学金（predoctoral fellowship）名额，资助了600名从事中国学研究的学生。1968年，48名学生获得富布莱特项目的研究生奖学金。上述各种政府和民间奖学金总共发放了2200人次，总支出达1080万美元，占所有中国学研究生资助的1/3到50%。②

不过，尽管二战后中国学在美国发展得很快，但相对于美国大学的欧洲研究甚至俄国研究而言，还是很弱小。例如，1968年仅有8%的美国大学提供中文教育，这个比例仅是俄语教学的1/6。不过，在冷战期间，美国的主要敌人是苏联，所以学俄语的人多也是理所当然。同样，在此期间获得中国学博士的人数虽然有412人，但与同期获得苏联、东欧、拉美或东南亚方面博士学位的人数相比还是少得多。仅《国防教育法案》就授予东欧和苏联学610个博士学位、南亚和东南亚学435个博士学位。③ 这期间对研究中国学不利的另一个因素是中美尚未建交，而且处于敌对状态，美国

---

① John M. H. Lindbeck, *Understanding China: An Assessment of American Scholarly Resources*, pp. 55-56.

② Ibid., pp. 57-60.

③ Ibid., p. 62.

研究中国学的学生和专家只能到台湾访学而无法去中国大陆做研究，从而在一定程度上影响了美国学生学习中国学特别是当代中国的热情。加之中文比较难学，学习中国学的研究生需要花费比其他领域的学生更长的时间（多三年左右）才能毕业。对于美国大学的中国学学生而言，还有一个不利条件是缺乏中文图书、地图和目录等资源。很少有基金会愿意提供资金用于购买昂贵的图书资源。在当时北美的大学图书馆中，只有13个大学图书馆（加拿大1个）有超过10万册中文图书。下面的表格是1970年美国主要图书馆中国学和东亚文献的馆藏情况（见表5）。

表5　1970年美国主要图书馆中国学和东亚文献的馆藏情况　（单位：册）

图书馆	中国学图书	东亚文献
国会图书馆	368081	891625
哈佛大学图书馆	296185	429209
普林斯顿大学图书馆	175737	209478
芝加哥大学图书馆	166308	212579
哥伦比亚大学图书馆	164691	274465
加州大学伯克利分校图书馆	150000	290000
加州大学洛杉矶分校图书馆	142230	192907
康奈尔大学图书馆	133592	148764
耶鲁大学图书馆	107579	163822
胡佛研究所东亚图书馆	99636	145551
华盛顿大学图书馆	98636	132328
密歇根大学图书馆	97109	195351

在这些图书馆中，有6个图书馆的中国学图书超过15万册。[1] 需要指出的是，不同的机构侧重于不同方面的收藏。例如，胡佛研究所重视收集现代和当代的中文图书，普林斯顿大学和芝加哥大学重点购买中国古典文献，芝加哥大学拥有丰富的中国地方志资料，康奈尔大学的东亚图书馆则

----

① John M. H. Lindbeck, *Understanding China: An Assessment of American Scholarly Resources*, pp. 67-68.

在民国图书资料方面具有优势。

二战后，美国的中国学研究发展很快，很多大学在民间和政府的大力资助下从无到有地建立了中国学研究基地和图书馆资源。研究中国学的学生和专家的数量也飞速扩大。例如，1951 年仅有 153 名研究生从事中国历史和当代中国学研究，1971 年这一数字增加到 1000 名。[①] 当然，这一时期美国中国学的水平并不高，包括费正清在内的很多中国学专家对中国历史、文化和政治的了解依然有局限性，其主要原因还是中美没有建交，双方之间缺乏直接的交流。随着 1972 年尼克松访华以及 1979 年中美正式建交，以前束缚美国中国学研究的主要障碍得以打破。

四、20 世纪 70 年代以后：中国学全面开花

20 世纪 70 年代以后，海外中国学的发展可谓全面开花，更上一层楼。随着中苏关系破裂、美国深陷越战泥沼以及苏联在核武器方面的迅猛发展，美国亟须扭转当时"苏攻美守"的战略态势。在中美双方的共同努力下，尼克松于 1972 年春到北京访问，成为第一位到访新中国的美国总统，中美关系至此得到根本改善。随着 1979 年中美顺利建交和邓小平访美，中美关系进入到 20 世纪 80 年代的蜜月时期。[②]

早在尼克松访华前，一些西方国家（包括日本）已经开始谋求与中国改善关系和建交。1970 年 10 月，加拿大与中国建交。欧洲国家如意大利、比利时、奥地利和西德等也在此时与中国建交。日本在尼克松访华约半年后与中国建交。中国与西方关系的改善也促进了西方和日本的中国学发展。随着 20 世纪 70 年代末中国涌起一股出国留学的浪潮，以及一些西方人也开始到中国的大学教授外语，中西和中日之间的文化和学术交流得到了进一步加强。[③]

与其超级大国邻居美国不同，加拿大对中国的关注并不算多。二战后

---

① John M. H. Lindbeck, *Understanding China：An Assessment of American Scholarly Resources*, p. 102.

② Harry Harding, *A Fragile Relationship：The United States and China since 1972*（Washington D. C.：Brookings Press, 1992), p. 311.

③ 20 世纪 80 年代中国出现了几次到日本勤工俭学的热潮，当时中国国内很多大学的英语口语课程也聘请美国和英国老师。

加拿大只有两所大学建立了中国学研究中心，一个在多伦多大学，另一个在温哥华的不列颠哥伦比亚大学。因为这两个城市都有很多中国移民，所以建立中国学比较合适。① 1970 年中国和加拿大建交后不久，中加签署了"中加学者交流项目"。1973 年，首批 9 名中国留学生负笈加拿大，20 名加拿大学生留学中国，首开中加学生学者交流之先河。今天，中国留学生成为加拿大最大的留学生来源。1983 年，中加进一步签订了"中加管理教育项目"（Canada-China Management Education Program 1983-1996）、"中加大学合作项目"（Canada-China University Linkage Program 1988-1995）和"中加大学合作巩固项目"（Canada-China University Linkage Consolidation Program 1996-2001）等教育交流项目。2005 年以来，为了加强加拿大的中国学，加拿大逐步与中国大学合作建立了 12 所孔子学院和 35 个孔子学堂，为加拿大学生和当地民众提供各种中文和中国文化课程。② 加拿大也主动加强了与中国的学术交流，很多加拿大的中国学学者得以到中国进行访问。除了多伦多大学和不列颠哥伦比亚大学拥有东亚研究中心，今天加拿大还有 12 所大学建立了中国研究中心或东亚研究中心。例如，阿尔伯塔省政府在 2005 年投资 3700 万加元在阿尔伯塔大学建立了中国学院（China Institute），成为加拿大唯一的一个专门研究中国学的学院。③ 还有一些大学提供有关中国语言和文化的课程，如新斯科舍省的达尔豪斯大学虽然没有中国研究中心，但提供几十门有关中国语言、文化和电影的课程。④

很多欧洲国家在 20 世纪 70 年代以后也加强了中国学项目。早在 1916 年就创建亚非学院的伦敦大学依然是英国中国学研究的领导者，该大学 1960 年创办的《中国季刊》（*The China Quarterly*）已成为国际汉学界最著名的学术期刊之一。到了 20 世纪末，英国其他大学如剑桥大学、爱丁堡大学、利兹大学、牛津大学和谢菲尔德大学等都逐步建立起东亚或中国研究系。德国统一以后，也在很多大学建立了中国或东亚研究中心。如洪堡大学建立有东亚研究中心，主要教授中国和日本的语言、文化、文学、社会

---

① Graham E. Johnson, "State of the Field: The True North Strong: Contemporary Chinese Studies in Canada," pp. 851-866.
② 详见《中国和加拿大教育合作交流情况》，中国驻加拿大大使馆教育处，2021 年 12 月 31 日，https://canada.lxgz.org.cn/canada/jyjl/zjjyjlxm/2021123103375273124/index.html。
③ 详见阿尔伯塔大学中国学院网站：https://www.ualberta.ca/china-institute/about/index.html。
④ 请参见：https://www.dal.ca/faculty/arts/chinese-studies/programs/classes.html。

等课程。为了更好地了解中国快速发展的经济，德国一些专业性学院和商会都开设有中国语言和经济方面的课程。① 1956 年成立的德国亚洲研究所也一直致力于亚洲和中国学研究，其图书馆是德国最好的亚洲图书馆之一，并出版有关中国和亚洲的刊物和书籍。

根据丹麦学者柏思德的说法，20 世纪 90 年代，欧洲有 8000 名左右的亚洲问题专家，其中大约 1600 人是中国问题专家。② 欧洲中国研究会有大约 700 名会员。其中，英国的中国问题专家有 100 多人。德国有大约 40 个中国问题教授职位，副教授和助理教授有大约 80 人。北欧国家的中国问题学者有 100 多人，包括一些博士生。哥本哈根是北欧中国学最活跃的地方。法国的中国问题专家大多在研究机构而不在大学里，主要研究机构有法国国家政治科学基金会下属的国际关系研究中心和社会科学高等研究院下属的近现代中国研究中心。荷兰莱顿大学的中国学研究起步较早，但二战后随着英国等国家加大中国学方面的发展和投资，它逐渐失去了欧洲当代中国研究的中心地位。尽管还保留中国资料中心，但莱顿大学出色的中国问题专家如安东尼·赛奇（Anthony Saich）等转到了哈佛大学，彭轲（Frank N. Pieke）则到了牛津大学。目前，莱顿大学汉学研究院虽有 20 多位教师，却缺乏国际著名汉学家。西班牙和葡萄牙的当代中国研究比其他欧洲国家发展更晚。1992 年，西班牙马德里自治大学成立了东亚研究中心，目前有十余名研究人员。巴塞罗那自治大学在 2006 年建立了一个东亚研究的硕士项目。葡萄牙的阿威罗大学迟至 1998 年才开展东亚硕士项目。里斯本理工大学则成立了东方研究所，并出版有《葡萄牙亚洲评论》杂志，不过这个杂志在国际上影响有限。③ 南欧的中国学研究主要是在意大利，那不勒斯、罗马和威尼斯的大学里的中国学研究可以追溯到马可·波罗时代。中欧国家如捷克和斯洛伐克等在冷战时期有一些主要关于中国文学的研究，但其

---

① 参见罗丹美：《中国学在德国》，https://www.goethe.de/ins/cn/zh/kul/mag/20720621.html；以及德国洪堡大学网站：https://www.iaaw.hu-berlin.de/en/region/eastasia/eas。

② 欧洲比较少叫"中国学"（Chinese Studies），多用"汉学"（Sinology），而研究中国的学者被称为汉学家（Sinologist）。这点与美国不同，费正清就喜欢叫"中国学"。见汪荣祖：《美国的中国研究：历史与现状》。

③ ［丹麦］柏思德：《欧洲的中国研究》。

在冷战后因为缺乏经费而被放弃。①

欧洲的中国学研究在不同国家和地区有不同的侧重点。例如，英国的剑桥大学和牛津大学在中国古典研究方面走在前列。二战后，斯图尔特·R. 施拉姆（Stuart R. Schram）和肯尼思·R. 沃克（Kenneth R. Walker）等学者发展了当代中国研究，施拉姆成为世界知名的毛泽东研究专家。中国进行改革开放后，中欧学生学者的交流规模持续扩大。对中国学的研究者来说，到中国学习进修至少一年已经成为惯例。大多数欧洲学生主要对当代中国感兴趣，这促使本国的大学增加了有关当代中国的资料。同时，由于有在中国学习的经历，这些学者开始质疑以前的中国学研究，他们意识到中国社会和政治的复杂性，并对中央和地方的关系或者某个省份的经济和政治发展进行了深入的研究和探讨。到了20世纪90年代，很多欧洲学者都会到中国和美国的研究中心进行更长期的访问和学习。他们开始关注中国的政治机构和地方政府在经济发展中的作用，以及某些领域的政策制定和执行等具体问题。②

为了减少与美国中国学的差距，欧洲一些学术出版社和大学出版社近年来不断开展或扩大有关中国学研究的出版项目。就英国而言，剑桥大学和牛津大学出版社每年都出版数十本中国学方面的研究著作，范围涵盖中国历史、政治、经济、文学等领域。牛津大学更加偏重教材等主题比较宏观的中国学著作。剑桥大学除了出版著名的《亚洲学刊》和《中国季刊》，还出版了费正清担任主编的"剑桥中国史"系列丛书，目前还有一个书系专门出版1949年以后中华人民共和国的历史。其他知名的英国出版社如企鹅出版社出版了很多通俗的中国历史读物；劳特利奇出版社是世界上最大的学术出版社之一，不仅出版了很多有关中国和东亚地区的期刊，而且每年出版很多中国学和东亚方面的专著和丛书。荷兰是另一个中国学出版比较发达的欧洲国家。例如，创立于1683年的博睿出版社专门出版中国古代和近代史方面的著作。另外，博睿出版社还出版了一份创自1890年的刊物《通报》（*T'oung Pao*），该刊至今依然是世界上中国古代和近代历史文化方面的权威期刊。再者，阿姆斯特丹大学出版社在2017年创立了一个有关近现代中国

---

① Thomas Kampen, "Review: China in Europe: A Brief Survey of European China Studies at the Beginning of the 21st Century," *China Review International*, Fall 2000, Vol. 7, No. 2, pp. 291-295.

② ［丹麦］柏思德：《欧洲的中国研究》。

研究的书系"中国：从革命到改革"（China：From Revolution to Reform）。

除了欧洲国家和日本等国，其他一些亚洲和大洋洲国家在 20 世纪 70 年代以后也逐步开始发展中国学研究。其中比较典型的有澳大利亚和新加坡，它们的中国学在国际上都有一定的影响，也有一些具有国际影响的出版物和学者。例如，澳大利亚国立大学出版有《中国研究》（The China Journal），澳大利亚格里菲斯大学的马克林（Colin Patrick Mackerras）教授是专门研究中国戏剧的专家。新加坡国立大学则有来自美国的印度裔学者杜赞奇（Prasenjit Duara）和华裔学者王赓武等。即使偏处南太平洋一隅的新西兰，也于 2009 年在惠灵顿维多利亚大学建立了当代中国研究中心，致力于当代中国学的研究。该中心每年都会联合新西兰主要的大学和学者举办与中国课题相关的国际会议。①

与欧洲相比，美国的中国学研究在 20 世纪 70 年代初已经超越欧洲国家。中美建交以后，美国的中国学发展更是多头并进、飞速发展，不仅更多大学开设了东亚和中国学研究中心并聘请了更多的中国学教授，而且还涌现了大量出版中国学著作的大学出版社和期刊。今天美国大多数四年制大学、文理学院甚至不少社区学院（Community College）都有中文课或者东亚史教授，如果加上中国政治、经济、传媒、商业等专业的教授，人数就更多了。因此，美国现在已经成为除中国外研究中国问题最多的国家。著名中国近代史学家汪荣祖将美国在二战以后发展中国学看作是美国把中国当成敌人来研究，其实并不正确。② 中美在冷战中的一段时间里确实是敌人，所以美国政府从 1958 年开始资助中国学的研究。但自从尼克松访华后，中美变成了战略上的盟友。中美建交后的一段时间也是美国中国学发展迅猛的阶段，这时中美并非敌人，很多美国的中国学学者实际上是对中国历史和文化感兴趣才去进行研究。

在美国，除了一些规模比较大的大学如哈佛大学建有中国研究中心，一些较小的文理学院如佛蒙特州的明德学院（Middlebury College）也建有中国研究中心。大多数州的主要大学基本都有东亚研究中心，如加州大学系统内的 10 个分校都有东亚研究中心，这与加州华人人数众多有直接关系。各州很多没有条件建立东亚研究中心的大学也建有亚洲研究中心或研

---

① 有关新西兰的中国研究中心，参见：https://www.wgtn.ac.nz/chinaresearchcentre/about-us。
② 汪荣祖：《美国的中国研究：历史与现状》。

究所，而中国学是其中最重要的项目。笔者在美国 20 多年来去过很多大学，发现即使只有 1000—2000 名学生的大学，很多也有中国历史方面的教授，而且多数是华人教授。这说明美国多数大学对中国学都很重视，这与中国国内的反差还是比较大的，因为国内除了重点和综合性高校，很少有高校会开设关于美国历史的课程，更遑论聘请美国学者来教授美国史了。从这点看来，美国大学不仅重视中国学，而且国际化程度很高。

20 世纪 70 年代以来，美国大学中涌现出一大批知名的中国学学者，他们的研究不仅在国际上有影响，而且在中国国内也有很高的知名度。其中，早期的学者有芮玛丽、冉枚烁（Mary B. Rankin）、罗友枝（Evelyn Rawski）、史景迁（Jonathan D. Spence）、魏斐德（Frederic Wakeman, Jr.）、孔飞力、傅高义（Ezra Feivel Vogel）、罗威廉（William T. Rowe）、顾立雅、裴宜理、周锡瑞（Joseph W. Esherick）和黄宗智（Philip C. C. Huang）等，较新一代的学者有彭慕兰（Kenneth Pomeranz）、王国斌（R. Bin Wong）、苏成捷（Matthew H. Sommer）等。

当今美国大学的中国学在发展速度、覆盖范围及教学科目数量上超过除中国外的其他任何国家。在美国，仅仅与中国学有关的大学出版社就有不下 10 所，其中知名并且每年出版多本中国学专著或编著的有哈佛大学出版社、斯坦福大学出版社（多为专业或局部性课题）、芝加哥大学出版社、康奈尔大学出版社、夏威夷大学出版社、华盛顿大学出版社（偏重中国古代和近代史）、肯塔基大学出版社（侧重现当代中国学）、耶鲁大学出版社、普林斯顿大学出版社（偏重中国哲学和思想史）、纽约州立大学出版社（侧重中国哲学史）和杜克大学出版社（注重前沿思潮）等。佐治亚大学出版社、印第安纳大学出版社、堪萨斯大学出版社和北卡罗来纳大学出版社等也不定期出版中国学方面的著作。

美国出版或主要在美国编辑的与中国学相关的期刊也有很多，其中比较著名的有《亚洲学刊》（隶属于美国亚洲研究学会）、加州大学伯克利分校的《亚洲调查》（*Asian Survey*）、东方学会的会刊《美国东方学会杂志》（*Journal of American Oriental Society*）以及《美国中国学评论》（*American Review of Chinese Studies*，隶属于美国华人社会科学教授学会）、《中国历史评论》（*Chinese Historical Review*，隶属于美国中国历史学家学会）等。还有一些期刊偏向某一中国历史时段或专门的课题，如《明史研究》（*Ming Studies*,

隶属于美国明史学会)、约翰·霍普金斯大学的《晚期中华帝国》(*Late Imperial China*)、哥伦比亚大学的《哥伦比亚亚洲法杂志》(*Columbia Journal of Asian Law*)、斯坦福大学的《斯坦福国际法杂志》(*Stanford Journal of International Law*) 等。

以上是对海外中国学研究历史和现状的概括梳理。西方近代最早的中国学研究是从传教士开始的，这方面的代表性人物是英国的理雅各，他也是牛津大学甚至西方国家第一个中国学教授。从 19 世纪末开始到第二次世界大战，英国、法国、荷兰和德国的一些大学如伦敦大学、巴黎大学、莱顿大学和汉堡大学都开始设立中国学研究项目和教职。美国政府和个别大学从 20 世纪 20 年代开始对中国学产生兴趣，一些基金会也逐步为中国学的发展提供赞助。美国著名的学术社团和相关项目如美国学术团体协会、亚洲研究学会、富布莱特项目等都在这个时期建立并对中国学研究进行大力资助。二战结束后的几十年是西方国家尤其美国和日本等国的中国学阔步跃进的时期。以美国为例，福特基金会和洛克菲勒基金会等为美国大学的中国学研究提供了数千万美元的资助，用以聘请教授和购买图书资料等。学术团体如美国学术团体协会、国家科学基金会和国家人文基金会都为中国学的飞速发展提供丰厚的资金。美国政府出于冷战的需要，也由国防部自 1958 年起向众多大学提供资金发展中国学研究和中文教学。20 世纪 70 年代以后，借助于中西关系尤其是中美关系的改善，西方的中国学更上一层楼。欧洲研究中国学的学者数量达到几千人，而且出现了很多以中国学为主的学术出版社和期刊。美国大学的中国学研究在这个时期也得到进一步的飞跃，不仅有更多的大学开办了中国学或东亚学的研究中心，而且从事中国学教学和研究的教师几乎遍布各个大学，甚至一些小规模的社区学院也聘有中国历史或中文教师，这点是其他西方国家无可比拟的。美国出版中国学著作的大学出版社和期刊的数量也要超过其他西方国家和日本，美国学者研究中国学的成果在国际上也具有重要影响，由此奠定了美国在世界中国学中的重要地位。

正因为美国和其他西方国家的中国学在二战后得到了长足发展，本书所收录的 21 个海外大学和研究机构的中国研究中心主要集中在美国和欧洲国家。其中，美国大学的中国研究中心有 6 个，包括哈佛大学费正清中国研究中心、加州大学圣迭戈分校 21 世纪中国研究中心、加州大学洛杉矶分校中国研究中心、密歇根大学中国研究中心、宾夕法尼亚大学当代中国研究中心和夏威夷大学中国研究中心。英国有 4 个中国研究中心，包括牛津大学中国中心、伦敦大学国王学院刘氏中国研究中心、威斯敏斯特大学当代中国中心和达勒姆大学当代中国研究所。此外，法国方面包括法国社会科学高等研究院近现代中国研究中心和法国现代中国研究中心，德国有柏林自由大学中国研究所，意大利有都灵大学中国研究中心，俄罗斯有俄罗斯科学院东方所中国问题研究室，加拿大有不列颠哥伦比亚大学中华研究中心，澳大利亚有澳大利亚国立大学中华全球研究中心，日本有爱知大学国际中国学研究中心和早稻田大学现代中国研究所，印度有贾瓦哈拉尔·尼赫鲁大学东亚研究中心中国研究部和印度中国研究所。由于篇幅所限，本书无法将所有海外大学和研究机构的中国研究中心都收录在内，但收录的这些机构在西方和亚洲都具有较强的代表性。了解海外中国学的研究和发展对中国学者不啻为一种"他山之石"，可以借助他国研究者的眼光和视角对中国历史、政治和文化进行更加全面和透彻的研究，这也是我们编辑此书的最大愿望。

方　强

前　言

谁在研究中国?

这是一个看似简单实际上却不易回答的问题。当今世界面临百年未有之大变局,中国崛起之势令世界瞩目,国际格局开始进入新的动荡变革期,各国对中国的研究也愈加重视。为了更好地理解和应对变动中的世界,准确把握各国对中国崛起的反应,客观及时地解答"谁在研究中国"这个问题已变得格外迫切。本书编辑的目的就是希望从调研当今海外中国研究机构入手来找寻问题的答案。

孙子曰:知己知彼,百战不殆。中国古人的真知灼见早已成为全球共享的智慧。事实上,从16—17世纪欧洲传教士到华宣教开始,到1840年鸦片战争迫使中国打开国门以后,英法德俄美等列强对中国的研究在不断加强,部分大学也开始设立专门的教职来培育人才。例如,1814年法兰西学院设立了欧洲第一个汉语教席,1876年牛津大学聘任了第一位中国学专家。进入20世纪以来,从清朝到中华民国,再从新中国诞生到改革开放,百年历程,风云变幻。欧美大国面对中国的变化和发展,纷纷鼓励和支持政府部门和高校建立研究中国的机构。以美国为例,从1928年哈佛大学和美国传教士一起在北京创办燕京学社,到1955年哈佛大学设立东亚研究中心,再到2007年哈佛大学将东亚研究中心更名为中国研究中心,不少欧美名牌大学已不满足于设立中国语言和文化的院系,而是先后建立了一批专门研究中国的中心或机构,如牛津大学的中国研究中心、哈佛大学的费正清中国研究中心、法国现代中国研究中心等。这些研究机构多数与政府关系密切,在人才培养、学术研究等方面都颇有成就,培养了一代又一代"中国通",在对华政策咨询等方面发挥着不可忽视的作用。

反观中国,自鸦片战争的炮火轰开国门,中国的有识之士就开始关注国外的世界。他们从译介西方的著作入手,著书立说,不断探究西方政治、经济、社会的思想理论和体制机制。新中国建立后也成立了一些专门研究外国的机构，但主要关注欧美大国，没有覆盖全部的国家和地区。今天，随着国力的增强，中国在世界舞台上的影响日益提升，遇到的问题和挑战也同步增多，国家迫切需要加强对世界各国的了解。2011 年，中国教育部启动了高校国别和区域研究培育基地建设项目，批准成立了 42 家基地，聚焦重点国家和地区。经过短短十年的发展，截至 2021 年年底，全国高校的国别区域研究机构已突破 400 家，基本实现了世界各国和各地区的全覆盖。2022 年 9 月 14 日，国家新调整的学科目录公布，区域国别学作为新增的交叉学科门类下的一级学科位列其中，这意味着中国的国别区域研究开始进入一个新的历史发展阶段。在这种背景下，深入了解西方国家相关研究机构的架构及其运作模式，对于我们做好国别和区域研究工作具有重要的参考意义。显而易见的是，在众多的海外国别区域研究机构中，专注中国问题的研究中心无疑是最贴近、最现成的"他山之石"。那么，今天的世界上，有哪些中国研究中心值得借鉴呢？

　　带着这个问题，我们在全球范围内重点梳理了各国高校有关中国的研究中心和机构，最终从美国、英国、法国、德国、意大利、俄罗斯、加拿大、澳大利亚、日本和印度十个国家中精心选择了最具代表性且在国际上有较大影响的 21 个中国研究中心，重点就它们的中心概况、机构设置、代表性人物、研究情况、人才培养、成果发布、合作交流等几个方面的情况进行调研，以期从中得出一些于中国有益的启迪。其中，收录的美国机构数量最多，一共 6 个，即美国哈佛大学费正清中国研究中心、美国加利福尼亚大学圣迭戈分校 21 世纪中国研究中心、美国加利福尼亚大学洛杉矶分校中国研究中心、美国密歇根大学中国研究中心、美国宾夕法尼亚大学当代中国研究中心、美国夏威夷大学中国研究中心；英国的机构 4 个，它们是英国牛津大学中国中心、英国伦敦大学国王学院刘氏中国研究中心、英国威斯敏斯特大学当代中国中心、英国达勒姆大学当代中国研究所；法国、日本、印度各两个：分别是法国社会科学高等研究院近现代中国研究中心和法国现代中国研究中心；日本爱知大学国际中国学研究中心和日本早稻田大学现代中国研究所；印度贾瓦哈拉尔·尼赫鲁大学东亚研究中心中国研究部和印度中国研究所。此外，德国、意大利、俄罗斯、加拿大和澳大利亚各一个，分别是德国柏林自由大学中国研究所、意大利都灵大学中国研究中心、俄罗斯科学院东方研究所中国问题研究室、加拿大不列颠哥伦比亚大学中华研究中心、澳大利亚国立大学中华全球研究中心。这些机构绝大多数依托高校建立，有着较深厚的历史积淀，在科研、管理、人才培养或资政服务等方面各有优长，在国际上有很大的学术影响。各中心的代表性人物几乎都在中国留过学或生活过，很多人既精通汉语，又了解中国的现实，在本国的社会和政治生活中都有相当的影响力。他们对中国的认识与观点代表着本国精英阶层的看法，能够引导国内舆论，是我们直观了解当今世界眼中的中国形象的一面镜子。

　　总之，21 世纪的中国正乘势而起，要实现民族复兴的伟业，不能不了解世界，更不能不了解世界对中国的看法。通过调研海外中国研究中心，深刻了解其组织运作的机制，进而洞察各国对中国的认知和立场，既是顺应国家发展需要、鼓励学以致用的现实要求，也是当前奠基区域国别学学科，提升国别区域研究水平的当务之急。希望本书的出版能够起到抛砖引玉的作用，不当之处，敬请方家指正！

梁占军

2022 年 10 月 5 日

目　录

美　国

英　国

法　国

德　国

意大利

俄罗斯

加拿大

澳大利亚

日　本

印　度

美　国

美国哈佛大学费正清中国研究中心[*]

张北晨

---

　　* 费正清中国研究中心历史悠久，经历了多次更名。该机构最初创立时名为"哈佛大学东亚研究中心"。20 世纪 70 年代费正清荣休后，鉴于他在东亚研究方面所作出的杰出贡献，中心被命名为"费正清东亚研究中心"。日本成长为经济大国后，向哈佛大学捐资，哈佛大学于 1973 年成立了日本研究所（The Japan Institute）；后来韩国也向哈佛大学捐资，哈佛大学于 1981 年成立了韩国研究所（The Korea Institute）。这两个研究所成立之初均隶属于费正清东亚研究中心，直到 1993 年才被划出并分别成为独立机构。由于日、韩研究所相继独立，费正清东亚研究中心遂于 2007 年更名为"费正清中国研究中心"。

美国哈佛大学费正清中国研究中心（Fairbank Center for China Studies，以下简称"费正清中心"），原名费正清东亚研究中心（Center for East Asian Studies，CEAS），由美国著名当代中国研究学者费正清（John King Fairbank）等于1955年建立。该中心是美国在东亚研究、近现代中国学等方面研究的先行者，目前已发展成为一个以历史为主干的多学科综合的研究机构。[①] 几十年来，费正清中心的对华研究包括了政治、经济、外交、历史、社会状况等方面，对很多与中国相关的偏微观的问题也进行了深入细致的探究。费正清中心的研究人员很多是美国的优秀学者，当前这支中国研究专家队伍在美国也是最顶尖的。他们在学术上具有良好的声誉，这使费正清中心的学者在美国对华决策方面具有非同寻常的影响力。

一、中心概况

第二次世界大战结束以后，虽然美国当时已经成为无可争议的超级大国，但随着亚洲在全球的重要性不断提升，特别是中华人民共和国的成立，美国意识到自己对东亚国家相对来说知之甚少，缺乏这方面的专家和资讯。在这样的大背景下，美国政府积极鼓励和引导国内对亚洲特别是对中国的研究。1954年，哈佛大学中国学教授费正清与著名经济学家亚历山大·埃克斯坦（Alexander Eckstein）等学者提出了一项关于中国的研究项目，该项目汇集了很多现代中国研究领域的专家。1955年，"中国经济和政治研究项目"启动，费正清等在哈佛大学正式成立了东亚研究中心。该中心吸引了世界各地中国研究方面的专家学者，为他们提供了一个讨论自己感兴趣的问题和发表学术见解的平台。

促成东亚研究中心肇始的"中国经济和政治研究项目"获得了福特基金会和卡内基基金会的两笔巨额资助，项目还有一些资金来自哈佛大学文理研究生院。

费正清无疑是该中心创立与发展过程中首屈一指的领军人物。作为创始人，他从1955年至1973年担任了18年的中心主任职务。在此期间，费

---

① 《费正清中心的历史沿革》，哈佛大学费正清中国研究中心网站，https://fairbank.fas.harvard.edu/our-mission-chi/。本文中的很多内容选译自该网站（https://fairbank.fas.harvard.edu），不再另作特别说明。

正清怀着不倦的使命感，开创了美国的现代中国研究。他招收和培养了一批日后成为北美一流大学教授的学者，使这一领域的研究队伍不断壮大。尽管从原则上讲，费正清中心的研究涵盖了中华文化圈的各个方面，但实际上，中心的研究活动多侧重于从历史和社会科学视角研究现代中国（所谓"现代中国"，在费正清生前被定义为从 1800 年到现在这一时段的中国）。[①] 1973 年，费正清退休后担任新成立的东亚研究理事会的主席。鉴于他在东亚研究方面所作出的杰出贡献，东亚研究中心被命名为"费正清东亚研究中心"。

此后，先后有近 10 位学者担任该中心主任。1974 年，时任主任傅高义（Ezra Vogel）为了改变中心图书馆缺少发展规划和馆藏资料不足的状况，对图书馆进行了大规模的改革和扩容，使其文献资料的提供能力大大提高，为图书馆之后的发展打下了良好的基础。尤其是该中心图书馆所收藏的中英文新书大部分集中在"当代中国"领域，无论是数量还是质量都令人佩服。[②]

20 世纪 80 年代孔飞力（Philip A. Kuhn）执任主任时期，是中心发展史上的一个分水岭，中心现在的架构正是在这个时期发展成型的。孔飞力将中心的东亚研究工作划分为三个研究机构（研究所），分别负责中国（及越南）研究、日本研究和朝鲜半岛研究。他还重新启动了博士后项目，这也成为中心现在的核心培养项目之一。在他的努力运作下，中心开始逐渐克服严重的资金短缺困难，获得了一定规模的基金支持，并得以快速发展。

20 世纪 90 年代华琛（James L. Watson）执任主任时期，为了改变中心执行委员会臃肿而缺乏效率的局面，他力排众议，对执委会进行了重组，吸收专家进入决策圈，并将执委会的规模由原来的 17—20 个执委大幅精简到只有六七个执委，使其成为一个富有效率的审议机构。

进入 21 世纪后，随着中国全球影响力的持续上升，哈佛大学对亚洲其他国家的研究业务逐渐转移到新成立的亚洲中心（Asia Center），费正清东

---

① ［美］薛龙：《哈佛大学费正清中心五十年史（1955—2005）》，路克利译，新星出版社，2012，"引言"。

② ［美］魏思琪（Zbigniew Wesolowski）：《美国汉学研究的概况》，（台北）《汉学研究通讯》2007 年 5 月，总第 102 期，第 34 页。

亚中心正式更名为"费正清中国研究中心"，以突出其在全球中国研究领域的独特地位。[①] 在裴宜理（Elizabeth J. Perry）、柯伟林（William C. Kirby）和欧立德（Mark C. Elliott）等几位主任的努力下，中心已建成为整个美国乃至全世界最为卓越的现代中国研究机构，其学术发展史对众多现代中国研究者具有十分重要的参考价值。

费正清中心官网的"使命宣言"称，中心力图通过四种方式推进哈佛大学各个领域的中国研究：一是成为哈佛大学推动和传播中国研究特别是跨学科研究的主要平台；二是为教师和学生提供研究基金；三是向媒体、政策制定者和公众提供有关中国的权威性信息；四是通过中心的冯汉柱图书馆（H. C. Fung Library）[②] 为学者和从业人员提供研究资源。[③]

二、机构设置

费正清中心位于哈佛大学政府和国际研究中心（Center for Government and International Studies，CGIS）南楼的一层。从工作性质来分，费正清中心的工作人员可分为行政办公人员和教学研究人员两类。

在行政方面，行政办公室负责中心的各项协调与保障工作。截至 2023 年 7 月，中心行政办公人员有 8 人，包括中心主任、执行主管、财务行政主管、项目协调员、图书管理员等。执行主管是中心主任的事务助理，负责中心千头万绪的事务性工作，包括博士后项目、访问学者事务、研究会员事务等。财务行政主管负责起草中心的年度预算，并为中心的主要支出项目提供建议和咨询，还为各项事务排定日程，为中心举办的各种会议和研讨会提供后勤服务。一般来说，他们是中心这台机器能够顺利运行必不可少的润滑剂。在教学研究人员方面，目前全体在编的教学研究人员共 50 余人，还有来自不同大学的特聘研究员（associates）7 人，以及短期兼职研究员、访问学者及从事博士后研究的人员共计 100 余人。

---

① 《哈佛大学的当代中国研究机构》，中华人民共和国国史网，2010 年 1 月 11 日，http://hprc. cssn. cn/gsyj/guoshiyanjiu/201001/t20100111_3969344. html。

② 1961 年费正清中心建立了自己的图书馆，2005 年香港冯氏集团（前利丰集团）基金会向费正清中心捐赠 1500 万美元，中心新建了以前利丰集团董事局主席冯汉柱命名的图书馆。

③ 参见费正清中心官网"使命宣言"，https://fairbank. fas. harvard. edu/our-mission-chi/，访问时间：2019 年 11 月 16 日。

费正清中心的中国研究几乎涵盖了社会科学的各个方面：不仅涉及中国的政治、经济、外交、历史、社会等大的研究方向，还对台湾海峡两岸关系、少数民族问题、海外移民、文化遗产等进行深入细致的专题研究。费正清中心与哈佛大学的另一著名中国研究机构——哈佛-燕京学社（Harvard-Yenching Institute）在研究时段上有所区别，前者聚焦当代中国研究，后者则侧重于古代和近现代中国研究。

费正清中心之所以被认为是美国中国学的大本营，主要得益于哈佛大学一流的科研条件。威德纳图书馆（Harry Elkins Widener Memorial Library）是哈佛大学最大的社会科学和人文科学研究图书馆，也是目前世界上馆藏量名列前茅的大学图书馆。它收藏有海量的历史、经济、语言、文学等学科的文献，仅图书就有350万册（截至2015年），而且每年仍以很快的速度增加。在费正清中心，读者可以通过"哈佛在线图书馆信息系统"（Harvard OnLine Library Information System，HOLLIS）远程查阅哈佛各个图书馆的藏书状况，并可直接下载电子杂志。

费正清中心设有自己的图书馆，即冯汉柱图书馆。该馆起源于1961年费正清中心设立的社会科学资料图书馆，其旨在为与中国共产党、当代中国与台湾问题等有关的研究项目提供所需资料，并只对内部开放。经过几番改革和搬迁扩容，该馆现已对外开放，并成为研究中国问题的学者可利用的宝贵资源。

该馆收藏的资料包括难得一见的统计数据和未出版的档案等特色资源。关于当代中国问题的藏书也相当集中，其中一半以上是中文书籍，很多刚出版的图书很快就可在馆中查到。该馆书籍不外借，只限馆内阅读。此外，该馆还有数百种关于中国的杂志。

在图书采集方面，该馆每年都会收集各类中文出版物、档案等在西方比较罕见的资料，其主要由图书馆馆员从北京等中国城市获取。该馆同时还订阅了150种中英文期刊和报纸供读者使用。该馆的馆藏信息已经纳入"哈佛在线图书馆信息系统"中，并可以在线进行实时异地查阅。

三、资金来源

总体来看，费正清中心的资金来源于联邦政府、基金会、社团和私人基金。

在中心的发展史上，曾出现过资金短缺甚至难以维持运行的窘境。为确保自身的生存和发展，中心建立起自己的长期运营基金。这需要募集一笔数额可观的资金，将其存入银行或者进行证券投资，用每年的利息收益支付中心运行所需的费用。1972 年，东亚研究理事会成立，费正清被任命为理事会主任并开始了为中心筹措基金的工作。他到世界各地去会见潜在的捐资人，并宣传研究中心的重要性。之后，中心还在美国和亚洲的大部分地区举办了各种类型的会议募集资金。1987 年，中心主任马若德①创立了费正清中心（财政）委员会，由此开始了新的筹资努力。费正清中心委员会显要云集，是一个由商界、政界和外交界的领袖人物组成的机构，成员包括很多世界知名人士，如美国前国防部长罗伯特·S. 麦克纳马拉（Robert S. McNamara）。

四、代表性人物

费正清中心的中国研究专家队伍可以说在世界上是首屈一指的，包括傅高义、裴宜理②、孔飞力③、马若德、伊恩·约翰斯顿（Iain Johnston）、陆伯彬（Robert Ross）、默尔·戈德曼（Merle Goldman）、伊丽莎白·J. 佩里（Elizabeth J. Perry）、李欧梵（Leo Ou-fan Lee）、李惠仪（Wai-yee Li）等。

中心前主任傅高义教授是著名社会学家，撰有《共产主义下的广州：一个省会的规划与政治（1949—1968）》《先行一步：改革中的广东》《邓小平时代》等专著，它们是西方了解中国及中国改革开放的重要著作。美国学术界认为他是同时对中日两国事务都精通的学者。

裴宜理教授是费正清中心的第一位女主任，也是哈佛大学中国研究队

---

① 马若德（Roderick MacFarquhar），哈佛大学历史学和政治学教授，《剑桥中华人民共和国史》的主要编撰者。

② 裴宜理（Elizabeth J. Perry），1948 年出生于上海。现任哈佛大学政治系讲座教授、哈佛-燕京学社社长。

③ 孔飞力（Philip Alden Kuhn），美国著名汉学家，哈佛大学历史系讲座教授、东亚文明与语言系主任，以研究晚清以来的中国社会史、政治史著称。从 20 世纪 70 年代中期开始，孔飞力转向海外华人移民史研究。

伍的代表性人物之一。她的《华北的叛乱者与革命者（1845—1945）》以及近年出版的《安源：发掘中国革命之传统》等著作均有中文版问世。

前中心主任的孔飞力教授是当代美国中国近代史研究最杰出的人物。他的著作虽然不多，但每部都被认为是有着重要影响力的精品，其中被翻译成中文的有《叫魂：1768 年中国妖术大恐慌》《中华帝国晚期的叛乱及其敌人》《中国现代国家的起源》《他者中的华人：中国近现代移民史》等。

马若德教授以中国"文化大革命"及其起源史研究驰名天下。多年来，他致力于探究冷战时期的"红色中国"。他的三卷本《"文化大革命"的起源》的研究持续了近 40 年，陆续面世也经历了 20 余年的时间，是他的"心血之作"，也是他中国问题研究的代表作。

总的来说，费正清中心为中美关系正常化的进程作出了不懈努力和贡献。早在 20 世纪 70 年代初尼克松访华前，美国国内保守派就称哈佛的"中国通"们为"绥靖派"。但是，这些学者长期以来都主张中美之间应该用政治、经济、文化竞争取代军事上的冲突。目前，中心的学者们都从美中关系的现实出发，主张对华接触，并支持"一个中国"的政策。①

五、研究情况

截至 2023 年 7 月，据费正清中心官网显示，中心正在推进三个研究项目。

（一）"数字中国"（Digital China）项目

该项目主要利用数字化技术来研究中国的过去和现在。目前已经进行的子项目有"中国地理信息系统"（GIS）、"中国历代人物传记资料库"（CBDB）。可以说，费正清中心在利用"大数据"方面已经处于学界领先地位。研究人员们正在继续努力，力图进一步考察这些技术在研究议题设置、方法论等方面如何为中国研究提供新的视角。

---

① 《哈佛大学：领跑中国研究》，全球化智库网，2016 年 11 月 7 日，http://www.ccg.org.cn/Research/View.aspx?Id=5189。

（二）"中国与世界"（China and the World）项目

费正清中心在 60 年来从事美中关系研究的基础上，正在与哈佛大学各中心启动新的合作研究项目，以更好地了解中国与世界其他地区的互动。2015 年秋天，费正清中心和哈佛大学南亚研究中心启动了一个关于"中国和印度的精英管理"（Meritocracy in China and India）的合作研究项目。此外，费正清中心还与哈佛大学非洲研究中心就中国在非洲的角色展开合作研究。

（三）"西部中国"（West China）项目

2016 年 12 月，费正清中心与四川大学西部中国研究中心建立了合作研究中心，以促进两所大学的研究并加强学术交流。双方的合作研究领域主要包括但不限于以下几个方向：（1）西部中国考古学与艺术史；（2）藏学与佛学研究；（3）前现代、现代和当代西部中国的历史与社会；（4）西部中国少数民族文化研究。

六、人才培养

费正清中心设有多种研究基金、奖学金和国际交流项目，接纳众多来自世界各地的专业人员、博士后、研究生和本科生。目前，可申请的主要项目有：访问学者、非常驻研究人员、王安博士后研究基金（An Wang Postdoctoral Fellowship）、侯氏台湾研究奖学金（Hou Family Fellowships in Taiwan Studies）等。中心具体的人才培养项目较多，培养方式的分类方法也不同，可以根据是否隶属于哈佛大学来划分，也可以根据学生和教职员工的层次来划分。现择其要者作一简要介绍。

（一）访问学者

费正清中心接纳来自世界各地的访问学者。各学科的学者可以利用一两个学期在中心从事他们的研究项目。申请者必须具有博士学位，访问期间的学习时间应与哈佛大学的校历一致。

中心及其附属机构会开办多种形式的学术项目，从而大大丰富学者们的学术生活。访问学者应明确参与一个研究项目，利用中心和哈佛大学的资源对该项目进行研究，并积极参与中心的各项活动。学者们最好在访学期间居住在大波士顿地区，这样有利于参与各种活动。

（二）王安博士后研究人员

王安博士后奖学金长久以来资助了多个学科的年轻学者。王安博士后研究人员的筛选非常严格，竞争十分激烈。研究人员通常在费正清中心利用一年的时间完成书稿或论文的写作。此外，他们还要在费正清中心发表自己的研究成果，并指导中心的研究生，有时也会在院系讲授一定的课程。每年的招生会根据研究项目的具体情况变化。正在修改博士论文准备出版的申请人，或刚刚开始第二个主要研究项目的申请人将获得优先考虑。获得哈佛大学博士学位的人将无法获得王安博士后奖学金。

所有符合条件的申请人，不论其年龄、种族、肤色、宗教、性别、国籍等特征，均有机会获得录取。王安博士后研究人员的津贴包括 6 万美元的奖学金以及医疗保险津贴和 1000 美元的学术活动津贴。

（三）侯氏家族奖学金研究员

侯氏家族台湾研究奖学金用于资助来自北美和中国台湾地区的各一名学者，他们将以访问学者的身份来费正清中心进行台湾地区相关的研究。

（四）学生研究员

费正清中心会在哈佛大学全校内选拔 10 名以内的高年级博士生作为学生研究人员，进行为期一年的研究与论文写作。只要研究主题是关于中国，哈佛大学任何一个院系的高年级博士生都可以申请。费正清中心将为他们的研究提供职业拓展活动、资金支持和办公空间。学生研究人员也要为费正清中心撰写博客文章，从而提高对中心各方面的宣传。

七、成果发布

费正清中心最著名的成果是费正清等主编的《剑桥中国古代史》《剑桥中华民国史》《剑桥中华人民共和国史》等，它们属于 20 世纪 80 年代以来哈佛大学出版社出版的一套名为"哈佛当代中国书系"（Harvard Contemporary China Series）的丛书。① 随着信息技术的发展，费正清中心发布成果的平台多种多样，包括出版物（图书、期刊）、网站和论坛等。较为有影响力的研究成果一般以图书和专题文集的形式正式出版，如"哈佛东亚丛书"（Harvard East Asian Series）②、"哈佛东亚专题文集"（Harvard East Asian Monographs）③、"中国论文集"（Papers on China）等。

近年来，费正清中心较为有影响力的著作也层出不穷。2018 年 1 月，哈佛大学出版社出版了时任费正清中心主任宋怡明教授和美国伍斯特理工学院陆德芙（Jennifer Rudolph）教授联袂主编的《中国问题：对一个崛起大国的批判性洞察》④ 一书。作为海外中国研究的重磅著作，该书汇集了裴宜理、马若德、欧立德等 36 位著名中国研究学者的文章。⑤ 作者们在书中回答了有关中国的政治、国际关系、经济、环境、社会、历史与文化的 36 个重要问题，为理解今天中国在全球舞台上飞速崛起所面临的挑战与不确定性提供了一个窗口。值得一提的是，2022 年 8 月，该书的续作《中国问题 2：对中美关系的批判性洞察》⑥ 问世，对塑造当今中美关系的关键问题作出了诠释。

除了出版大量有关中国问题的论著，费正清中心还创办了很多颇具影响力的刊物。例如，时任中心主任马若德创立并主编了《中国季刊》（The China Quarterly），为学者们发表相关研究成果提供了平台。⑦

费正清中心经常会举办会议（conference）、研讨会（seminar）、工作坊（workshop）、讲座（lecture）、展览（exhibition）等各种形式和主题的学术

① ［美］薛龙：《哈佛大学费正清中心 50 年史（1955—2005）》，路克利译，新星出版社，2012，附录 B "哈佛当代中国书系"。

② "Harvard East Asian Series," https：//www. hup. harvard. edu/collection. php？cpk＝1082.

③ "Harvard East Asian Monographs," https：//www. jstor. org/bookseries/j. ctt1tfj8m3.

④ Jennifer Rudolph and Michael Szonyi（eds. ），*The China Questions*：*Critical Insights into a Rising Power*（Cambridge，MA：Harvard University Press，2018）．

⑤ 《哈佛大学费正清中心〈中国问题〉出版》，搜狐网，2018 年 2 月 20 日，http：//www. sohu. com/a/223262609_657052。

⑥ Maria Adele Carrai，Jennifer Rudolph and Michael Szonyi（eds. ），*The China Questions 2*：*Critical Insights into US-China Relations*（Cambridge，MA：Harvard University Press，2022）．

⑦ 管永前、孙雪梅：《麦克法夸尔与〈中国季刊〉的创立》，《北京行政学院学报》2009 年第 2 期，第 112 页。

活动，例如 2023 年 4 月就举办了多达 31 项活动。通过中心网站可以查阅到过往和即将举办的这些活动。①

八、合作交流

为了扩大中国研究方面的影响力，增强对外合作与联系，费正清中心有意识地采取多种形式，与相关领域和行业保持良好的交往关系。

吸引和资助他国研究人员到中心做研究是费正清中心重要的对外交流方式。费正清中心名声卓著，吸引了世界各地的中国研究学者纷至沓来在这里做访问学者。每年来自各国政界、商界、学术界的在费正清中心任兼职研究员的专家学者达 100 多名，其中仅研究中国外交的学者就有数十名。当今饮誉国际汉学界的著名专家和学者，大都有在这里做访问学者的经历。

近年来，费正清中心还以哈佛大学为依托，充分利用其学术资源，与该校其他院系和研究中心开展跨专业的合作研究。中心的合作研究十分贴合中国现代的发展情况和趋势。例如，随着中国国力的增强，中国对非洲第三世界国家的投资和援助不断增多，费正清中心就与哈佛大学非洲研究中心一起，对中国在非洲的角色进行深入研究。随着数字化技术在人文社科研究领域变得日益重要，2017 年费正清中心通过与哈佛大学东亚语言与文明系合作，首次开设了由博士后研究人员唐纳德·斯特金（Donald Sturgeon）教授的研究生课程"中国研究的数字化方法"。在 2017—2018 学年里，费正清中心共主办或联合主办了 180 场活动，与哈佛大学校园内外的 30 多个中心和院系进行了合作。②

进入 21 世纪后，国际合作办学、合作研究已经成为一种趋势。为使学术交流更加多元、更加充满活力，费正清中心采取了多种方式与中国方面进行学术交流。

第一，费正清中心会与中国的学术机构进行专家互访，并通过举行各种专题研讨来进行交流。例如，受北京大学中外人文交流研究基地和北京大学美国研究中心的邀请，2018 年 1 月 11 日，费正清中心主任宋怡明教授

① "Events," https://fairbank. fas. harvard. edu/events/.
② "2017-2018：A Year in Review," https://fairbank. fas. harvard. edu/zh/2017-2018-a-year-in-review.

率领 5 位美国著名学者访问了北京大学国际关系学院，并与学院师生举行了题为"新时代的中美关系：新机遇与新挑战"的圆桌讨论会。双方还就加强北大中外人文交流研究基地与费正清中心的学术交流与合作、建立机制性对话平台达成了初步意向。① 2019 年 10 月 19—26 日，吉林大学哲学社会学院师生一行 11 人赴美国哈佛大学展开了为期一周的"哈佛大学-吉林大学中国基层社会研究工作坊"学术交流活动。在费正清中心的帮助下，吉林大学访问团深入调研了哈佛大学的馆藏系统，试用了"哈佛在线图书馆信息系统"中的电子档案和哈佛大学图书馆的微缩胶卷馆藏档案，并同费正清中心的学者萧建业（Victor Seow）教授展开了题为"中国基层社会治理（1949—2019）"（Local Social Governance in China, 1949–2019）的研讨活动。②

第二，费正清中心会与中方联合成立机构，展开合作研究。例如，为推动西部中国的研究，促进四川大学的学者与哈佛大学各机构的学者们开展合作研究，2016 年 12 月 12 日，四川大学西部中国研究中心和哈佛大学费正清中心成立了合作研究中心。2018 年 5 月，费正清中心主任宋怡明教授对合作研究中心的先期成果进行了考察，听取了"明清以降中国西部乡村社会历史调查与研究"课题的进展情况。③ 费正清中心还与中国很多大学和科研机构建立了良好的学术联系，比如中心的柯文教授担任了华东师范大学海外中国学研究中心的名誉教授。④

第三，费正清中心会派遣专家教授来华举行讲座，扩大学术影响力。2013 年 8 月 28 日，费正清中心时任主任欧立德在中央民族大学进行了题为《北方的启示：历史结构、边疆能动与中国创新》（The Northern Enlightenment:

---

① 《哈佛大学费正清中国研究中心一行五位著名美国学者访问我院并举行中美关系圆桌讨论会》，2018 年 1 月 12 日，北京大学国际关系学院网站，https://www.sis.pku.edu.cn/news64/1301691.htm。

② 《哲学社会学院"2019 年吉林大学学生国际竞争力卓越计划——'哈佛大学-吉林大学中国基层社会研究工作坊'"圆满完成》，吉林大学哲学社会学院网站，2019 年 11 月 11 日，http://zsy.jlu.edu.cn/info/1016/1271.htm。

③ "Fairbank Center Inaugurates New Collaborative Partnership with Sichuan University," Dec. 12, 2016, https://fairbank.fas.harvard.edu/fairbank-center-inaugurates-new-research-center-with-sichuan-university-for-western-china-research/.

④ 《海外中国学研究中心》，华东师范大学历史学系网站，http://history.ecnu.edu.cn/61/13/c21731a221459/page.htm。

Historical Structure, Frontier Agency and China's Renovation) 的讲座。讲座对于中国近现代史的研究具有较大的前瞻性与启发性，有利于深刻认识"内地—边疆"之间的互动关系。[1] 2017 年 4 月 12—16 日，费正清中心研究员、哈佛台湾研究小组成员陆伯彬教授到访"两岸关系和平发展协同创新中心"[2] 和厦门大学台湾研究院。作为美国最资深的"中国通"之一，陆伯彬作了题为《坐美观海：两岸新动态》（New Cross Strait Dynamics and the United States）的讲座，就两岸关系的现状和趋势、岛内政局的发展、美国的两岸政策及其他相关问题进行了全面而深入的分析，并与中国学者进行了坦率而富有成效的沟通。[3]

九、结语

费正清中心是美国对中国进行研究的顶尖智库之一。和其他智库相比，它具有以下较为突出的特点。一是凝聚了国际范围内的一流专家队伍。中心联合了政府与民间、官员与学者、专才与通才，其研究团队包含了哈佛大学的研究人员，并且每年都有国际研究人员加入和进行交流。二是广泛发展社会关系，并致力于与其他机构建立良好的合作关系。几十年来，中心通过开展项目、发行出版物、举办活动以及提供教育服务，为外交和战略领域的专家学者和政策实践者提供了一个可以沟通的平台。三是拥有强大的人才培养能力。中心有来自世界各地的众多研究生，并且在人才培养方面有良好的制度支持。在培养方式上，中心利用实地考察和田野调研，使研究生的论文和研究成果与实践很好地结合起来，将理论知识有的放矢地与实践相结合。费正清中心在科研和教学方面所取得的成就和相关经验对我国的智库建设具有一定的借鉴意义。

---

① 《哈佛大学费正清中国研究中心主任欧立德教授讲座纪要》，中央民族大学世界民族学人类学研究中心网站，https://igea.muc.edu.cn/info/1025/1265.htm。

② 简称"两岸协创中心"，是根据教育部、财政部"2011 计划"（即"高等学校创新能力提升计划"）的要求，由厦门大学牵头，复旦大学、中国社会科学院台湾研究所和福建师范大学在2012 年共同组建，并在 2014 年 10 月获得教育部、财政部认定的国家级"协同创新中心"。

③ 《哈佛大学费正清中国研究中心教授陆伯彬来访》，厦门大学台湾研究院/台湾研究中心网站，2017 年 4 月 8 日，https://twri.xmu.edu.cn/2017/0919/c16676a299161/page.htm。

哈佛大学费正清中国研究中心联系信息

地址：Fairbank Center for Chinese Studies, Harvard University, CGIS South Building, 1730 Cambridge Street, Cambridge, MA 02138, U.S.A.

电话：+1-617-495-4046

传真：+1-617-496-2420

网址：https://fairbank.fas.harvard.edu

邮箱：fairbankcenter@fas.harvard.edu

美国加利福尼亚大学圣迭戈分校
21 世纪中国研究中心

钟厚涛

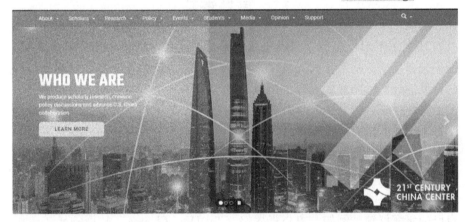

长期以来，美国加利福尼亚大学圣迭戈分校全球政策与战略学院（School of Global Policy and Strategy, UC San Diego）一直高度重视对中国问题的研究和相关课程的设置。2011年，该院前身国际关系与太平洋研究学院（School of International Relations and Pacific Studies, 2015年7月1日更为现名）成立了21世纪中国研究中心（21st Century China Center），从体制建设上进一步加强了对中国的研究。21世纪中国研究中心创建于全球权力转移和中国崛起之时。中心成立时所考虑的主要战略背景是，中美两国在21世纪将面对外交等多方面的挑战，同时也面临在全球性问题上进行广泛合作的机遇。两国间的竞争与合作对全球的未来至关重要，因而需要深入研究。经过十多年发展，该中心已经成为全美当代中国研究领域的重镇之一。①

一、管理模式

21世纪中国研究中心的研究人员都是加州大学聘任的正式研究人员，他们来自不同的院系，其基本工资都是固定的，但在研究经费上享受中心的资助。他们的聘任周期取决于他们所参与项目的实施周期。这些研究人员的考核由学校负责，中心只关注他们是否有优秀的研究成果。中心也会聘请中短期的研究人员和行政人员，比如博士后或其他高级研究人员以及行政管理人员。这要根据现实需要和经费来决定。由于经费限制，目前中心只就具体研究项目聘用研究生和校外研究人员。

21世纪中国研究中心鼓励和支持各领域专家根据自己的研究兴趣设置自己的研究议题。例如，中心张太铭（Tai Ming Cheung）教授领导的美国加州大学圣迭戈分校全球冲突与合作研究所（Institute on Global Conflict and Cooperation, IGCC）② 目前负责研究中国的科技和创新项目。该项目于2009年春季建立，研究经费主要来自美国政府。项目致力于研究中国在技术转移过程中采取的措施和手段、面临的问题及未来走向。

---

① 需要略加说明的是，由于该中心主要研究区域性而非全球性问题，因此在美国宾夕法尼亚大学"智库与公民社会计划"（TTCSP）项目研究编写的《2021年度全球智库报告》（2021 Global Go To Think Tank Report）中该中心并未被收录。

② 全球冲突与合作研究所成立于1983年，其与21世纪中国研究中心存在一定的人员交叉。

二、资金来源

21 世纪中国研究中心主要通过以下几种渠道募集资金。

（一）政府财政拨款

21 世纪中国研究中心所属的加州大学圣迭戈分校每年会根据预算下拨研究和行政经费。但总体而言，来自政府和教育机构的资金一般占该中心资金来源的比例非常有限。中心的绝大部分资金来自校友以及企业、基金会等非政府组织的捐款和赞助。

（二）企业、非政府组织赞助或捐赠

加州大学圣迭戈分校设有专门的基金会管理其收到的各种捐款和资金。对于企业的无偿捐助，学校一般会收取 6% 的管理费；对于要求挂名以扩大宣传的企业的赞助，要缴纳 30%—50% 的间接成本税。目前主要赞助 21 世纪中国研究中心的企业和非政府组织包括太平洋退休金协会（Pacific Pension Institute）和美国美林银行（Bank of America Merrill Lych）等。

（三）基金会赞助

对于基金会的赞助，学校一般要收取管理费；对于来自教育部的资助，学校对其管理费的设定相对较低，大约为 9%。21 世纪中国研究中心在多个学术基金会的支持下，可以资助中国学者短期访问中心，与中心学者共同进行研究。

（四）个人捐款

美国具有深厚的民间慈善捐赠的传统。对于捐赠出去的收入，政府会给予免税方面的政策支持。21 世纪中国研究中心也受惠于一批成功的企业家和社会活动家的资助，这些捐赠人一般都承诺无偿捐资，而不参与中心的研究和管理工作。[1]

----

[1] 燕玉叶：《如何建设中国高校智库——美国加州大学 21 世纪中国研究中心光磊主任访谈与启示》，《高校教育管理》2015 年第 2 期，第 19 页。

三、代表性人物

截至 2023 年 7 月，该中心拥有 21 名研究人员。[①] 除了中国问题专家，中心还有一些研究人员间或研究中国问题。下面对该中心有代表性的研究人员作一介绍。

谢淑丽（Susan Shirk），21 世纪中国研究中心创始主任，加州大学圣迭戈分校全球冲突与合作研究所名誉所长，研究美中关系和中国政治的最有影响力的美国专家之一。她于 1993 年创立多边年度会议"东北亚合作对话"（Northeast Asia Cooperation Dialogue，NEACD），其现已成为朝核六方国防和外交官员以及学者进行安全领域对话的重要平台。她还担任过克林顿政府负责东亚和太平洋事务的副助理国务卿（1997—2000），主要负责美国对中国和蒙古的政策。她的主要著作有《脆弱的超级大国》（*China：Fragile Superpower*）、《变化中的媒体与变化中的中国》（*Changing Media，Changing China*）、《中国经济改革的政治逻辑》（*The Political Logic of Economic Reform in China*）等。

巴里·诺顿（Barry Naughton），加州大学圣迭戈分校全球政策与战略学院苏君乐（So Kwan Lok）中国国际事务讲座教授，国际首屈一指的研究中国经济的专家，被誉为"在中国工作过的最受尊敬的美国经济学家之一"。他撰写的教科书《中国经济：转型与增长》（*The Chinese Economy：Transitions and Growth*）被称为"任何研究中国经济改革的人士的必读书目"，并已有中文版问世。他的最新著作是 2021 年出版的《中国产业政策的兴起（1978—2002）》（*The Rise of China's Industrial Policy，1978 to 2020*）。

史宗瀚（Victor Shih），21 世纪中国研究中心现任主任（2023 年 7 月 1 日起接替谢淑丽），曾担任凯雷集团全球市场战略小组的负责人。他是研究中国财政和金融政策以及中国精英政治方面的专家，是美国第一个识别和分析大规模地方政府债务风险的学者。他目前正在领导一个关于中国和亚太地区数字货币的政治经济研究项目。此外，他还在建设一个关于中国精英传记资料的大型数据库。

[①] "Members," https://china.ucsd.edu/scholars/core-faculty.html.

光磊（Lei Guang），苏氏基金执行董事，政治学教授。他的研究重点是中国国家和社会、政治经济学和美中关系。他还撰写了有关印度政治（包括中印关系）的文章。他曾在国际重要刊物上发表论文多篇，并担任《中国季刊》（China Quarterly）和《中国杂志》（The China Journal）的编委。

张太铭，加州大学圣迭戈分校全球冲突与合作研究所所长，主要从事中国国家安全、国防、技术和创新等问题的研究，曾担任《远东经济评论》（Far Eastern Economic Review）的撰稿人。他的最新著作是2022年出版的《以创新为主导：中国技术安全国家的崛起》（Innovate to Dominate：The Rise of the Chinese Techno-Security State）。

毕克伟（Paul G. Pickowicz），加州大学"历史与中国研究"杰出教授（Distinguished Professor Emeritus of History and Chinese Studies），曾担任《中国当代史研究》（Journal of Contemporary Chinese History）编委会成员。主要著作有十余部，其中被翻译成中文的有《书生政治家：瞿秋白曲折的一生》（Marxist Literary Thought in China：The Influence of Ch'u Ch'iu-pai）（北京：中国卓越出版公司，1990）、《中国乡村，社会主义国家》（Chinese Village, Socialist State，合著）（北京：社会科学文献出版社，2002）、《胜利的困境：中华人民共和国的最初岁月》（Dilemmas of Victory：The Early Years of the People's Republic of China，主编）（香港：香港中文大学出版社，2011）等。

赵文词（Richard Madsen），加州大学社会学教授，复旦大学-加州大学当代中国研究中心（Fudan-UC Center on Contemporary China）[1]主任，被称为"现代中国宗教研究的创始人之一"。他出版有15部著作，包括被认为是西方学者撰写的第一本关于中国现代农村生活的历史学著作《毛泽东和邓小平时代的陈村》（Chen Village under Mao and Deng，合著）及其姊妹篇《陈村：从革命到全球化》（Chen Village：Revolution to Globalization，合著）。

四、人才培养

21世纪中国研究中心不仅是一所科研机构，而且承担着研究生等人才

---

[1] 复旦大学-加州大学当代中国研究中心于2012年成立，中心办公室设在加州大学圣迭戈分校。

的培养工作。

（一）政治学和国际事务博士（Ph. D. in Political Science and International Affairs）

该项目是中心与加州大学圣迭戈分校政治学系联合开设的两年制博士学位，目的是为准备在高校进行教学和研究工作或将来从事国际事务研究和政策分析工作的人员提供必要的学术培养和专业训练。在博士课程中，第一学年为必修课程，主要是侧重于政治和研究方法方面的基础性课程；在第二学年，学生开始集中于自己的研究领域，在此基础上总共需要完成18门必修课程才能成为博士候选人。此外，博士候选人需要提交一份研讨会论文并参加综合考试，最后则是博士论文的写作和答辩。

（二）中国经济和政治事务硕士（Master of Chinese Economic and Political Affairs，MCEPA）

该项目是为期两年的全日制学位课程，旨在使学生可以将个人的研究兴趣与严格的专业训练相结合，以跨学科的方式深入了解中国的经济和政治、中美关系、中国在亚太地区的地位等。该学位的必修课程有7门核心课程（包括政策与管理的微观经济学、全球化研究等）和6门中国研究方面的课程（包括中国政治、中国经济与社会发展、中国国际关系与安全等）。

（三）青少年项目（Youth Program）

中心每年会开设"未来领袖暑期项目"（Future Leaders Summer Program）。该项目专为国内外高中生设计，旨在培养他们在全球事务中解决问题和外交方面的技能。

在课程设置方面，21世纪中国研究中心通过一系列相对灵活的人员管理制度来保障研究人员获得实践经验和开展参政咨询工作。例如，学术休假制度①允许教师定期去政府部门任职或者去其他智库交流，因为有的教师

---

① 学术休假制度是指每隔一定年限，在全薪或减薪的情况下，研究人员外出休整一年或更短的时间，以便学习、休假或旅行的制度。美国每个高校对去政府任职、学术旅行、参军等不同情况的休假实行不同的政策规定。

在一个学期就能完成一学年的教学任务（当然，大多数教师还是需要两个学期或者三个学期去完成）。① 如果教师需要更多的科研和实践时间，其甚至可以用自己从基金会拿到的研究经费聘任临时教师代替自己教学。这些制度为中心的研究人员进入"旋转门"提供了时间和精力上的保障，使他们能够积累丰富的实践和管理经验。

五、研究情况

目前，21 世纪中国研究中心在中国研究方面有以下几个研究项目。

（一）加州大学圣迭戈分校美中关系论坛（UC San Diego Forum on U. S. –China Relations）

该论坛 2019 年发起，旨在建立一个由美国社会各界的思想领袖和政策专家组成的独立、长久的社区，就推进美中关系培养创造性思维。论坛为邀请制，由小布什政府前国家安全顾问斯蒂芬·哈德利（Stephen Hadley），21 世纪中国研究中心前主任谢淑丽，美国前贸易谈判代表、中美入世谈判美方负责人查伦·巴尔舍夫斯基（Charlene Barshefsky）共同主持。②

（二）美中政策工作组（The Task Force on U. S. –China Policy）

该项目成立于 2015 年秋季，由美国亚洲协会美中关系中心（Center on U. S. –China Relations at the Asia Society）和 21 世纪中国研究中心发起，由美国加州大学伯克利分校新闻学院前院长、亚洲协会美中关系中心主任夏伟（Orville Schell）和 21 世纪中国研究中心前主任谢淑丽共同主持。该工作组汇集了全美 20 多名中国研究方面的专家，会发布政策简报、报告等研究成果。

（三）美中关系科学和技术工作组（Working Group on Science and Technology in U. S. –China Relations）

该工作组由 21 世纪中国研究中心和美国亚洲协会美中关系中心发起，

---

① 美国高校普遍实行三学期制度，即冬季学期、春季学期和秋季学期。
② 详见该论坛网站：https://chinaforum.ucsd.edu/index.php。

在美中政策工作组的主持下运作。它由来自美国学术界、工业界和智库的29 位中国研究和科技方面的权威专家组成，由 21 世纪中国研究中心所属的全球政策与战略学院的名誉院长、通信政策专家郭霈德（Peter Cowhey）担任主席。该工作组在 2020 年曾发布报告《迎接中国挑战：美国技术竞争新战略》（Meeting the China Challenge：A New American Strategy for Technology Competition），为美国政府在基础研究、5G 数字通信、人工智能和生物技术四个科技领域提出了广泛的政策目标和具体建议。

（四）中国数据实验室（China Data Lab）

中心成立了中国数据实验室，旨在将中国研究领域带向更多基于数据的实证性研究。该实验室主要有以下六个项目：（1）中国的互联网与媒体；（2）中国的精英、职业流动和政策网络；（3）中国的意识形态与公众舆论；（4）中国国内外的跨国公司；（5）中国的法律与性别平等；（6）为重点研究提供支持的中国数字图书馆。

六、学术交流活动

21 世纪中国研究中心会定期通过举办公开讲座、学术会议、政策对话等方式，为公民、意见领袖、学者以及商业、媒体和外交政策方面的专家提供对话的平台，以加强中美两国地方和国家层面的交流。

（一）公开讲座（Public Talks）

该活动由 21 世纪中国研究中心与复旦－加州大学当代中国研究中心联合主办，每年会举办约 20 场由学者、政策专家和从业人员参加的公开讲座。

（二）命名讲座（Named Lectures）

该活动包括四个系列讲座。

1. 周文中中国文化杰出讲座（Chou Wen-chung Distinguished Lecture on Chinese Culture）
该讲座以著名美籍华裔作曲家周文中（1923—2019）命名，旨在宣传艺术和文化对促进中美相互了解的重要性。

2. 罗伯特·F. 埃尔斯沃思纪念讲座系列（Robert F. Ellsworth Memorial Lecture Series）

该系列讲座以美国前国防部副部长、驻北约大使罗伯特·F. 埃尔斯沃思（1926—2011）命名，会邀请经验丰富的政治家和专家围绕美中关系发表演讲。

3. 苏君乐杰出讲座系列（So Kwan Lok Distinguished Lecture Series）

该讲座以 21 世纪中国研究中心创办人、董事会顾问及长期支持者华侨苏君乐（1933—2022）先生命名，会邀请来自中国和其他地方的领导者和思想家就中国和美中关系提供见解和分析。

4. 谢淑丽美中关系讲座（Susan Shirk Lecture on U. S. –China Relations）

该讲座以 21 世纪中国研究中心创始主任谢淑丽教授命名，是加州大学圣迭戈分校美中关系论坛的一部分。

（三）学术会议（Academic Conferences）

21 世纪中国研究中心每年会举办若干场学术会议，使学者们聚集在一起讨论他们的研究并就未来的研究合作交换意见。例如，2022 年的学术会议包括加州大学及其他机构的人类学家、人口学家、社会学家和公共卫生专家参与的题为"人口与社会变革"的学术会议，以及中心与复旦-加州大学当代中国研究中心联合举办的题为"中国调查研究的新方向"的青年学者会议。

（四）政策对话（Policy Dialogues）

该中心会定期举办政策简报会和对话会，届时学者、政府官员、政策专家、商界和社区领袖将齐聚一堂，讨论与中国和美中关系相关的政策话题。

（五）中国研究工作坊（China Research Workshops）

该活动旨在为世界各地的学者提供分享他们的研究见解和建设性意见的机会。例如，2022 年就有 20 多位来自美国、中国、新加坡、瑞典等国家的中国问题研究学者举行了专题讲座。

此外，中心还会举办网络研讨会活动。

七、对政府决策的影响模式

作为一家智库，21 世纪中国研究中心不只是将自己定位为学术研究机构，其设立的重要目标之一是要对政府决策产生一定影响力。该中心影响政府决策的主要渠道和模式有以下几种。

（一）利用"旋转门"机制

中心前主任谢淑丽曾担任克林顿政府负责东亚和太平洋事务的副助理国务卿。中心所属的全球政策与战略学院的名誉院长郭霖德也曾在克林顿政府担任高级顾问，之后还担任过联邦通信委员会（FCC）国际局局长。2009 年，他还在奥巴马政府担任美国贸易代表办公室高级顾问，为美国对外贸易政策提供建议。他们在离开政府部门之后，通常和原单位依然保持紧密联系，这为 21 世纪中国中心的学者向当前的政策制定部门和领导者建言献策提供了便利条件。

（二）发布政策报告

为对中国国内情况和美中关系的动态变化进行更加深入的研究，中心经常举行各种形式的政策对话，为政府提供政策咨询，进行政策分析研究项目，并发布相关政策报告。这些报告主要分为特别报告（Special Reports）和政策分析报告（Policy Analysis Reports）。近年来中心所发布的相关报告中，前者包括《中国国有企业的低碳转型》《中共重塑中国：二十大之后的看点》等，后者包括《政策制定与中国国内经济的能源供需》《中国的信贷难题》等。

（三）搭建二轨对话平台

中心前主任谢淑丽作为政界与学术界的两栖型人物，在 1993 年创立并领导了"东北亚合作对话"会议。该会议通过将中、美、日、俄、朝、韩六国的重要政府官员（通常是外交部和国防部司局级）或退休人员，以及知名学者和安全问题专家聚集在一起，讨论各方所关心的政治、安全和经济问题，其目的是增进六国之间的相互理解、信任与合作，在全球都产生了广泛的影响力。[①]

（四）为国会作证

中心研究人员参加美国国会听证会并提交书面证词的机会也很多。例如，2004 年 2 月，美国国会中国经济与安全审查委员会在加州大学圣迭戈分校举行了两天的听证会，21 世纪中国研究中心多名教授受邀参会，阐述了他们对中国经济、能源、贸易与投资、高科技、外交等方面的判断和政策建议。这不仅为智库研究人员直接影响国会立法提供了重要契机，而且使他们可以通过国会记录受到政府机构、媒体、学术界和广大民众的关注，从而达到宣传自己的观点和提高知名度的目的。

（五）通过影响舆论来间接影响政府决策

21 世纪中国研究中心赞助了由学生社团主办的"中国焦点"博客，其宗旨是通过背景分析促进公众对中国的关注，了解中国在国际舞台上的地位，并洞悉中美两国之间的关系。此外，21 世纪中国研究中心兼职研究人员斯蒂芬·哈格德（Stephan Haggard）与美国知名智库彼得森国际经济研究所的马库斯·诺兰德（Marcus Noland）合作，在该所网站上建立了关于朝鲜的研究网站。他们跟踪朝鲜的政治、经济、外交进程，及时出版和发布专著、新闻、评论、报告、采访等文章，引导学术界、智库、媒体、政府、民间的对朝认知和价值取向。

八、结语

21 世纪中国研究中心的目标是积极推进对当代中国的研究，尤其是政策相关的研究，培养新生代中国问题和中美关系方面的专家，建立与中国高校、智库和研究机构在国际问题研究上的双边合作，加强中美两国学界、商界、政界、传媒和舆论领袖之间的交流和联系。[②] 作为领先的大学智库，该中心在智库建设、科学研究、人才培养等方面的经验值得国内相关机构

[①] 盛明科：《中国特色新型智库建设与评价研究》，湘潭大学出版社，2017，第 104 页。

[②] 燕玉叶：《如何建设中国高校智库》，第 17—18 页。

学习和借鉴。

加州大学圣迭戈分校 21 世纪中国研究中心联系信息

地址：21st Century China Center, School of Global Policy and Strategy, University of California San Diego, 9500 Gilman Drive # 0519, La Jolla, CA 92093-0519, U. S. A.

电话：+1-858-246-1950

网址：http://china. ucsd. edu

邮箱：21china@ucsd. edu

美国加利福尼亚大学
洛杉矶分校中国研究中心

吴　珺

加州大学洛杉矶分校中国研究中心（UCLA Center for Chinese Sutdies，以下简称"中国研究中心"）是成立于1958年的加州大学洛杉矶分校国际学院（UCLA International Institute，以下简称"洛杉矶分校国际学院"）旗下的全球区域研究中心之一。[①] 中国研究中心招募了一支专业的学者团队，汇集了全校各学科和领域从事中国研究方面的人才，形成了以专业研究与中国研究高度结合为特点的核心学术力量，倡导学术成果可供学术界以外使用，并与洛杉矶当地政府、机构和个人保持着良好的关系。中国研究中心有一批学者在中国开展了广泛的研究工作，并与中国一些高校相关学科和领域的研究者保持着密切的学术合作和交流。该中心同时为全校提供丰富的涉及中国语言和文化研究的学术活动，并为来自美国国内和中国的学者和研究者提供访学交流的机会，在中国研究学术领域有较好的声誉。

一、中心概况

洛杉矶分校中国研究中心正式成立于1986年。在不断发展的过程中，该中心将其使命定位于促进各学科前沿的学术研究，培育一个不受制于政治和财政压力的研究和教学环境，并积极倡导学术研究结果可供学术界以外使用。其目标是成为西半球最强大的中国研究学术机构，成为就中国的过去、现在和未来进行对话的独立论坛。[②]

在洛杉矶分校国际学院的支持下，中国研究中心取得了一些瞩目的成绩和国际声誉。该中心的活力主要依托于其背后的学术力量。这支学术队伍专注于研究和教学的核心领域，专注于开发优秀的研究生项目，如亚洲语言与文化系提供了广泛的中国古典语言和文学、中国现代语言和文学的课程和研究项目。在成立后的30多年里，中国研究中心招募了一批优秀的教师，其研究生的人数也不断增长，在全校已超过125名。此外，中心的研究项目在人类学、考古学、艺术史、地理学、历史学、法学、语言学、文学、医学、政治学和社会学等学科和领域中独具优势。

---

① 截至2023年7月，洛杉矶分校国际学院共有27个研究中心和项目。参见"中心与项目"，洛杉矶分校国际学院网站，https://international.ucla.edu/institute/centers。

② "使命宣言"，中国研究中心网站，https://international.ucla.edu/ccs/about。

二、机构设置

中国研究中心在机构设置上比较简单，其日常管理工作主要由 1 名中心主任和 2 名行政人员（一位助理主任、一位项目助理）来承担。截至 2023 年 7 月，中心现职主任为白睿文（Michael Berry），现任助理主任为埃斯特·朱（Esther Jou），现任项目助理空缺。[1]

中国研究中心拥有一个教师咨询委员会（Faculty Advisory Committee），成员目前包括全校多个学科和领域的 30 名荣誉教授、特聘教授、教授和副教授，[2] 以及洛杉矶分校国际学院和全球事务副教务长范芝芬（C. Cindy Fan）、理查德·C. 鲁道夫东亚图书馆馆长陈肃（Su Chen）、加州大学洛杉矶分校安德森预测中心（Anderson Forecast）经济学家威廉·余（William Yu）。[3] 一方面，教师咨询委员会的所有成员均活跃在研究中心的各项教学和研究活动中，是研究中心的核心学术力量；另一方面，他们又分别隶属于加州大学洛杉矶分校其他院系或部门，从而形成了专业研究与中国研究高度结合的情况。

中国研究中心作为洛杉矶分校国际学院旗下的一个研究中心，接受国际学院的监管，既参与国际学院的相关学术研究项目和学术活动，又相对独立地开展和组织自己的学术研究项目和学术活动，两者是一种相互支持、积极互动的关系。中国研究中心能从国际学院获得一部分的资金支持，也能从本中心的理事会成员那里获得一部分的资金捐助。目前理事会的成员包括：艺术行业企业家迈克尔·杨（Michael Yang）和安娜·方（Anna Fang），李汝宽基金会（Sammy Yukuan Lee Foundation）的霍华德·李（Howard Lee）和诺玛·李（Norma Lee）、斯蒂芬·莱瑟（Stephen Lesser），加州大学图书馆监理会创始成员罗伯特·宋（Robert Sung）和佩茜·宋（Patsy Sung），物流和电子商务行业企业家南希·徐（Nancy Xu），FIT 投

---

① "行政、职员"，中国研究中心网站，https：//international.ucla.edu/ccs/about。
② 覆盖的学科和领域包括：亚洲语言和文化（9 人）、人类学和考古学（3 人）、历史学（3 人）、艺术和影视（5 人）、医学（4 人）、教育与信息研究学（2 人）、社会学（2 人）、法学（1 人）、城市规划（1 人）。
③ "教师咨询委员会"，中国研究中心网站，https：//international.ucla.edu/ccs/about。

资公司（FIT Investment Corporation）总裁彼得·陈（Peter Zen）。①

三、代表性人物

中国研究中心的主要代表性人物有中心的现任主任白睿文和前任主任阎云翔（Yunxiang Yan），以及加州大学洛杉矶分校国际学院和全球事务副教务长范芝芬。

（一）白睿文

白睿文是加州大学洛杉矶分校亚洲语言和文化系教授、洛杉矶分校中国研究中心现任中心主任。他曾在加州大学圣芭芭拉分校（University of California at Santa Barbara，UCSB）任教 13 年，2016 年加入加州大学洛杉矶分校，2019 年 7 月正式接任中国研究中心主任一职。他的主要研究领域包括中国现当代文学、中国电影、现代中国流行文化和文学翻译，其著作探索和展现了中国大陆、中国台湾、中国香港和其他华人社群中丰富而多样的中国艺术和文化。② 白睿文的著作主要有《痛苦的历史：中国现代文学与电影中的创伤》（2008）、《贾樟柯的"故乡三部曲"》（2009）、《煮海时光：侯孝贤的光影记忆》（2015）等。

（二）阎云翔

阎云翔是加州大学洛杉矶分校人类学教授，曾任洛杉矶分校中国研究中心主任长达 14 年。他的主要研究领域和研究兴趣包括社会文化人类学、经济人类学、社会变革与发展、家庭与亲属关系、交换理论、农民研究和文化全球化。在当今快速变革的世界中，挖掘和理解普通人的道德体验构成了他过去 20 多年人类学生涯的永恒主题。③

阎云翔的主要著作包括：《礼物的流动：一个中国村庄中的互惠原则和

---

① "支持中国研究中心"，中国研究中心网站，https://international. ucla. edu/ccs/support。

② "白睿文个人简介"，中国研究中心网站，https://international. ucla. edu/ccs/person/2051；"白睿文个人简介"，洛杉矶分校亚洲语言与文化系网站，https://www. alc. ucla. edu/person/michael-berry/。

③ "阎云翔个人简介"，约翰·西蒙·古根海姆纪念基金奖学金网站，https://www. gf. org/fellows/all-fellows/yunxiang-yan。

社会网络》（1996）、《私人生活的变革：一个中国村庄里的爱情、家庭与亲密关系（1949—1999）》（2003）、《中国社会的个体化》（2009）、《深度中国——一个人的道德生活》（2011，合著）。其中，《私人生活的变革》一书获得 2005 年度"列文森图书奖"（Joseph Levenson Book Prize）[1]，阎云翔也是最早获此奖项的华裔学者之一。

（三）范芝芬

范芝芬是加州大学洛杉矶分校地理系教授，并担任国际研究和全球事务副教务长（VP）和高级国际官员（SIO），她也是第一位担任该职位的女性和亚裔美国人。目前，她主要负责学校的全球战略、国际合作和全球事务。她创建了"加州大学洛杉矶分校全球倡议"（UCLA Global Initiative），并组织领导了"加州大学洛杉矶分校全球论坛"（UCLA Global Forum），其旨在打造联结世界各国的全球活动，推动洛杉矶分校的国际联系和网络，以及讨论全球性和地区性问题（教育、健康、环境、科技、创业及其他社会问题）。[2] 此外，她为洛杉矶分校的国际项目提供战略指导，推动国际教育，并负责监管洛杉矶分校国际学院。她的主要研究领域和研究兴趣包括：人口、迁移/移民、区域发展和政策、不平等、性别、北美的种族、后毛泽东时代的中国。

范芝芬的主要著作包括专著《流动中国：迁移、国家和家庭》（2008）和多篇论文。[3] 此外，她还是两本国际跨学科期刊《区域研究》和《欧亚地理与经济》的联合主编。

四、研究情况

除了上面的三位代表性人物，中国研究中心教师咨询委员会的成员也在各自的学科和专业领域承担着各类中国研究项目并有大量研究成果。[4]

---

① "列文森图书奖"是美国亚洲研究协会为纪念中国近代史研究巨擘约瑟夫·R. 列文森所设，旨在奖励在美国出版的对中国历史、文化、社会、政治、经济等方面的研究作出极大贡献的杰出学术著作，每年只颁给两本中国研究专著的作者。

② 参见洛杉矶分校全球论坛网站，https：//global. ucla. edu/forums。

③ "范芝芬个人简介"，洛杉矶分校地理系网站，https：//geog. ucla. edu/person/c-cindy-fan/。

④ 详见"教师咨询委员会"，中国研究中心网站，https：//international. ucla. edu/ccs/about。

中国研究中心还通过网站公布其研究项目及其成果。其中，中心目前已经完成的两个项目是"牡丹亭"（Peony Pavilion）和"莫里斯·威廉档案"（Maurice William Archives）。"牡丹亭"项目收录了"青春版昆剧"《牡丹亭》① 2006 年 9 月 29 日到 10 月 1 日在加州大学洛杉矶分校演出时的照片，并提供了该剧的简介、演员信息、媒体报道和评论，以及经典片段节选、部分剧本、视频短片、主创访谈等相关信息。② "莫里斯·威廉档案"收录了美国社会评论家莫里斯·威廉（1881—1973）与蒋介石、宋庆龄、胡适、赛珍珠、阿尔伯特·爱因斯坦（Albert Einstein）等人，以及中国援助信息交流中心（China Aid Information Exchange）、林肯图书馆、"美国之音"等机构的 190 封往来书信，7 张珍贵的照片（1941 年、1943 年），53 篇刊登在《洛杉矶时报》《纽约时报》等报刊上的文章，36 份其他出版物，14 篇杂文等文献。③

该中心目前正在进行的两个项目是"台湾研究的新方向"（New Directions in Taiwan Studies）和"李汝宽考古美术讲座"（Sammy Yukuan Lee Lecture Series）。"台湾研究的新方向"项目促成了一些新的研究和与台湾的一些学术交流。该项目以洛杉矶分校中国研究中心作为论坛，对台湾地区的政治、社会和文化发展进行深入讨论，并为洛杉矶分校的教师和博士生提供研究、会议和讲座方面的资助。④ "李汝宽考古美术讲座"以著名考古学家、收藏家李汝宽（1908—2011）命名，每年举办一次讲座和研讨会，邀请著名学者介绍中国艺术和考古学。该项目收录了 1982 年至今全部讲座的内容简介和讲座者介绍，部分配有讲座音频和介绍性短视频。截至 2023 年 7 月，该项目最新的讲座是 2021 年陕西省考古研究院院长、陕西考古博物馆馆长孙周勇主讲的"中国黄土高原上第一个新石器时代的城市中心：石峁遗址的发掘与解读"。⑤

值得一提的是，加州大学洛杉矶分校有 21 个图书馆，馆藏超过 400 种语言的 1200 多万种文献，其中有丰富的关于中国研究的中英文文献资源，

---

① 该剧由著名作家白先勇主持制作，于 2004 年 4 月开始在全球巡演。

② "牡丹亭"，中国研究中心网站，https：//international. ucla. edu/ccs/mudanting。

③ "莫里斯·威廉档案"，中国研究中心网站，https：//international. ucla. edu/ccs/MauriceWilliams Archives。

④ "台湾研究的新方向"，中国研究中心网站，https：//international. ucla. edu/ccs/taiwanstudies。

⑤ "李汝宽考古美术讲座"，中国研究中心网站，https：//international. ucla. edu/ccs/sammylee。

包括纸版和电子书籍、期刊和杂志、地图、政府文件、电影和视频、录音、统计数据集，以及中国期刊全文数据库（CNKI）、中国人口普查数据库、中国数据在线、万方数据、人民日报电子版、超星中文电子书、龙源期刊网、读秀学术搜索、中华经典古籍库、中国基本古籍库、中国方志库合集、台湾文献丛刊、华艺线上图书馆等很多知名中文数据库。[①] 此外，截至2013年，该校的理查德·C.鲁道夫东亚图书馆藏有76万种文献，其中中文36万种、日文27万种、韩文6万种，种类包括专著、期刊、缩微品、视听资料和电子书等。[②]

五、人才培养

洛杉矶分校中国研究中心并没有独立的招生和人才培养计划，其相关学位课程实际上由洛杉矶分校国际学院统一安排。洛杉矶分校国际学院的人才培养侧重于国际和区域研究，强调跨学科的学业课程设置。该学院有6个本科主修专业（非洲和中东研究、亚洲研究、欧洲研究、全球研究、国际发展研究、拉丁美洲研究）、10个本科辅修专业（非洲研究、非洲和中东研究、东亚研究、欧洲研究、全球健康研究、全球研究、国际移民研究、拉丁美洲研究、南亚研究、东南亚研究）、3个研究生学位课程（非洲研究、东亚研究、拉丁美洲研究），每年招生约1000人，所有学生在校内跨院系选课。[③]

中国研究中心每年会接收一定数量的访问学者，他们的访问时间通常为期一年。访问学者需要在每年5月1日前提交所有申请材料，并于每年9月的最后一个周四正式开始工作。从事与中国相关项目研究的学者和中国学者可以申请成为访问学者（Visiting Scholar，VS），申请者必须是具有博士学位或同等学历的高级学者、荣誉访学者，且他们在其所在的大学或研究机构暂时休假。访问学者相当于洛杉矶分校的教师，他们可以担任高级

---

① "中国研究资源（中文）"，洛杉矶分校图书馆网站，https://guides.library.ucla.edu/chinese。

② "东亚图书馆藏"，洛杉矶分校图书馆网站，https://www.library.ucla.edu/collections/east-asian-library-collections/。

③ "本科生"，洛杉矶分校国际学院网站，https://www.international.ucla.edu/academics/undergraduate；"研究生"，洛杉矶分校国际学院网站，https://www.international.ucla.edu/academics/graduate。

研究人员，与中国研究中心的教师合作进行研究和开展出版项目，也可以进行独立研究。目前中国研究中心不向访问学者提供经费资助，访问学者需要自费或者从大学以外获得足够的资金支持。

此外，研究中国问题的研究生和中国的学生，包括初级学者和目前在其所在院校攻读学位课程的学生，以及希望访问洛杉矶分校进行独立研究（通常是准备写作博士论文）的人员，可以申请成为访问研究生研究员（Visiting Graduate Researcher，VGR）。美国国内的学者和学生如果获得洛杉矶分校中国研究中心教师的推荐，可以直接向研究中心提出申请；国际学生必须获得洛杉矶分校中国研究中心教师的推荐。[①] 2019—2020 学年，中心共有 10 名访问学者和 5 名访问研究生研究员。2021—2022 学年，中心共有 2 名访问研究生研究员。[②]

六、合作交流

中国研究中心主办或联合举办的学术交流活动相当丰富，其中包含讲座、专题讨论会、圆桌会议、论坛、工作坊、电影放映和演出等，涵盖从人类学、考古学、艺术和艺术史、电影研究到历史、法律、文学、音乐、政治学和社会学等诸多领域。研究中心在策划活动时力图在学术活动（针对最新研究）、公共活动（针对当前问题）和外延活动（推广中国文化）之间取得平衡。

中国研究中心的官网会及时发布由其主办或合办的活动预告。2022 年，中心一共举办了 36 项活动。2023 年 1—5 月，中心已举办了 35 项活动。[③] 中心官网提供了许多活动的播客视频、音频、文本等资料，在一定程度上也构建了一个丰富的学术资料档案库。此外，在洛杉矶分校国际学院的《年度回顾》中，中国研究中心会着重对其当年重要或有亮点的学术交流活

---

① "支持中国研究中心"，中国研究中心网站，https：//international. ucla. edu/ccs/support。
② 《2019—2020 学年学院年度回顾》，第 27 页，洛杉矶分校国际学院网站，https：//international. ucla. edu/media/files/AY2019-20UCLAIntl%20InstituteYearInReview. pdf；《2021—2022 学年学院年度回顾》，第 32 页，洛杉矶分校国际学院网站，https：//international. ucla. edu/media/files/INTL_YinR_21_22-kr-bun. pdf。
③ "活动"，中国研究中心网站，https：//international. ucla. edu/ccs/events。

动进行介绍。① 例如，2021—2022 学年，中心的重要活动有"对话台湾"系列讲座在 2021 年 10 月 15 日举办的网络研讨会"从野火到大海：与龙应台对话"（From Wild Fire to the Big Sea：In Conversation with Lung Ying-Tai）等。②

截至 2023 年 7 月，中国研究中心发布的最新活动预告是将于 2023 年 10 月 25 日举办的由前欧盟外交与安全政策高级代表凯瑟琳·阿什顿（Catherine Ashton）主讲的网络研讨会"何去何从？21 世纪外交背后的故事"（And Then What? Inside Stories of 21st-Century Diplomacy）。

七、成果发布

中国研究中心官网围绕其所开展的学术交流活动和特定研究项目进行了成果展示，共分为活动（Events）、新闻（News）、多媒体（Multimedia）、项目（Programs）四大部分。在"活动"方面，如上一节所述，用于发布和展示中心所有学术交流活动的情况。在"新闻"方面，截至 2023 年 7 月，中心网站上共有 47 条新闻，总体上记录了 2002 年以来由中国研究中心主持参与的相关重要活动和成果的新闻、重要人员（包括理事会人员）的介绍，以及中心所关注的关于中国文化推广和华人社区的重大事件等新闻。这些新闻每年更新的数量并不多，例如 2021 年只有 3 条新闻。③

"多媒体"栏目是中心研究中心的播客平台，其发布了自 2015 年 5 月以来中心主办的一些学术讲座的视频，甚至包括部分讲座的文稿。这些播客的内容可以直接收看、收听和下载。截至 2023 年 7 月，中心最新发布的播客是由中心组织的 2021 年冬季学者论坛，该论坛每季度组织一次。④

"项目"栏目用于展示中心已经完成和正在进行的研究项目的情况，相关内容已经在前面的"研究情况"中进行了详细介绍，其中"莫里斯·威廉档案"项目的成果和价值颇受赞誉。

---

① 在洛杉矶分校国际学院的《年度回顾》中，还有一些与中国研究或文化交流等相关的活动是从国际学院乃至加州大学洛杉矶分校的层面组织和开展的，但是并没有特别说明中国研究中心的参与情况。

② 《2021—2022 学年学院年度回顾》，第 32—33 页。

③ "新闻"，中国研究中心网站，https：//international. ucla. edu/ccs/news。

④ "多媒体"，中国研究中心网站，https：//international. ucla. edu/ccs/podcasts。

八、结语

加州大学洛杉矶分校中国研究中心是美国重要的以学术研究和学术交流为主的关注中国研究的学术机构，其研究领域相当广泛，尤其以人类学、历史学、社会学、语言与文化、艺术等社会科学研究为主。中国研究中心教师咨询委员会的教师有一些是曾在海外留学的华人和美籍华人，许多教师的研究扎根于中国，并与中国的院校和学者保持着密切的联系。

中国研究中心官网的简介中指出，当下关于中国和了解中国的重要性是前所未有的。中心旨在推广中国文化、促进前沿学术研究以及增进中美之间的交流与相互了解。它将通过举办国际研讨会、讲座、工作坊和文化艺术项目，以及提供文化交流和教育的机会，努力使各方更好地了解相关信息，并使中心的学生为国际外交、教育等领域的职业发展做好准备。①

加州大学洛杉矶分校中国研究中心联系信息

地址：Center for Chinese Studies, 11381 Bunche Hall, Los Angeles, CA 90095-1487, U. S. A.

电话：+1-310-825-8683

传真：+1-310-206-3555

网址：https://international. ucla. edu/ccs

邮箱：china@international. ucla. edu

---

① "支持中国研究中心"，中国研究中心网站，https://international. ucla. edu/ccs/support。

美国密歇根大学中国研究中心

钟厚涛

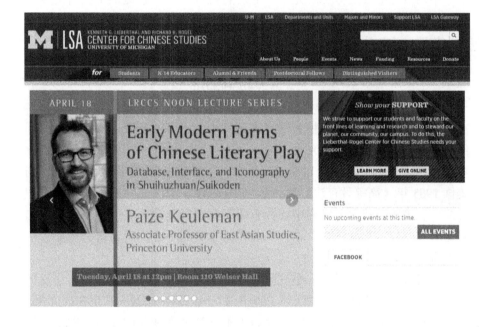

美国密歇根大学（University of Michigan）的中国研究起始于 1930 年建立的"东方文明研究项目"（Oriental Civilizations Program）。密歇根大学文理学院（College of Literature，Science and the Arts，LSA）下属的中国研究中心成立于 1961 年，并逐渐发展为全美最著名的中国研究中心之一。

2014 年 5 月 15 日，密歇根大学校董事会宣布，将密歇根大学中国研究中心命名为"密歇根大学李侃如–罗睿弛中国研究中心"（Kenneth G. Lieberthal and Richard H. Rogel Center for Chinese Studies，LRCCS，以下简称"中国研究中心"），以纪念中心前主任李侃如教授，以及感谢罗睿弛先生对中心的慷慨捐赠。①

中国研究中心是全美研究中国的著名机构之一。它提供中国研究硕士学位以及与其他学院联合的双学位。同时，中心还会组织系列讲座，资助学生旅费，为教授和学生提供研究资金等。

一、中心概况

中国研究中心与密歇根大学日本研究中心、韩国研究中心一道，共同组成了密歇根大学国际研究所（International Institute）"东亚研究国家资源中心"（East Asia National Resource Center）。密歇根大学国际研究所是根据美国 1965 年《高等教育法》第六款（Title Ⅵ）所评选的三个国家资源中心之一。该所下辖六个研究中心：东亚研究国家资源中心、拉丁美洲和加勒比研究中心、非洲研究中心、中东和北非研究中心、南亚研究中心、东南亚研究中心。②

中国研究中心的宗旨是通过研究、教学和学校内外的各种公共信息渠道，促进人们更广泛、更深入地了解中国人民以及中国过去和现在的文化。

自成立以来，中国研究中心致力于服务学术界和美国政府。中心的许多教授或相关学者都从事公共服务工作，在媒体上担任关于中国事务的评论员，或在国会听证会上提供专家证词或意见。部分学者在美国全国性的学术或交流组织中担任领导角色，或在密歇根州、美国国务院、白宫和世

---

① 罗睿弛夫妇 2013 年向密歇根大学中国研究中心捐赠 1000 万美元，以支持学生、教授及相关的活动。截至 2014 年 5 月，罗睿弛夫妇总计向密歇根大学捐赠了 8300 万美元。

② 参见：https://ii.umich.edu/ii/about-us/nrc-title-vi.html。

界银行中担任重要职务。

二、机构设置和代表性人物

中国研究中心的管理机构为执行委员会（Executive Committee），其主要职责是带领中心教职员工和广大学生，通过教学、研究等各种方式更好地了解中国人民和中国文化，并服务于密歇根大学全体师生、附近的公民和社区组织。

执行委员会包括当然委员（ex-officio）和选举产生的委员。2021—2022 学年，中国研究中心执行委员会的当然委员是密歇根大学公共政策学院副教授兼中国研究中心主任林安之（Ann Chih Lin）、建筑与城市规划学院副教授兼中心副主任邓岚（Lan Deng）和亚洲图书馆馆员傅良瑜（Liangyu Fu），选举产生的委员包括密歇根大学信息学院教授陈岩（Yan Chen）、历史学院副教授裴志昂（Christian de Pee）、文理学院亚洲语言与文化系副教授邝师华（S. E. Kile）、文理学院妇女和性别研究系副教授吴仪丽（音译，Yi-Li Wu）、文理学院语言学系教授端木三（San Duanmu）。[①]

截至 2023 年 8 月，中国研究中心有行政人员 11 人，其中包括中心主任林安之、副主任邓岚、项目主管埃娜·斯克劳夫（Ena Schlorff）和王桂秋（音译，Guiqiu Wang）、外联和学生项目主管卡罗尔·斯蒂潘楚克（Carol Stepanchuk）、社交媒体主管苏德冰（音译，Debing Su）、东亚研究国家资源中心主任度希·莫斯曼（Do-Hee Morsman）、东亚研究国家资源中心执行主任佩吉·鲁德伯格（Peggy Rudberg）等。[②]

在中国研究中心的历任主任和客座教授中，有三位曾担任过美国总统的国家安全和外交政策特别顾问。他们是：理查德·索罗门（Richard Solomon），尼克松政府国家安全委员会亚洲事务部资深成员，参与推动了具有历史性意义的"乒乓外交"；米歇尔·奥克森伯格（Michel Oksenberg），

---

① 《2021—2022 学年年度报告》，第 14—15 页，中国研究中心网站，https://lsa.umich.edu/content/dam/lrccs-assets/lrccs-documents/Rogel%20Report%202022%20-%20FINAL.pdf。

② "行政人员"，中国研究中心网站，https://ii.umich.edu/lrccs/people/staff.html；《中国研究中心 2022 年秋季通讯》，第 32 页，中国研究中心网站，https://lsa.umich.edu/content/dam/lrccs-assets/lrccs-documents/CCS-News-F22-FINAL2_website.pdf。

卡特政府国家安全委员会亚洲事务部资深成员；李侃如，克林顿政府国家安全委员会亚洲事务部资深主任。① 以下就中心的几位代表性人物作一介绍。

（一）李侃如

李侃如是美国最著名的中国研究专家之一，其研究领域包括中国政治与对外政策。他自 1983 年起任密歇根大学政治学教授，1986—1989 年任中国研究中心主任。1998—2000 年，他担任美国总统国家安全事务特别助理、美国国家安全委员会亚洲事务部资深主任。2009 年退休时，他已是亚瑟·瑟诺政治学教授、罗斯商学院威廉·戴维森工商管理学教授。他现任美国布鲁金斯学会荣誉资深研究员、密歇根大学政治学荣誉教授等职务。李侃如撰写和编辑过 20 多本专著、70 多篇论文，其中包括《应对中国挑战：企业如何在中国获得成功》《克服美中气候变化合作中的障碍》《治理中国：从革命到改革》等。

（二）林安之

林安之现任密歇根大学福特公共政策学院副教授、中国研究中心主任（2021 年 11 月起担任此职）。她的主要研究方向是政策的实施，包括使政策容易或难以实施的条款，实施政策者的信念和行为，以及政策目标群体的反应。她特别关注在种族和族裔差异的背景下实施政策的问题。她著有《酝酿中的改革：监狱社会政策的实施》《危机中的公民身份："9·11"事件后底特律的阿拉伯裔美国人》（合著）。

（三）高敏（Mary E. Gallagher）

高敏 1989 年在中国南京大学留学，1996—1997 年在中国外交学院任教，2003—2004 年在中国华东政法大学担任富布赖特研究学者，2012—2013 年在中国上海交通大学凯原法学院担任客座教授。她曾任密歇根大学中国研究中心主任，现任密歇根大学政治学教授、国际研究所主任、社会研究所比较政治研究中心研究专员。高敏的研究兴趣包括中国政治、转型

---

① "密歇根大学和中国：共同前进"，密歇根大学网站，http://websites.umich.edu/~crlteach/UMCNmovingFChinese.html。

及发展中国家的比较政治、法律与社会变革。她著有《中国司法：当代中国的民事争议解决》《当代中国政治：新来源、新方法与实践策略》等。

（四）杜志豪（Kenneth J. DeWoskin）

杜志豪是密歇根大学荣誉教授，研究方向为亚洲语言与文化，著有《音乐与中国早期的艺术观念》。他曾任德勤中国高级顾问、德勤中国研究与洞察力中心主任。自1977年以来，他长期在中国生活和工作，为跨国客户提供中国战略和各个行业的相关咨询。他曾在世界经济论坛、经济学人智库、亚洲金融论坛、博鳌亚洲论坛等全球性论坛上介绍中国的经济发展和政策趋势，并经常在主流新闻媒体和学术刊物上发表关于中国问题的见解。

三、学术资源

多年来，得益于密歇根大学的有力支持，中国研究中心拥有丰富的中国研究方面的资源。

密歇根大学图书馆由20个图书馆组成，藏书超过1100万册，是北美第八大学术图书馆。[①] 其中，哈彻研究生图书馆（Hatcher Graduate Library）是全校最大的图书馆，该馆之中又包括亚洲图书馆等若干分馆。

亚洲图书馆成立于1948年，前身是密歇根大学的远东图书馆（Far Eastern Library）。该馆最初专注于收集日本方面的资料，目前馆藏已覆盖中国、日本、朝鲜半岛和东亚研究，主要涉及历史、哲学、文学等领域的资料。在中国研究方面，该馆藏有来自中国大陆、中国台湾、中国香港、中国澳门以及其他国家和地区的中文出版物，主要是繁体中文和简体中文，但也包括满文、藏文和蒙古文等语言的资料。[②] 该馆所藏资料还包括1912年以前出版的图书，以及一套包括珍本图书以及20世纪的期刊和档案的缩微胶卷。截至2006年，亚洲图书馆的馆藏包括78万种图书、4.4万卷缩微

---

① "图书馆"，密歇根大学拉克哈姆研究生院网站，https://rackham.umich.edu/rackham-life/libraries/。

② "中国研究"，密歇根大学图书馆网站，https://www.lib.umich.edu/collections/collecting-areas/international-studies/chinese-studies。

胶卷、3.2万张缩微胶片和3487张光盘。该馆还拥有很多电子资源，如电子全文期刊、电子书和数据库等。[①] 此外，密歇根大学美术图书馆（Fine Arts Library）还收藏了一些不外借的中文资料。这些资料给中国研究中心的学者和学生以及全校研究中国问题的相关人员提供了很大的帮助。

此外，中国研究中心还拥有自己的学术出版机构，目前已印制了50多本图书以及教学性光盘和其他公共服务产品。[②]

四、人才培养

截至2023年8月，中国研究中心拥有45名教师，他们来自密歇根大学各个院系，几乎囊括了该校所有中国研究方面的专家。[③] 多学科的交叉融合使中心能够培养复合型的创新人才。

（一）博士后研究人员（Post-Doctoral Fellows）

中国研究中心从2015年开始招收博士后研究人员，每年招收2—4人，任期2年。这些人员每年可获得5.3万美元的奖学金，另有专门的研究经费和安置津贴。截至2023年8月，中心已招收了19名博士后研究人员。这些人员具有不同的学科背景，包括考古学、比较文学、政治科学等。

（二）博士研究生（Ph. D. Students）

中国研究中心不授予博士学位，有兴趣攻读中国研究方面博士学位的学生可向密歇根大学相关院系申请，并在其所选专业内专注于中国研究。截至2023年8月，密歇根大学有19名中国研究方向的在读博士研究生，他们的研究领域包括人类学、政治学、民族学、宗教学、艺术史、亚洲语言和文化等。

---

① "亚洲图书馆"，中国研究中心网站，https://ii.umich.edu/lrccs/resources/asia-library.html。
② "关于我们"，中国研究中心网站，https://ii.umich.edu/lrccs/about-us.html。
③ "教职人员"，中国研究中心网站，https://ii.umich.edu/lrccs/people/faculty.html。

（三） 中国研究方向国际与区域研究硕士（The Masters in International and Regional Studies：Chinese Studies Specialization）

2019—2020 学年以前，中国研究中心提供中国研究硕士（Chinese Studies M. A.）的课程。目前，该项目已变更为中国研究方向国际与区域研究硕士，包括两年制的全日制课程，符合条件者还可获得双学位。截至2023 年 8 月，中国研究中心共有 12 名国际与区域研究专业的在读硕士研究生。

（四） 学位课程（Degree Programs）

中国研究中心隶属于密歇根大学文理学院，因此中心主修和辅修专业是中国研究和汉语的本科生，将学习主修和辅修专业是亚洲研究，以及辅修专业是亚洲语言和文化的相关课程。这些课程由密歇根大学文理学院的亚洲语言和文化系提供。

（五） 中国实习计划（China Internship Initiative）

2018 年夏季，中国研究中心启动了"中国实习计划"项目，拨付专门奖学金为密歇根大学的学生提供在中国进行暑期实习的机会。申请者可以在中国获得宝贵的职业经验，建立自己的人际网络，在一种新的文化体验中规划个人和职业生涯，并进一步提升自己的语言技能。中心首批资助了10 名实习生前往北京、台北、上海和底特律的五个以中国议题为中心的组织中工作和学习。

中国研究中心向全校中国研究方面的本科生、研究生和学生组织提供多种奖学金和助学金。例如，中国研究方向的国际与区域研究硕士生将自动获得"学年助学金"（Academic Year Endowment Award）。中国研究中心所属的东亚研究国家资源中心每年可获得美国教育部授予的"外国语言和区域研究奖学金"（Foreign Language and Area Studies Fellowships），密歇根大学因此向全校学习区域研究和国际研究专业的研究生和本科生发放此项奖学金，以鼓励他们学习区域研究和国际研究方面的外语。

五、学术活动

中国研究中心会不定期举办有关中国研究的学术会议、研讨会、讲座等活动，与校内外乃至国内外的专家学者进行学术交流。

（一）会议和专题讨论会（Conferences and Symposia）

中国研究中心每年会举办有关中国研究的学术会议和专题讨论会。例如，2019 年 2 月中心举办了题为"中国古代的环境与适应：最新进展与全球视角"（Environments and Adaptation in Ancient China：Recent Advances and Global Context）的学术会议，其汇集了美国、加拿大等国历史学、考古学、人类学、环境研究和古典研究方面的 20 多位专家学者，共同讨论中国古代人类对气候变化的适应、人与环境的关系等话题。受疫情影响，近年来很多相关会议被推迟或改为线上的形式。2022 年 6 月，中心与亨利·卢斯基金会（Henry Luce Foundation）共同举办了题为"正确对待中国：研究（后）新冠时代的中国"［Getting China Right：Studying China in the（Post）COVID Era］，密歇根大学荣誉教授李侃如出席会议并作了主旨演讲。此次活动汇集了 40 多名全美大学中研究中国问题的学者，大家讨论了实地调查策略、数据获取、方法论以及与疫情和旅行相关的问题。

（二）"深入探索"系列研讨会（The Deep Dive Series）

该项目由中国研究中心和亚洲图书馆共同举办，由密歇根大学国际研究所所长高敏和亚洲图书馆中国研究馆员傅良瑜共同主持，主要探索用数字化和数据方法加强中国研究。截至 2023 年 8 月，该项目最新的一次活动是 2021 年 3 月匹兹堡大学东亚图书馆馆长兼中国研究馆员张海辉（音译，Haihui Zhang）主讲的"从乡村地名词典到数据库：'当代中国乡村数据'项目简介"（From Village Gazetteers to Database：Introduction to Contemporary Chinese Village Data），其主要介绍了匹兹堡大学东亚图书馆的"当代中国村庄数据"（Contemporary Chinese Village Data，CCVD）项目。

（三）午间系列讲座（Noon Lecture Series）

该讲座一般每周二举行。近期已举行的活动包括 2023 年 3 月加州大学伯克利分校历史学教授戴梅可（Michael Nylan）所作的题为"荀子与亚里士多德谈自由"（Xunzi and Aristotle on Freedom）的讲座等。

（四）跨学科研讨会（Interdisciplinary Workshop）

中国研究中心会邀请不同学科的专家学者就与中国研究相关的话题进行研讨。近期已举行的活动包括 2023 年 3 月密歇根大学数字研究所博士后徐一舟（音译，Yizhou Xu）所作的题为"投射东方主义：中国手机游戏制作中的模仿、模仿者与重新设计"（Projecting Orientalism：Imitation，Copycats and Reskins in Chinese Mobile Game Production）的讲座等。

六、成果发布

中国研究中心会通过发布通讯、年度报告，出版著作和教材等方式展示自己的学术成果，并在中心网站、社交媒体和播客上发布中心的新闻和活动信息。

（一）通讯（Newsletters）

从 2007 年起，中国研究中心每年秋季学期都会发布一期通讯，内容包括回顾中心的相关活动和师生的研究与新闻，介绍校友的情况，以及推荐一些学校的资源。这些通讯每期在 30 页左右，有纸质版，也有电子版，后者可以直接从中心的官方网站（https：//ii. umich. edu/lrccs/about-us/newsletters. html）上下载。

（二）年度报告（Annual Report）

从 2015 年起，中国研究中心每年会发布一份《年度报告》（*Annual Reports*），主要内容是介绍中心这一学年的师资力量和课程设置。相关报告可以从中心的官方网站（https：//ii. umich. edu/lrccs/about-us/annual-reports. html）上下载。

（三）密歇根中国研究论丛（Michigan Monographs in Chinese Studies）

该项目始于 1968 年，至今已经出版了百余部由世界各国学者撰写的中国研究书籍，涵盖经济、政治、文学、艺术、历史、哲学、宗教、医学等领域。该项目目前已被"读懂今日中国丛书"（China Understanding Today Series）所取代。

此外，中心还出版了关于中国语言、文学、政治和文化课程的教材，并重印了一些关于中国研究的经典著作。

七、结语

密歇根大学中国研究中心充分利用密歇根大学的优质资源，采取跨学科的方式开展教学和学术活动，已成为美国国内中国研究的重镇之一。该中心还与中国上海交通大学国际与公共事务学院、复旦大学中华文明国际研究中心等机构建立了合作关系，共同为培养专业研究人才提供相关平台。①

中国研究中心在制度建设、机构设置、教学科研等方面的经验对于我们建设具有中国特色的新型智库有很好的借鉴意义。

密歇根大学中国研究中心联系信息

地址：Kenneth Lieberthal and Richard Rogel Center for Chinese Studies, University of Michigan, Weiser Hall, 500 Church Street, Suite 400, Ann Arbor, MI 48109-1042, U. S. A.

电话：+1-734-764-6308

传真：+1-734-764-5540

网址：https：//ii. umich. edu/lrccs

邮箱：chinese. studies@umich. edu

---

① 参见：https：//icscc. fudan. edu. cn/e2/e8/c31627a385768/page. htm；https：//www. sipa. sjtu. edu. cn/info/1025/4658. htm。

美国宾夕法尼亚大学当代中国研究中心

张北晨

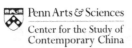

美国宾夕法尼亚大学当代中国研究中心（Center for the Study of Contemporary China, University of Pennsylvania, CSCC, 以下简称"当代中国中心"）成立于 2012 年。在美国高校的中国研究机构中，当代中国中心虽然成立仅十余年，但它依靠宾夕法尼亚大学得天独厚的智库资源①和一支杰出的学者队伍，已发展成为中国研究智库中的后起之秀。从它名字中的"当代"二字也可以看出，其研究更具现实关怀和实际意义。当代中国中心的徽标是由其英文名缩写 CSCC 四个字母组成的变体汉字"宾"，可谓十分巧妙。中心不仅有中国学方面的杰出专家，还有富于活力和创新精神的年轻团队，特别是中心举办的各种学术活动极为丰富。

一、中心概况

为了落实中国研究方面的计划，力争取得这一领域的领先地位，宾夕法尼亚大学（以下简称"宾大"）在 2012 年成立了当代中国研究中心。当代中国中心的主要任务是研究中国的政治、法律、经济以及社会等发展情况，分析这些因素对塑造中国当今世界地位所发挥的作用。中心的主要工作是支持并扩展宾大与中国相关机构的合作和伙伴关系，为宾大从事当代中国研究的院系、项目、研究所、教职员工和学生提供一个合作与共享的平台。

宾大拥有很多杰出的中国研究学者，涉及的领域包括人类学、艺术史、东亚语言和文明、政治学、社会学等。早在 1995 年，宾大就成立了东亚研究中心（Center for East Asian Studies, CEAS），该中心在学术上表现得非常活跃。虽然当代中国中心是文理学院下属的研究机构，但其研究领域涉及宾大的很多学院。随着中国国际地位的不断提升，宾大各院系、中心、专题项目组以及学校的师生对中国的变化和中国在世界上的影响力越来越感兴趣。当代中国中心的突出特点是，不仅重视对中国历史的研究，还强调社会科学以外的其他领域在理解当代中国及其与外部世界关系方面的作用。中心欢迎那些致力于中国研究的学者加盟并参与到研究活动中，从而在人文和自然科学中燃起相关问题研究的亮点。

---

① 由美国宾夕法尼亚大学智库研究项目（Think Tanks and Civil Societies Program, TTCSP）研究编写的系列《全球智库年度报告》被认为是世界智库评价的权威报告。

二、机构设置

2010 年 3 月，宾大校长艾米·古特曼（Amy Gutmann）带领一个由教师和行政人员等组成的代表团对中国进行了友好访问。这次访问激活了宾大与中国学术机构的长期联系，当代中国中心就是在这次访问的大背景下成立的。①

2012 年 1 月 26 日，宾大校长古特曼、教务长文森特·普莱斯（Vincent Price）以及文理学院院长丽贝卡·布什内尔（Rebecca Bushnell）宣布当代中国研究中心成立。古特曼表示："中心推广的跨学科合作将鼓励学者互通有无，帮助学者和学生研究塑造当代中国的强大力量。"普莱斯认为："研究中国一直是宾大致力于全球研究的重要一环，中心通过跨校、跨学科的学术融合，将提高世界对中国发展的了解和认识。"②

2012 年 8 月，中心在宾大的费舍尔-贝内特大楼（Fisher-Bennett Hall）内开设了办公机构，其包括中心的领导层、行政和研究人员以及访问学者、博士后研究人员、研究助理等人的办公室，还配有视听功能完备、可进行网络会议的会议室。

截至 2023 年 8 月，当代中国中心有专职行政和教学研究人员 18 人，有来自不同院校和研究机构的兼职教学和研究人员 7 人。

由于成立时间较短，中心目前还没有自己的图书馆，只有一个小型的资料室。中心人员查阅资料一般会利用宾大图书馆的强大资源。宾大图书馆始建于 1750 年，目前其实体馆藏包括 600 多万册图书和 4 万余种期刊，还拥有 350 多万个微缩胶卷和 2000 多个数据库。它有可以容纳 3000 多名学生的学习空间，其数字图书馆丰富的数字资源可以远程进行利用。宾大图书馆系统共有十多个分馆，中心图书馆是宾大主要的社会科学和人文科学研究图书馆。③

---

① "关于我们"，当代中国中心网站，https://cscc.sas.upenn.edu/about-us。
② 转引自张哲：《宾大建当代中国研究中心》，全国哲学社会科学工作办公室网站，2012 年 2 月 6 日，http://www.nopss.gov.cn/GB/219552/219553/17028098.html。
③ 叶春峰、鲁莎：《美国宾夕法尼亚大学图书馆印象》，《中华医学图书情报杂志》2011 年第 4 期，第 63—64 页。

三、代表性人物

当代中国中心的核心研究能力来源于其杰出的学者群。它的研究人员主要来自宾大的各个院系和研究机构，他们会从不同的专业方向对中国问题提出很多特色的课题并形成各类研究成果。以下对其中有代表性的人物作一简介。

（一）金骏远（Avery Goldstein）

金骏远是宾大政治学系全球政治和国际关系教授，也是当代中国中心的创始主任。金骏远 1985—1991 年任宾大国际政治中心副主任，1991—2000 年任宾大政治系副教授，2002 年任宾大克里斯托弗·H. 布朗国际政治中心（Christopher H. Browne Center for International Politics）副主任。2009—2012 年任宾大政治学系全球政治和国际关系大卫·M. 诺特（David M. Knott）教授。

金骏远的研究领域包括国际关系、安全研究和中国政治。他出版有《中国大战略与国际安全》[①]《21 世纪的威慑和安全：中国、英国、法国与核改革的持久遗产》[②] 等著作，并在《国际安全》《国际组织》《战略研究杂志》等国际期刊上发表过文章。金骏远负责教授的课程有国际安全、中国政治、战略研究研讨、国际关系理论和中国政治研讨等。

（二）雅克·德利勒（Jacques deLisle）

雅克·德利勒是宾大斯蒂芬·A. 科恩法学教授（Stephen A. Cozen Professor of Law），现任当代中国中心主任、东亚研究中心主任、外交政策研究所（The Foreign Policy Research Institute）负责亚洲项目的主任。他的研究和教学主要集中在当代中国法律和政治领域，包括中国的法律改革及

---

① ［美］金骏远：《中国大战略与国际安全》，王军、林民旺译，社会科学文献出版社，2008。原著为：Avery Goldstein, *Rising to the Challenge: China's Grand Strategy and International Security* (California: Stanford University Press, 2005)。

② Avery Goldstein, *Deterrence and Security in the 21st Century: China, Britain, France and the Enduring Legacy of the Nuclear Revolution* (California: Stanford University Press, 2000).

其与经济改革和政治改革的关系、中国参与国际秩序、"一国两制"下香港的法律和政治问题以及中美关系等。他曾多次受聘作为中国法律专家，担任美国政府、中国和国际非政府组织关于中国法律和司法改革项目的顾问。他还曾任前美国最高法院大法官斯蒂芬·布雷耶（Stephen Breyer）的助理和美国司法部法律咨询办公室法律顾问。

德利勒的学术成果多发表在《当代中国》《亚洲政策》等期刊及跨学科专著和媒体上。他参与主编的著作有《互联网、社交媒体和不断变化的中国》①《中国的挑战》② 等。

（三）杨国斌（Guobin Yang）

杨国斌是宾大安嫩伯格传播学院和社会学系格蕾丝·李·博格斯传播与社会学教授（Grace Lee Boggs Professor of Communication and Sociology），现任当代中国中心副主任、安纳伯格传播学院研究生副院长、数字文化与社会研究中心主任。他的研究领域主要包括数字媒介与社会理论、社会运动、在线抗争、全球传播、文化社会学、中国的媒介与政治等。杨国斌出版有《〈文心雕龙〉英译》③《连线力：中国网民在行动》④《武汉封控》⑤ 等。

四、研究情况

当代中国中心有十几位不同研究方向的专家，中心活跃的学术活动展示了他们的丰硕成果。

---

① Jacques deLisle, Avery Goldstein and Guobin Yang (eds.), *The Internet, Social Media and a Changing China* (California: Stanford University Press, 2016).
② Jacques deLisle and Avery Goldstein (eds.), *China's Challenges* (California: Stanford University Press, 2014).
③ Guobin Yang, *Dragon-Carving and the Literary Mind* (Library of Chinese Classics, 2003).
④ ［美］杨国斌：《连线力：中国网民在行动》，邓燕华译，广西师范大学出版社，2013。原著为：Guobin Yang, *The Power of the Internet in China: Citizen Activism Online* (New York: Columbia University Press, 2009).
⑤ Guobin Yang, *The Wuhan Lockdown* (New York: Columbia University Press, 2022).

（一）"中美关系的未来"项目（Project on the Future of U. S. - China Relations）

该项目汇集了 20 位在当代美中关系关键问题领域具有专业知识的学者（项目研究员），以及几位担任顾问的知名资深学者和从业人员，他们会就美国在国家安全、经济竞争力和贸易、技术、气候和环境、研究和教育以及人权、法律和民主等问题上的对华政策进行评估并提出建议。

这些项目研究员会不定期发布相关成果。例如，2020 年 9 月该项目在其网站上发布了研究人员编写的政策文件。2022 年 6 月，十几名该项目的研究人员在与战略与国际研究中心（Center for Strategic and International Studies）共同举办的国会工作人员"中国训练营"上作了发言，还会见了政府的高级官员和工作人员。

（二）学术年会（Annual Conference）

2013 年起，当代中国中心每年会组织一次学术年会，届时来自世界各地研究当代中国问题的权威专家将在会上发表原创性的研究论文。会议结束后，当代中国中心会对这些论文进行编辑和修订，最终形成学术期刊特刊或以中心工作论文的形式发表。

2013 年 4 月 25—26 日，中心举行了首届学术年会，主题是"中国的挑战：前进的道路"（China's Challenges: The Road Ahead），共有 12 位研究当代中国政治、社会、经济和法律发展以及中国在世界中的作用的专家发表了论文，探讨了 21 世纪初中国在经济增长模式、人口变化模式、国内稳定和国际关系这四大领域面临的重大挑战。

2023 年 3 月 31 日至 4 月 1 日，中心举行了第 9 届学术年会，主题是"中国经济的弧线"（The Arc of Chinese Economy），共有 11 位学者发表了论文，围绕与中国经济相关的宏观问题、微观问题和前瞻性问题，重点讨论了中国的经济增长弧线是否已经接近拐点的问题。

五、人才培养

当代中国中心重视人才培养，承担了各类不同层次的学生和学者深造进修和访问学习的任务。

（一）博士后研究人员项目

中心从 2012 年成立起便对研究当代中国各个方面的博士后人员提供支持。博士后研究人员一般任期两年，每年人数不定。

博士后研究人员除了关注于各自的研究，还会参加中心举办的各种学术活动，以便完全融入中心的学术生活。每位博士后研究人员每年可获得 5 万美元的奖学金、2500 美元的研究基金和健康保险。

（二）研究助理

为了促进宾大的当代中国研究，当代中国中心正在建设一个数据库，让本校具有各种专业知识的在读本科生和研究生协助中心的教师开展相关研究。

有意申请该职位的学生可以通过邮件与中心联系并附上简历以及简短的说明，明确表明自己具备的专业技术能力，如中文、特定的技术（定量分析、数学建模、相关计算机程序）或对当代中国有独特的认识。

（三）访问学者项目

访问学者可以提出短期（少于一个月）或长期在当代中国中心进行研究的计划。访问学者通常是自费的，但中心每年至少会资助一位杰出访问学者，为其负担往返交通费、住宿费和酬金，如 2022 年的杰出访问学者是复旦大学国际问题研究院的任晓教授。

（四）实习生职位

当代中国中心接受带薪的实习生申请，这个职位的主要职责是为中心的网站撰写博客文章（每篇不超过一页），报道在中心举行的各项活动。根据实习生的条件，其职责可能还包括协助中心的领导层确定下一学年邀请的演讲者和会议参与者名单，协助中心出版物的编辑工作。

六、成果发布

当代中国中心的研究成果一般通过书刊出版、主题活动、网站新闻和播客等多种渠道进行发布。

（一）书刊出版

除了前文提到的中心代表性学者的相关成果，近年来中心出版的学术著作有雅克·德利勒、杨国斌主编的《党领导一切：中国共产党的角色演变》①，金骏远、雅克·德利勒主编的《接触之后：美中安全关系的困境》②，雅克·德利勒、金骏远合著的《致富光荣》③，雅克·德利勒、金骏远主编的《中国的全球参与：21 世纪的合作、竞争和影响》④，等等。

此外，中心在 2019 年把 2017 年第 5 届年度学术会议（主题为"当代中国儿童福利面临的挑战"）上的 4 篇参会论文发表在了《当代中国杂志》的专栏中。⑤

（二）主题活动

中心每年会举办丰富的活动，如讲座、论坛及各类会议等。在中心网站上可以查阅到过往活动的新闻和即将举行的活动的预告。

1. 年度讲座（Annual Lectures）

当代中国中心每年会邀请美国或中国的官员、外交专家和公共知识分子举行讲座，这些讲座对整个宾大社区和来自费城地区的感兴趣的个人开放。往期讲座包括《纽约客》杂志驻华记者欧逸文（Evan Osnos）所作的题为"追求时代：在新中国追求财富、真相和信念"（Age of Ambition：Chasing Fortune, Truth and Faith in the New China）的讲座，以及前美国驻华大使、后任犹他州州长的洪博培（Jon Huntsman）所作的题为"美中关系发展历程：演变与前景"（The Course of U. S. -China Relations：Its Evolution and

---

① Jacques deLisle, Guobin Yang（eds.）*The Party Leads All：The Evolving Role of the Chinese Communist Party*（Washington, D. C.：Brookings Institution Press, 2022）.

② Avery Goldstein, Jacques deLisle（eds.）, *After Engagement：Dilemmas in U. S. -China Security Relations*（Washington, D. C.：Brookings Institution Press, 2020）.

③ Jacques deLisle, Avery Goldstein, *To Get Rich Is Glorious*（Washington D. C.：Brookings Institution Press, 2019）.

④ Jacques deLisle, Avery Goldstein（eds.）, *China's Global Engagement：Cooperation, Competition, and Influence in the 21st Century*（Washington, D. C.：Brookings Institution Press, 2017）.

⑤ *Journal of Contemporary China*（Vol. 28, No. 120）：Challenges to Children's Welfare in Contemporary China, https://www.tandfonline.com/toc/cjcc20/28/120? nav=tocList.

Prospects）的讲座等。

2. 政策圆桌会议（Policy Roundtables）

当代中国中心会在适当的时候举办宾大教师圆桌会议，并邀请外部专家来讨论当代中国或美中关系面临的政策问题。例如，2023 年 4 月中心与宾大人口老龄化研究中心（Population Aging Research Center）共同举办了关于中国人口老龄化问题的圆桌会议，从经济学、社会政策与实践、公共卫生和社会学等角度重点讨论了人口老龄化对中国未来的影响。

3. 学术会议（Conferences）

除了学术年会，当代中国中心每年还会组织其他学术会议，讨论关于当代中国的课题。例如，2023 年 8 月中心举办了第三届"中国政坛新面孔"（New Faces in Chinese Politics）学术会议。该会议由美国 6 所大学发起的"中国政坛新面孔联盟"主办，旨在鼓励年轻学者进行前沿研究，为他们提供向同行、会议组织者和资深学者展示自己关于中国政治的研究的机会。

4. 研究生工作坊（Graduate Workshops）

当代中国中心会不定期举行研究生工作坊，为研究生提供探讨和交流的平台。例如，2019 年 10 月 27 日，中心举办了"2019 年中国与国际关系研究生工作坊"（2019 China and International Relations Graduate Research Workshop），邀请了宾大所有从事中国和国际关系研究的博士生提交论文参会。

5. 每周论坛（Weekly Forums）

当代中国中心会在工作日的中午在中心的会议室举行非正式的每周论坛。这些会议非常随意，参加者可以自带简便的午餐，其间研究生或教师会非正式地介绍自己的成果或自己正在进行的研究。这种方式会让参加者感到十分放松，从而增进互相沟通，更好地了解宾大在当代中国方面的研究情况。即使在没有安排讨论的日子里，中心也欢迎大家自带午餐到会议室与他人共进午餐和相互交流。

6. 专题演讲系列（Speaker Series）

当代中国中心每年都会邀请一些一流专家来宾大介绍他们的研究成果，分享他们对当代中国的认识。这些活动在时间上通常安排在星期三下午，演讲者会发表他们的观点，然后回答观众的提问。

7. 学生座谈会（Student Symposiums）

学生座谈会是宾大本科生组织的年度活动，目的是提供一个高水平的学术论坛，讨论政治、法律、经济和社会等问题。座谈会邀请了全美优秀的研究生来介绍他们在当代中国问题方面的研究。除了为青年学者提供一个分享和讨论他们的研究成果的公共论坛，研讨会还为来自商界、外交界、学术界和民间的杰出讲述者提供了一个平台，让他们分享自己的专业见解。

8. 本科生演讲系列（Undergraduate Presentation Series）

本科生演讲活动旨在鼓励和展现宾大本科生对当代中国问题的研究。

此外，当代中国中心还有系列播客，截至 2023 年 8 月已发布 27 期，主要内容是中心学者马瑞欣（Neysun Mahboub）与特邀访谈者就中国政治、经济、法律和社会问题所进行的深入交流。

七、合作交流

当代中国中心具有国际化视野，极其重视对外合作与交流，并招揽人才搭建全球化的研究网络。中心积极与全球顶尖的中国研究机构和专家进行合作交流，特别是与很多中国学术机构建立了密切的合作关系。

目前，整个宾大与中国的几十家机构建立了合作伙伴关系，有大量研究项目在中国或与中国相关的企业和学术机构中完成。其中，学生交流是合作的重要项目之一，每年进入宾大的中国留学生已是该校各国留学生中人数最多的群体。同时，宾大每年至少有 200 名学生参与交换生计划以及中文课程等学术交流活动。

当代中国中心和中国国内的高校和机构经常进行学术交流活动。例如，2015 年 6 月 9 日，上海交通大学凯原法学院沈伟教授在当代中国中心举办了题为"人民币国际化与全球金融治理架构"（Renminbi Internationalization and Global Financial Governance Architecture）的工作坊。当代中国中心雅克·德利勒教授主持了此次工作坊，金骏远教授和宾大沃顿商学院、法学院的师生参加了活动。[①] 2018 年 10 月 12 日，当代中国中心金骏远教授在中国国际关系学院国际战略与安全研究中心作了题为"中国的大战略及其

---

① 《上海交大凯原法学院沈伟教授在宾夕法尼亚大学举办工作坊》，上海交通大学网站，2015 年 6 月 12 日，http://www.sjtupmm.com/article-4369.html。

对国际安全的意涵"的讲座。① 2023 年 6 月 15 日，金骏远教授到访清华大学战略与安全研究中心，与中心师生分享了关于大国竞争中的"核升级"的理论和看法。②

八、结语

当代中国中心依托宾大的雄厚资源和灵活开放的学术氛围，在中国研究方面取得了丰硕的成果。一方面，中心将中国研究与大学的学术资源相结合，充分利用本校成熟和系统的学术体系，使研究达到为政策和现实服务的目的。另一方面，中心坚持务实开放的理念，在研究项目和人才引进方面予以有力的支持，使中心的人才队伍形成了较为合理的结构。另外，中心积极开展学术交流和合作研究，在注重保持自身独立性和创新性的同时，形成了多样化的研究模式。当代中国中心的这些经验做法值得我们借鉴和学习。

宾夕法尼亚大学当代中国研究中心联系信息

地址：Center for the Study of Contemporary China, Perelman Center for Political Science & Economics, 133 South 36th St., Suite 416 Philadelphia, PA 19104-6215, U. S. A.

电话：+1-215-746-2497

传真：+1-215-898-1940

网址：https://cscc.sas.upenn.edu

邮箱：cscc-contact@sas.upenn.edu

---

① 《中国的大战略及其对国际安全的意涵》，国际关系学院国际战略与安全研究中心网站，2018 年 10 月 15 日，https://cisss.uir.edu.cn/zxdt/zxdt/596375.shtml。

② 《宾夕法尼亚大学教授金骏远到访 CISS》，清华大学战略与安全研究中心网站，2023 年 6 月 26 日，http://ciss.tsinghua.edu.cn/info/yw/6257。

美国夏威夷大学中国研究中心

李阳　张秀峰

美国夏威夷大学马诺阿分校中国研究中心（Center for Chinese Studies, University of Hawai'i at Manoa, 以下简称"中国研究中心"）隶属于夏威夷大学马诺阿分校亚洲和太平洋研究学院（Schoolof Asia and Pacific Studies, SAPS）。除中国研究中心外，亚洲和太平洋研究学院的下辖单位还包括日本研究中心、韩国研究中心、冲绳研究中心、太平洋岛屿研究中心、菲律宾研究中心、南亚研究中心和东南亚研究中心。其中，中国研究中心囊括了全校 27 个院系的 47 名中国研究方面的教师，他们为约 150 名本科生和硕博研究生提供超过 150 门课程。中国研究中心旨在促进对中国和全球其他华人社会以及中华文明与夏威夷的历史关系的跨学科理解，其研究范围宽广，成果丰硕，影响广泛。

一、中心概况

夏威夷大学马诺阿分校（以下简称"马诺阿分校"）是夏威夷大学系统内的旗舰分校，坐落于美国夏威夷州首府檀香山市的马诺阿山谷，是全球 60 所大学组成的环太平洋大学联盟的成员。中国研究中心作为该校亚洲和太平洋研究学院中最大的研究中心，其历史最早可以追溯到 20 世纪 20 年代成立的夏威夷大学汉语系（Department of Chinese），该系后于 1935 年并入夏威夷大学东方研究所，并开始招收中国历史和文学方向的博士研究生。20 世纪 50 年代，美国政府开始资助包括汉语在内的亚洲语言的教学工作。在此背景下，夏威夷大学的学者们开始积极参与汉语教学，并于 1962 年成立了美国汉语教师协会（American Association of Chinese Language Instructors）。1977 年，夏威夷大学从事中国研究的专家学者聚集在一起，成立了中国研究委员会（Council for Chinese Studies），由华裔艺术家曾幼荷（Betty Ecke/Tseng Yu-Ho）教授领导，以协调和支持与中国研究有关的各种资源。1980 年，该委员会并入亚洲和太平洋研究中心（Center for Asia Pacific Studies），负责进一步加强中国研究。1987 年，随着亚洲和太平洋研究中心更名为亚洲和太平洋研究学院，中国研究委员会更名为中国研究中心（Center for Chinese Studies, CCS），并由郭颖颐（Daniel W. Y. Kwok）教授担任该中心的首位主任。该中心的使命是通过支持研究、学生学习和社区外联工作，进一步加强夏威夷大学系统内的中国研究。①

二、机构设置

中国研究中心的管理机构包括主任（Director）、执行委员会（Executive Committee）和委员会（Committees）。②

中心设有主任一名，任期三年，可连任一届，由该中心具有投票权的成员推荐并由亚洲和太平洋研究学院的院长任命。主任主要负责中心日常的行政管理工作。截至 2023 年 8 月，该中心的主任为俞明宝（Mingbao Yue），她是夏威夷大学马诺阿分校东亚语言文学系（The Department of East Asian Languages & Literatures）的副教授，于 2021 年开始担任中国研究中心主任一职。

执行委员会（Executive Committee）由主任和八名委员组成，其中四名正式委员（Full Membership）为选举产生，任期两年，另外四名委员为主任任命，任期一年。执行委员会主要负责中心在政策、规划、课程以及人员聘用等方面的事宜。

此外，该中心还设有一系列的常务委员会（Standing Committes），由中心主任在每个学年开始时进行组建。委员会的主席由中心主任从全体教职员工中选定，委员会的委员则由该主席和中心主任一同选定。

三、学术资源

中国研究中心依托夏威夷大学马诺阿分校，拥有丰富的研究资源，如马诺阿分校汉密尔顿图书馆亚洲部的中国馆藏（China Collection, Asia Department, Hamilton Library）、黄氏视听中心（Harry C. & Nee-Chang Wong Audiovisual Center）的中国音乐和电影馆藏、国家外语资源中心（National Foreign Language Resource Center）的学术资源等。

其中，汉密尔顿图书馆亚洲部的中国馆藏为中国方面的研究提供了有

---

① "中心简介"，中国研究中心网站，https://manoa.hawai'i.edu/chinesestudies/about/。
② 《中国研究中心章程》，中国研究中心网站，http://manoa.hawai'i.edu/chinesestudies/wp-content/uploads/sites/14/2019/10/CCS-Bylaws-2008.pdf。

力的支持。这些中国馆藏包括中文、西方语言以及其他亚洲语言的各种资料，核心馆藏集中在人文和社会科学方面，主要有 15 万册中文图书、5 万册西文图书、3000 本期刊和数千件缩微胶卷材料，还包括会议论文集、未出版的会议论文、手稿、硕博论文、数据库等。

四、代表性人物

截至 2023 年 8 月，中国研究中心共有 47 名教师，他们的研究领域包括人类学、艺术与艺术史、亚洲研究、东亚语言与文学、经济学、哲学、历史学、地理学、法学等。① 以下就该中心有代表性的学者作一简要介绍。

（一）郭颖颐

郭颖颐教授是中国研究中心的首任主任，他 1932 年出生于上海，1959 年获耶鲁大学哲学博士学位，1961 年起任职于夏威夷大学，1969—1975 年任该校亚洲研究中心主任，1986—1988 年任历史系主任，1987—1991 年任中国研究中心主任。他目前是夏威夷大学历史系荣誉教授，也是该校亚洲记者奖学金项目的主任。他的主要研究领域是中国现代思想史、中国知识分子史等，其代表作有《中国现代思想中的唯科学主义（1900—1950）》② 等。

（二）安乐哲（Roger T. Ames）

安乐哲是享誉世界的中西比较哲学家、汉学家与中国哲学典籍翻译家。他 1978—2016 年任夏威夷大学哲学系教授，1990—2013 年任夏威夷大学和美国东西方中心亚洲发展项目主任，1991—2000 年任中国研究中心主任，1987—2016 年任《东西方哲学》（*Philosophy East and West*）杂志主编。1993 年，他协助创办了《中国研究书评》（*China Review International*）杂志，并于 1993—2000 年担任该杂志的执行编辑。安乐哲的教学和研究兴趣集中

① "教职人员"，中国研究中心网站，http://manoa.hawai'i.edu/chinesestudies/community/faculty/。

② D. W. Y. Kwok, *Scientism in Chinese Thought：1900-1950*（New Haven：Yale University Press, 1965）. 中文版为：[美] 郭颖颐：《中国现代思想中的唯科学主义（1900—1950）》，雷颐译，江苏人民出版社，2010。

在比较哲学、文化哲学、环境哲学、古典儒学和道教等。他的代表作有《儒家角色伦理学：一套特色伦理学词汇》[①]《通过孔子而思》[②] 等。

（三）俞明宝

俞明宝是夏威夷大学马诺阿分校东亚语言文学系副教授，夏威夷大学和美国东西方中心共同赞助的"国际文化研究生证书项目"（International Cultural Studies Graduate Certificate Program）的联合创始人和联合主任，劳特利奇出版社出版的《中国当代文化百科全书》（*Encyclopedia of Contemporary Chinese Culture*）的顾问编辑。自 2018 年以来，她一直担任《中国研究书评》杂志的编辑。她的研究领域包括现当代中国文学与文化、跨国中国流行文化、欧洲的多元文化主义、东亚和东南亚的后殖民主义、女性主义批评、精神分析等。她曾在《学术伦理杂志》（*Journal of Academic Ethics*）、《亚洲电影》（*Asian Cinema*）、《文化研究杂志》（*Journal for Cultural Research*）等杂志上发表过多篇论文。

五、研究情况

中国研究中心有来自全校 27 个院系的 47 名教职人员，因此该中心的研究领域十分广泛，几乎涉及关于中国的各个方面。以下对中心人员的研究情况作一介绍。

第一，关注中国的社会和政治问题。例如，对 20 世纪中国政治、经济、文化和社会变革的考察；研究近代中国的关键事件；探讨 20 世纪中国生活现代化的重要问题，从地方和地区角度看清政府与中国社会；研究 19 世纪中国的外交关系，分析其外交政策的制定和实施；研究 19 世纪中国现代革命的起源、发展和意义；研究 1949 年至今中国所取得的显著发展，中国的社会革命和现代化及其相关的外交关系等。同时，也关注中国不同社

---

① Roger T. Ames, *Confucian Role Ethics: A Vocabulary* (Honolulu: University of Hawai'i Press/Hong Kong: The Chinese University Press, 2011). 中文版为：［美］安乐哲：《儒家角色伦理学：一套特色伦理学词汇》，［美］孟巍隆译，山东人民出版社，2017。

② David L. Hall and Roger T. Ames, *Thinking Through Confucius* (Albany: State University of New York Press, 1987). 中文版为：［美］郝大维、［美］安乐哲：《通过孔子而思》，何金俐译，北京大学出版社，2005。

会经济环境、地理区域和历史时期的个人和家庭生活。

第二，关注中国地理。研究主题包括环境参数和资源基础、生态控制和资源管理、农业制度和技术改造、工业潜力和工业区位、聚落模式和城乡共生等。

第三，关注中国传统文化。例如，关注作为文化视觉表现的传统服饰的发展；关注中国早期艺术，如玉、青铜、世俗和宗教雕塑、从史前到 9 世纪的绘画；关注中国现代艺术，如文人画及其理论的兴起，艺术和理论，园林和建筑中的个人主义，以及中国人对现代性和后现代性的艺术追求。

第四，关注中国文学，包括中国各历史时期的主要文学流派。例如，关注中国女作家的文学，追溯从 20 世纪 20 年代早期到现在的女性写作谱系；翻译中国传统小说；关注中国现代文学与视觉艺术中的城市研究。

第五，关注中国艺术。例如，研究特定的中国传统戏剧形式的动作和发声技巧，传统亚洲戏剧作品和用亚洲技巧演出的西方戏剧；关注中国传统音乐及其社会影响等。

第六，关注中国哲学和宗教。例如，调查研究中国古典哲学中的重要学派和思想家，如儒家、道家、墨家、法家及其代表性人物等；研究中国经典哲学著作；关注道教、儒学、佛教、民间信仰和习俗在中国社会和历史背景中的地位。

第七，关注中文的听说读写译技能。例如，关注汉字的形态、汉语语言学、语言及文化、方言、英汉双语对比；研究粤语和普通话的异同（发音、词汇、习语和句法）；研究汉语的语音和形态；讨论汉语的用法和语言地理；研究对外汉语教学的方法，以及语言学习和教学中的问题。

六、人才培养

为了培养中国研究方面的人才，中国研究中心开设了丰富的相关课程，并开展了多个研究项目和培训项目。该中心在夏威夷大学的 3 个系可以授予中国研究方面的学士学位，在 13 个系可授予硕士学位，在 9 个系可授予博士学位。

（一）课程资源

中国研究中心提供了丰富的有关中国的课程。以 2019 年秋季学期为例，该中心开设的课程涉及中国艺术、亚洲研究（重点是中国）、汉语、东亚语言与文学、中国历史、中国法律、中国音乐、中国哲学、中国政治等专题，每个专题之下包括多门具体的课程。① 例如，汉语专题包括普通话初阶、普通话中阶、普通话对话、高级汉语阅读与写作、汉语语义学和交流、古汉语入门等。再如，中国哲学专题包括儒学课程和道学课程等。

（二）亚洲国际事务新硕士（New Master's in Asian International Affairs）

该项目提供全日制或兼职以及晚间和在线课程，学生可以从数十门选修课中定制学习计划，并可获得与社区伙伴就国际现实问题进行合作的经验。申请者需要有大学学历，并有两年工作经验，但并不需要亚洲研究方面的专业背景。

（三）亚洲研究项目（Asian Study Program）

中国研究中心面向本科生和研究生设立了"亚洲研究项目"，其主要关注东南亚、南亚、中国、日本、韩国等亚洲的核心区域和国家，为学生提供了一个通过跨学科的途径认知和研究亚洲的机会。

该项目提供的"中国研究研究生证书项目"（The Graduate Certificate Program in Chinese Studies）为学生提供了一种以结构化的方式来获取关于中国的前沿知识，从而扩大他们的专业领域，增加未来的就业机会。这些课程种类繁多，横跨多个学科，学生可以根据自己的学术和职业目标定制课程。该项目既提供中国研究中心已有的课程，也借助本校其他院系开设更为丰富的相关课程。

（四）"星谈"项目（STARTALK Program）

"星谈"项目是美国政府 2006 年启动的"国家安全语言计划"（National Security Language Initiative）的子项目，目的是培养更多的"关键语言"（汉语和阿拉伯语列为首选）方面的师资力量。"星谈"项目主要对全美高中生或在中小学任职的外语教师提供免费资助，包括开设课程、师资培训

① "课程表"，中国研究中心网站，http：//manoa. hawai'i. edu/chinesestudies/wp-content/uploads/sites/14/2019/08/CCS-courses-F19. pdf。

等项目。

夏威夷大学是最早开展"星谈"项目培训的学校之一，并设有"星谈教师学院"（STARTALK Teacher Institute），其相关课程注重任务教学法（Task-based Language Teaching, TBLT）和行为情景教学法（Teaching Proficiency Through Reading and Storytelling, TPRS）。以 2021 年为例，星谈教师学院在全国招募了 12 名在职或职前汉语教师参加了一个为期 60 小时的培训项目。其间，这些教师将探索如何在在线教学中更好地开展"星谈"教学，并且会有一个由 12 名学生组成的小组参加他们所教授的课程。

七、成果发布

（一）《中国研究书评》杂志

中国研究中心与夏威夷大学出版社合作出版了《中国研究书评》杂志（季刊），专门评介新近出版的中国研究领域的学术书籍。该杂志每期约 20 篇书评，每篇书评 1000—2000 字，以英语或双语撰写。待评介书籍的名单由多国学者组成的编委会来确定，书评的作者均是著名学者。该杂志主要对出版一年以内的新书进行内容丰富、有见地和有批判性的评论，旨在向学界及时介绍相关领域的学术前沿与发展趋势。该杂志的现任主编是中国研究中心主任、东亚语言文学系副教授俞明宝。

（二）汉英词典及其数据库（ABC Dictionary and Database）

在美国教育部国际研究项目（International Research and Studies Program）的资助下，中国研究中心在著名汉语专家、夏威夷大学中文荣誉教授约翰·德范克（John DeFrancis）的指导下，推出了按字母表排序的、数字化的汉英词典（ABC Dictionary）。该词典最初由夏威夷大学出版社于 1996 年出版，内含 7.2 万个词条，2003 年又出版了包含 19.6 万个词条的综合版。词典的电子版由夏威夷大学制作，可作为数据库使用，并已被文林研究所（Wenlin Institute）和双桥公司（Twinbridge Corporation）购买。目前，文林研究所正在与媒体合作推出粤语英语词典，并建立了一个维基词典平台，可以让世界各地的词典编纂者帮助维护和更新该数据库。

（三）在线数据库

中国研究中心丰富的在线资源是其一大特色，使用者可以通过内网链接进入与中国研究相关的多个资源丰富的数据库。例如，2003 年中心建立了"中国的少数民族"数据库，并在少数民族研究方面与中国中央民族大学、云南大学建立了合作关系。中心建立的其他数据库还包括："北美地区的汉学家"数据库，囊括了美国、加拿大、墨西哥等国的 700 余位汉学家的信息；"北美中国研究期刊"数据库，收录了美国、加拿大、墨西哥的70 余种与中国研究相关的刊物；"北美的中国研究机构"数据库，涵盖美国、加拿大、墨西哥的 40 多个中国研究机构。

此外，在克拉伦斯·程基金会（The Clarence T. C. Ching Foundation）的资助下，中心还编撰了一本夏威夷地区华人社区（包括 150 余处华人社区）的名录，这一项目也得到了美国一些华人组织的支持。[1]

（四）举办活动

中国研究中心通过举办学术会议、研讨会、讲座和人文交流活动等来加强交流合作和提升影响力。

例如，中心在 2020 年 1 月举办了首届夏威夷中国研究国际会议（Hawai'i International Conference on Chinese Studies，HICCS），汇聚了中国研究领域的教育工作者和专家学者，共同探讨中国文化和中国社会等方面的相关话题，旨在提供一个就中国的过去、现在、未来进行跨学科对话交流的平台。该会议在 2020 年、2022 年和 2023 年已举办三届，并将于 2025 年举行第四届会议。

再如，2022 年 4 月 8 日，由夏威夷大学东亚语言文学系中文项目及中文领航项目中心主办，夏威夷大学中国研究中心等协办的"第十一届中国文化日"活动在夏威夷大学马诺阿分校举行。活动旨在为夏威夷的汉语学习者及社区中文爱好者提供一个多方面了解中国文化的平台，吸引了来自夏威夷大学内外的 150 余名参与者。

---

[1] 《夏威夷大学马诺阿分校中国研究中心》，《中国社会科学报》2010 年 11 月 2 日，中华人民共和国国史网，http://hprc.cssn.cn/gsyj/gwddzgyjjg/201011/t20101122_3999368.html。

八、合作交流

中国研究中心与中国北京大学、北京外国语大学、浙江大学、同济大学等高校建立了良好的合作关系。

以北京外国语大学为例，2006 年 11 月，北京外国语大学与夏威夷大学合作建立了孔子学院，这是在美国成立的第六所孔子学院。2013 年，该孔子学院被评为"全球先进孔子学院"，2014 年被批准为"全球示范孔子学院"。2015 年 3 月，北京外国语大学副校长闫国华率团访问了夏威夷大学，与夏威夷大学马诺阿分校签署了亚洲研究硕士联合培养协议，并针对新闻传播专业、第二语言研究专业的具体合作项目进行了务实会谈。遗憾的是，夏威夷大学孔子学院已于 2019 年关停。

此外，中国研究中心还经常与中国学者进行学术交流。例如，2022 年 10 月 13 日，全球化智库理事长王辉耀参加了中国研究中心举办的 2022 年秋季系列线上研讨会并发表了主题为"中国与世界"的演讲，中国研究中心黄巍教授、俞明宝副教授参与了研讨。

九、结语

夏威夷大学中国研究中心高度重视与中国相关的研究以及汉语的教学和服务工作。中心开设了大量与中国相关的课程，除了汉语及其教学方法，还包括中国文学、历史、哲学等人文社科相关的领域。中心建设的文献和数据库资源为聚焦中国研究的专家和学生提供了丰富的研究资源。中心通过跨学科的研究和教学工作，在中国研究和汉语教学方面取得了丰硕的成果，极大地提升了美国公众对于中国语言和中国文化的兴趣，增进了两国之间的交流和了解。

夏威夷大学中国研究中心联系信息

地址：Center for Chinese Studies, 1890 East-West Road, Moore Hall 417, Honolulu, HI 96822, U. S. A

电话：+1-808-956-2663

传真：+1-808-956-2682

网址：https：//manoa. hawai'i. edu/chinesestudies

邮箱：china@hawai'i. edu

英 国

英国牛津大学中国中心

刘 京

创建于 12 世纪中叶的英国牛津大学是英语国家中最古老的大学，也是欧洲中国研究的重镇之一。牛津大学的中国研究始于其 1876 年设立的汉学讲座。经过一代代学者的耕耘与积淀，牛津大学的中国研究经历了从经院式研究到开放式教育，从汉学到中国学的转变。20 世纪 80 年代末到 90 年代初，牛津大学中国研究的重点发生了明显的转向，现当代中国研究成为其新的增长点。2008 年牛津大学成立了中国中心，汇集了全校研究中国问题的专家学者，从语言文化、思想艺术、历史地理、政治法规、人文环境、社会经济、科学技术等领域全方位覆盖了与中国相关的研究。

一、中心概况

中国中心整合了牛津大学在各个学科和领域内中国研究方面的力量，已成为"欧洲最大，同时也是研究范围最广泛的中国研究中心"。[1] 该中心的建立依托于牛津大学长久且深厚的汉学基础，旨在统筹牛津大学有关中国问题的教学与研究活动，以应对中国发展过程中所面临的新挑战与新课题，从而确保牛津大学在中国研究领域的学术水平不断提升，打造世界顶尖的中国研究中心。中国中心鼓励原创性的研究、出版，并与来自中国、英国以及其他地区的学者、研究机构开展联合项目。该中心发挥了中国相关研究的平台作用，其影响范围不局限于欧洲，而是扩展到亚洲、北美以及澳大利亚，在加深牛津大学与中国及世界其他汉学研究中心的关系方面起到了关键的作用。此外，该中心还在牛津大学与涉及中国的商务活动和组织交往中发挥着重要的纽带作用。

二、机构设置

牛津大学中国中心分为人文学部（历史学、文学、艺术、艺术史和考古学、哲学、汉学），社会科学学部（人类学、经济学、商务、教育学、政治学和国际关系、社会学、地理学），数学、物理和生命科学学部以及医学学部四个学部。其中，人文学部和社会科学学部综合性最广，囊括的学者

---

① 引自《环球时报》2018 年 9 月对中国中心主任拉纳·米特（Rana Mitter）的采访。采访原文见：https://world.huanqiu.com/article/9CaKrnKc9Wg。

最多。以牛津大学中国中心为核心力量，形成了"全英高校中国中心"（British Inter-University China Centre，BICC）。该中心成立于 2006 年，由英格兰高等教育基金会、经济与社会研究委员会、艺术和人文学科研究委员会三家机构出资 500 万英镑，由牛津大学、布里斯托大学和曼彻斯特大学联合经营，其致力于成为英国汉语教育以及中国研究方面的顶尖研究中心。

牛津大学中国中心是两个项目行政办公室的所在地，一个是"当代中国研究项目"（Contemporary China Studies Program，CCSP），另一个则是全英高校中国中心项目。此外，中国中心创设与组建的理念也值得一提。中心主任拉纳·米特（Rana Mitter）在 2017 年接受采访时表示，相对于机构的规模，中国中心最富特色的是将人文科学与社会科学领域的学者联系在一起，为人文科学与社会科学的互动创设了一个良好的学术环境，从而在更大范围内构建出一个学者共同体，实现学者之间的沟通与学习。

2014 年 9 月在圣休斯学院（St. Hugh's College）正式开馆的牛津大学博德利图书馆（Bodleian Library）中国研究图书馆（K. B. Chen China Centre Library）从属于牛津大学中国中心。该图书馆集中收藏了牛津大学 5 万多册与中国相关的人文社科领域的教学和参考用书，以支持这些领域的教学和科研活动。这些图书包括多种语言，类别涵盖了除艺术与考古学之外与中国以及海外华人相关的参考书。此外，阿什莫尔博物馆（Ashmolean Museum）藏有英国最丰富的中国艺术珍品。作为牛津大学的一个基本建制单位，该博物馆中的艺术品面向从事艺术品研究工作的学生与研究者开放。潘迪生中国中心大楼也藏有少量精美的中国艺术藏品。

三、代表性人物

牛津大学中国中心有 60 余名成员，其中人文学部和社会科学学部有 50 余人，数学、物理和生命科学学部以及医学学部各有 4 人。学部人员来自牛津大学各个院系，如人文学部和社会科学学部的 50 余人主要来自莫顿学院（Merton College）、东方研究院（Oriental Institute）、艺术史系（Department of History of Art）、全球与区域研究当代中国研究中心（OSGA）、政治与国际关系学院（DPIR）、彭布罗克学院（Pembroke College）等。以下简要介绍中心的几位代表性人物。

（一）田海（Barend J. ter Haar）

田海是中国中心的中文教授，也是如今牛津大学汉学的掌门人。田海所继承的学术传统可以追根溯源到 19 世纪末一批卓越的学者，他的前辈包括苏慧廉（William Edward Soothill）①。无论是费正清一代还是当代，哈佛大学与牛津大学在汉学的学术传承方面都存在着密切的联系。田海教授主要从事的课题与中国古代的民间信仰相关，在研项目是基于目前的教学材料写一部英文版的中国历史著作。在此之前，他已经完成了一本荷兰语的中国历史著作。他认为对中国历史进行评价，应注重中国在不同历史阶段实际控制的势力范围。

（二）沈艾娣（Henrietta Harrison）

沈艾娣是中国中心教授、牛津大学何鸿燊中国历史讲座教授、英国学术院院士，主要研究方向为中国华北乡村、中国地方宗教与社会、清末以来的中国社会文化等。主要著作有：《梦醒子：一位华北乡居者的人生（1857—1942）》（*The Man Awakened from Dreams: One Man's Life in a North China Village, 1857–1942*）②、《创造共和国民——中国的仪式和符号（1911—1929）》（*The Making of the Republican Citizen: Political Ceremonies and Symbols in China, 1911–1929*）、《传教士的诅咒与中国天主教村的民间故事》（*The Missionary's Curse and Other Tales from a Chinese Catholic Village*）等。

（三）拉纳·米特（Rana Mitter）

拉纳·米特是中国中心现任主任，他致力于研究 20 世纪初和当代中国民族主义的兴起。他出版了一系列相关专著和论文，并参编多部著作。③ 近

---

① 哈佛大学中国研究学的创始人费正清当年在牛津大学学习历史时的老师。

② 中译本为［美］沈艾娣：《梦醒子：一位华北乡居者的人生（1857—1942）》，赵妍杰译，北京大学出版社，2013。

③ 他早期的三部相关著作是：*The Manchurian Myth: Nationalism, Resistance and Collaboration in Modern China*（Berkeley and Los Angeles: University of California Press, 2000）；*A Bitter Revolution: China's Struggle with the Modern World*（Oxford and New York: Oxford University Press, 2004, paperback 2005）；*Modern China: A Very Short Introduction*（Oxford: Oxford University Press, 2008）。其他著作参见米特的个人主页：https://www.politics.ox.ac.uk/academic-faculty/rana-mitter.html。

年来，他尤其关注 20 世纪 30—40 年代中日战争对中国政治、社会和文化发展的影响，相关著作的中译本《中国，被遗忘的盟友：西方人眼中的抗日战争全史》① 也于 2014 年由新世界出版社出版。该书首次以西方历史学者的视角书写中国抗战史，重点论述了中国在二战中的经历、贡献及其遗产，很大程度上填补了西方对中国抗战的认知空白，由此也对长久以来西方对中国作用的认识与评价形成了强有力的冲击，在国际学术界引起了强烈的反响。2020 年，他又出版了抗战史新作《中国的正义之战——二战如何塑造了新民族主义》② 。除学术创作外，拉纳·米特也活跃于各种媒体、论坛和讲座现场。

四、研究情况

牛津大学中国中心统辖并创设了多项富有特色的项目，不但囊括了中国传统文化、历史、法律、宗教等若干传统强势研究领域，还进一步在中国近现代史、当代史、现状与对策方面进行挖掘并拓宽新的研究领域。以下择要对其中部分已完结及在研项目进行介绍。

（一）"宫廷文本：连接中国宫廷戏剧的文本世界，约 1600—1800 年"项目（TEXTCOURT：Linking the Textual Worlds of Chinese Court Theater, ca. 1600-1800 Project）

该项目是由欧洲研究理事会（Europe Research Council，ERC）资助的欧盟"地平线 2020"（Horizon 2020）研究与创新计划的一部分，为期五年（2019—2024）。该项目由新加坡学者陈靝沅（Tan Tian Yuan）领导，旨在建立一个有关中国宫廷戏剧剧本和相关外国唱片的数据库，以弥补相关文献的不足。③ 该项目将促进中国明清宫廷戏剧的文本研究，并出版论著和英文翻译选集，从而有助于在全球背景下定位中国宫廷戏剧。

---

① 该书英文版 2013 年在英语世界出版时分别有两个书名：在英国出版时的书名为 *China's War with Japan, 1937-1945: The Struggle for Survival*，在美国出版时的书名为 *Forgotten Ally: China's World War Ⅱ, 1937-1945*。

② Rana Mitter, *China's Good War: How World War Ⅱ is Shaping a New Nationalism*（Cambridge, MA: Belknap Press of Harvard University, 2020）.

③ 数据库网址：https://textcourt.ames.ox.ac.uk/。

（二）"西藏的法律意识形态：政治、行为与宗教" 项目（Legal Ideology in Tibet：Politics，Practice and Religion Project）

该项目由牛津大学人类学家费尔南达·皮丽（Fernanda Pirie）教授担任负责人，主要从社会历史的角度研究西藏地区的政教合一制度。项目的成员正在与西藏学者、杰出的西藏法律文本专家以及一个新兴的社会历史学家网络的全体成员密切合作，以确保他们的结论和出版物与相关的西藏法律研究有共鸣，并产生影响。他们也与其他的法律传统进行跨文化比较，探讨西藏法律领域和意识形态的独特性，并且促进更广泛的有关律法主义和法律思想的学术研究。

除了出版关于西藏法律传统的出版物，这个项目最终会建立一个基于网络的资源库，整合目前分散在各处的副本、摘要、翻译和相关文档的索引等。相关中文、英文和藏文摘要对于想要探索和了解西藏的历史和法律传统的其他学者以及藏人本身来说，都是非常宝贵的材料。

（三）"并置" 项目（Juxtapose Project）

针对中印关系现状及两国各自发展过程中遇到的各种问题，中心于2013 年创建了"并置"项目，旨在打造一个多方位的全球政策项目，并结合不同视角来激发新思想、贡献新方法，从而实现印度与中国的比较研究。该项目得到了牛津大学人文研究中心、沃尔夫森学院、东南亚研究中心、东亚研究中心、国际研究学院以及印度尼赫鲁大学的多方支持。

该项目由三个部分组成。一是组织召开长期的跨学科和多学科会议，其侧重于创造和探索针对印度和中国研究的新的比较范式。二是开通了双语博客，从而以更加亲民的方式向公众公布和分享项目成员和其他学者有关中印研究的最新成果。这些博客同时刊载在与该项目合作的中国、英国及其他地区的媒体上，中方媒体包括《中国日报》《财新传媒》《全球政策》等。三是按计划于 2014 年推出每月播客（Podcast），其旨在汇集多领域的资深学者，对当前在印度和中国发生的重要事件作出回应。

（四）"当代中国研究" 项目（The Contemporary China Studies Programme）

该项目 2002 年设立，作为牛津大学全球与区域研究学院（Oxford's School of Global and Area Studies，OSGA）下设的项目，它汇集了经济学、政治学、国际关系、社会学、人类学以及中国史方面的专家学者。项目经常组织开展形式多样的活动来分享学者们的最新研究成果，并定期邀请世界各地希望在牛津大学致力于汉学研究的人员做访问学者。该项目旨在吸纳对当代中国研究感兴趣的群体，助力各群体之间的相互合作，从而取得跨学科研究方面的突破。该项目由中国外交政策与国际关系专家、牛津大学跨学科区域研究学院研究生部主任保罗·欧文·克鲁克斯（Paul Irwin Crookes）作为负责人，知名社会学专家雷切尔·墨菲（Rachel Murphy）教授也是该项目的成员。

（五）"中国抗日战争史研究" 项目[①]

该项目是牛津大学历史系的下设项目，2007 年由利华休姆信托基金（Leverhulme Trust）资助建设。2008 年，中国中心主任拉纳·米特出任该项目负责人，项目成员包括博士后研究员、博士研究生以及助理研究员，他们致力于图书出版、实地探访以及包括会议和工作坊在内的国际合作。[②]例如，2018 年 4 月 30 日—6 月 30 日，中国中心与重庆市图书馆联合举办了"两座患难与共的城市：二战中的伦敦与重庆（1937—1945）"公益主题展览。展览设牛津展馆与重庆展馆，展出品大部分来自英国帝国战争博物馆、重庆图书馆、重庆中国三峡博物馆，其中部分展品是首次与公众见面。

---

① 该项目的全称为 "冲突的继续：中国的抗日战争及其影响、记忆以及遗产，1931 年至今"（The Persistence of Conflict：China's War with Japan and Its Impact，Memory，and Legacy，1931 to the Present）。

② 关于该项目及其成果的具体介绍，参见苏峰：《英国及欧洲最大的中国研究中心——牛津大学中国中心》，《中共党史研究》2018 年第 2 期，第 124—125 页。

（六）"中国、法律和发展"项目（China，Law and Development Project）

该项目于 2019 年启动，持续 5 年，由欧洲研究理事会资助，是一个跨学科、多站点的研究项目，旨在通过法律方面的相关研究来理解中国"新全球主义秩序"的构成。项目聚焦于中国投往发展中国家的境外资本所面临的法律以及管制方面的挑战。参与该项目的研究人员众多，他们多从事法律相关的研究以及与亚洲或中国相关的研究。项目由中国中心尹孟修（Matthew S. Erie）副教授主持，他与 3 位牛津大学的博士后组建了牛津大学的研究团队，另外还有 22 位来自全球不同地区的研究人员参与该项目。[1] 2019—2022 年，该项目的网站每年都会发布约 10 期相关研究的简报。[2]

五、人才培养

中国中心还承担着人才培养的任务，招收本硕博不同学历层次的学生，并形成了有针对性、有特色的课程体系。

（一）本科课程

牛津大学提供具有竞争力的中文荣誉学士学位课程，其中包括普通话和文言文的强化培训，并提供学习韩语、日语或藏语等辅助语言的机会。在学习的第二年，学生会前往北京大学进行为期一年的学习，在北大接受与牛津大学课程相匹配的定制课程。此外，有潜力的本科生还可以考虑到中国学习其他课程，如历史、艺术史以及哲学、政治和经济学（PPE）等。

（二）研究生课程

牛津大学从各个学科的角度为想要攻读与中国研究相关的硕士或博士学位的学生提供非常丰富的选择。学生既可以在东方学院（或称东方研究学院）接触到种类繁多的与中国文化和历史相关的课程，也可以选择牛津其他院系开设的课程，这样学生能够在众多院系以及研究人员中进行挑选，

---

① 项目成员的介绍参见：https：//cld. web. ox. ac. uk/team#tab-1222741。
② 详情参见项目网站：https：//cld. web. ox. ac. uk/publications#tab-1222491。

从而与自身的研究兴趣达成精准匹配。

牛津大学的当代中国研究硕士项目分为两种类型。一种是授课型硕士（MSc），该方向研究生的培养时间为期一年，分三学期，核心课程包括对学生进行人文与社会科学研究方法方面的训练，以及有针对性地教授中国现当代历史、政治以及社会方面的内容。另一种是研究型硕士（MPhil），培养时间为两年，其中第一年的课程与授课型硕士共享课程资源。

六、成果发布

中国中心经常举办丰富的活动，中心网站上的"学术活动"板块既会及时更新即将举办的讲座等活动的信息，并以新闻的形式及时发布中心成员取得的各种学术成就以及参加社会活动的情况，也会发布往期活动的总结与回顾。

此外，中心还创设了多个信息发布与沟通平台，并在新浪微博、推特、脸书等社交媒体上都创设了账号。

七、合作交流

牛津中国中心的国际交流活动不仅渠道多元，组织形式灵活，而且涉及的领域十分广泛。以下简要对其进行介绍。

在"并置"项目下，2013年1月牛津大学博士生、美国布鲁金斯学会客座研究员马宇歌等创立了"当代中印比较研究国际论坛"，其致力于通过多元对话，促进各国、各领域精英以及政府和国际组织关于当代中国和印度所面临的共同挑战的理解与合作；同时，也弥补了全球知识界对于跨学科中印比较研究方法的空白。第一届论坛于2013年4月26日在牛津大学成功举办，来自英、美、中、印、南非的20余名学者在会上分享了关于经济、能源、外交、发展、环境、海外投资、反腐、移民、电影、舞蹈等不同方面的关于中印比较研究的最新成果。

中国卫生、环境和福利会议（China's Health, Environment and Welfare Conference）是中国中心2015年开始定期组织召开的全球性会议，会议时间多为两天，会议主题的选择与中国的现状以及未来密切相关。会议上的学术探讨与解决中国的现实问题紧密结合，充分发挥了高校智库的作用。

东亚国际史研讨班（International History of East Asia Seminar）是中国中心长期承办的一个研讨班，其参与者为在读研究生或处于起步阶段的研究人员。研讨班的主持人在研究生与研究人员之间定期轮换，从而有助于他们提升组织和领导能力。中心还设立了多个主题讲座，邀请各个领域的专家、学者以及相关从业者作为主讲，从而有助于学者之间展开学术对话。由于疫情的缘故，研讨班近年来采取线上的方式不定期展开。

"牛津中国经济"项目（The Oxford Chinese Economy Programme，OXCEP）为国际尤其是中英之间的学者和学生的交流学习搭建了良好的平台。在此项目之下，中国中心搭建了立体式、全方位的交流渠道。首先是"牛津中国经济论坛与工作坊"（The OXCEP Forums and Workshops），该论坛邀请顶尖的中国学者以及重要的决策者参与讨论关于中国经济的事宜。其次是"杰出演说家讲座"项目（The OXCEP Distinguished Speaker Lecture Programme），其邀请享誉全球的学者以及重要的决策制定者就中国经济前沿性的话题在牛津大学举办公开的讲座，同时安排圣·埃德蒙学院（St. Edmund Hall）不同学科背景的学者前往中国的顶尖大学访学和举行讲座。①

另外，中心在与中国交流合作方面也开通了满足不同层次、不同需求的交流渠道。其一是适合中国专家和学者的短期课程（Short Courses for Chinese Academics and Professionals），该项目为来自中国顶尖学府的教职人员、临床医生以及专家提供培训；其二是针对杰出中国学者的访问学者项目（Visiting Fellow Programme），该项目旨在促进中国学者与牛津大学的同行展开联合研究。此外，还有针对本科生的访学项目（Visiting Student Programme）。

八、结语

作为英国乃至欧洲最大的中国研究中心，牛津大学中国中心的突出特点是紧跟中国的发展状况来整合研究人员、设置研究项目、培养学生和进行学术交流。此外，该中心的研究具有前沿意识、国际视野和现实关怀，因此也取得了很多有影响力的学术成果。

———————————

① 2014—2016年，先后共16名学者通过该项目前往中国访学。其中，2014年2名，2015年5名，2016年9名；13名为教授，3名为博士生。

牛津大学中国中心联系信息

地址：University of Oxford China Centre，Dickson Poon Building，Canterbury Road，Oxford OX2 6LU

电话：+44-1865-280387/613835

网址：http：//chinese. chinacentre. ox. ac. uk

邮箱：information@chinese. ox. ac. uk

英国伦敦大学国王学院刘氏中国研究中心

王若茜

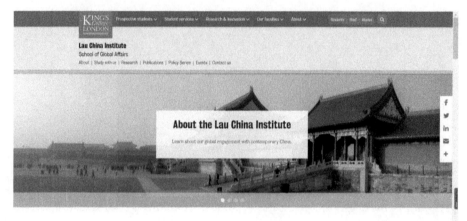

英国伦敦大学国王学院（King's College London，KCL）于 2010 年正式成立中国研究中心，该中心通过整合国王学院内的相关研究力量，利用交叉学科对中国进行前沿性、创新性研究，并与商业、政府、媒体、公共领域等相关组织开展合作，提供广泛的外延服务。中心还利用培养硕博士研究生、举办各种活动、出版著作刊物、组织学术研讨等途径，力图将伦敦大学国王学院打造成研究中国和中国文化的卓越中心，加强英国各界对中国的了解，促进英中之间的交流与合作。

一、中心概况

伦敦大学国王学院建于 1829 年，作为伦敦大学的创始学院，它是一所在全球范围内享有盛誉的综合研究型大学，与剑桥大学、牛津大学、帝国理工学院、伦敦大学学院、伦敦政治经济学院并称为"金三角名校"（Golden Triangle）。

国王学院在中国问题研究方面有着悠久的历史传统。早在 1847 年，该校就设立了第一个中国语言和文学教席，最先执掌这一教席的是塞缪尔·约翰·费伦（Samuel John Fearon）。后来，英国著名汉学家詹姆斯·萨默斯（James Summers）在此任教时于 1853 年出版了《中国语言和文学讲义》[①]，指出了研究中国以及学习中国语言的重要性。国王学院的相关教学和研究力量在 1917 年被移交到新成立的伦敦大学东方研究学院（School of Oriental Studies），即后来的伦敦大学亚非学院（School of Oriental and African Studies，SOAS）。2008 年，为致力于研究 21 世纪的世界强国并增进对这些国家的了解，作为创立全球性研究院计划的重要组成部分，国王学院成立了中国研究中心（国王学院已经在 1996 年恢复教授汉语课程），同时成立的还有印度研究中心和巴西研究中心。中国研究中心的建立延续了该校在中国研究方面的传统。2010 年 10 月 22 日，中国研究中心正式启动，首任主任姚新中教授是世界知名的华人学者，在比较伦理学、儒家伦理学和宗教伦理学领域皆有重要建树。自 1990 年开始，他先后在包括牛津大学、剑桥大学在内的多所英国大学从事研究或教学工作，后于 2008 年来到伦敦大学国王学院。

[①] James Summers, *Lecture on the Chinese Language and Literature* (London：John W. Parker and Son, 1853).

中心启动仪式上，中国驻英大使刘晓明先生出席并发表讲话。国王学院还在仪式上揭幕了一座真人大小的孔子铜像，拉开了由伦敦大学国王学院与中国东南大学、香港中文大学合作举办的"《论语》国际研讨会"的序幕。① 2012 年，为感谢伦敦大学国王学院校友、香港地产公司华人置业集团副主席刘鸣炜先生捐款专项资助中国研究中心，校方发布公告将中国研究中心更名为"刘氏中国研究中心"（Lau China Institute）。

2018 年，刘氏中国研究中心搬迁至位于奥尔德威治（Aldwych）新整修过的布什大厦（Bush House），使中心的所有工作人员和博士生们拥有了一个固定的协作空间。② 从地理位置上来看，中心以及国王学院内与中国研究相关的各教学和科研单位都位于伦敦核心地带，毗邻政府和商业中心，便于和它们建立合作。因此，中心相关研究力量与英国政府各部门和金融城的联系都比较紧密。依托得天独厚的地理位置和伦敦大学国王学院一流的科研能力，刘氏中国研究中心已经成长为在世界范围内颇具影响力的中国问题研究机构。

刘氏中国研究中心致力于通过多学科交叉的方式，对当代中国的方方面面进行前沿性和创新性研究，尤其关注和经济、社会、商业和政治相关的领域。中心现任主任克里·布朗（Kerry Brown）教授指出，中国已经是当今世界第二大经济体，中国的经济规模和在地缘政治方面的重要性发生了重大变化，与此同时，英国准备退出欧盟，其在世界上的角色越发不确定。在这样的背景下，提升英国对华关系是至关重要的。但英国研究中国问题的专业团队和知识水平还有很大欠缺，因此，刘氏中国研究中心希望为打造一个全新的、多元化的中国研究专家团队作出贡献。③ 此外，中心尤其重视在政府决策层面发挥的作用，正如首任主任姚新中教授在 2010 年接受采访时所说，中心的目标一方面是成为能够为英国各级政府和各种机构提供政策咨询的中心，另一方面希望和中国相关方面建立起高层次的

① Jeremy Taylor（eds.），*BACS Bulletin 2011*，p. 29，http：//bacsuk. org. uk/wp-content/uploads/2014/10/BACS-Bulletin-2011-for-website. pdf.

② Andreas Fulda（eds.），*BACS Bulletin 2018*，p. 15，http：//bacsuk. org. uk/wp-content/uploads/2018/12/BACS-Bulletin-2017-18-web-version. pdf.

③ Tehyun Ma（eds.），*BACS Bulletin 2017*，p. 23，http：//bacsuk. org. uk/wp-content/uploads/2016/12/BACS-Bulletin-2016-2017-web-version. pdf.

联系。[1]

二、经费来源

刘氏中国研究中心的研究经费主要来源于三个方面。首先，从行政设置上看，刘氏中国研究中心隶属于伦敦大学国王学院社会科学与公共政策学院（Faculty of Social Science & Public Policy）下属的全球事务学院（School of Global Affairs）[2]。作为国王学院的研究团体，中心的研究和研究人员理所当然享受国王学院的资助。其次，中心还可以从一些慈善机构、基金会、国际组织获得资助，如利华休姆信托（Leverhulme）、英国科学院（British Academy）、医学研究委员会（Medical Research Council）、经济和社会研究委员会（Economic and Social Research Council）、健康影响研究所（Health Effects Institute）、欧盟委员会（European Commission）等。最后，校友捐赠也是中心经费的重要来源。正如上文提到的，中心于2012年获得了香港地产公司华人置业集团副主席刘鸣炜一次性捐款600万英镑，这在当时是国王学院有史以来收到的来自校友的个人捐款中金额最高的一笔。

三、研究队伍

刘氏中国研究中心的研究队伍主要分为三部分。

首先，截至2018年，中心共有包括主任克里·布朗教授在内的8名专职研究人员。他们分别是：中心主任克里·布朗教授（研究领域为中国精英政治和国内外问题）；中心副主任夏洛特·古德伯恩（Charlotte Goodburn）博士（讲师，研究领域为中国政治和发展，尤其是中印发展的比较）；康斯坦丁诺斯·提斯莫尼斯（Konstantinos Tsimonis）博士（讲师，研究领域为中国共产党、中国共青团、反腐败问题）；简·科内里奇（Jan Knoerich）博士（高级讲师，研究领域为中国经济，中国对外投资，尤其是对欧洲投资，以及中国金融的国际化）；孙欣（音译，Xin Sun）博士（讲师，研究

---

① "天舒访谈：国王学院与中国"，https://edu.qq.com/a/20100107/000140.htm。
② 全球事务学院成立于2015年，包括刘氏中国研究中心、印度研究中心、巴西研究中心、非洲领导中心等8个研究机构。

领域为中国政治经济、政府与商业的关系）；本杰明·巴勒特（Benjamin Barratt）博士（高级讲师，由中国研究中心和生命科学与医学院共同聘任，研究领域为英国和中国的城市发展和环境质量）；伊戈尔·罗盖亚（Igor Rogelja）博士（主要研究中国旧城改造问题，来国王学院工作前曾讲授中国和东亚政治、国际关系等课程，目前正在关注"一带一路"倡议与中国-东欧关系）；简·海沃德（Jane Hayward）博士（讲师，研究领域为中国外交政策、国际关系）。① 2021 年 6 月 1 日，阿斯特丽德·诺丁（Astrid Nordin）教授加入团队，获得中国国际关系的教职。她曾经是兰开斯特大学世界政治学教授，也是该校中国中心的创始主任。②

其次，正如上文提到的，刘氏中国研究中心还对国王学院内部其他院系与中国问题相关的研究力量进行了整合，这些学者也参与中心组织的研究课题，承担中心的研究生课程。如从事中国古代哲学研究的迈克尔·比尼（Michael Beaney）教授来自哲学系；从事中国和东亚电影、银幕文化研究的克里斯·贝里（Chris Berry）教授与从事比较电影理论和哲学领域研究的高级讲师维克托·范（Victor Fan）都来自电影研究系；涉猎人权、威权主义和中国法律研究的伊娃·皮尔斯（Eva Pils）教授和进行中国信息法研究的佩里·凯勒（Perry Keller）博士来自潘迪生法学院；雷蒙·帕切科·帕尔多（Ramon Pacheco Pardo）博士则是欧洲与国际关系研究系的东北亚国际关系领域的专家；从事日本、中国、美国内政及亚太地区国际政治研究的朱利奥·普格利泽（Giulio Pugliese）是战争研究系的讲师；神学与宗教研究系的凯瑟琳·斯旺卡特（Katherine Swancutt）博士的研究涉及中国西南的彝族以及华北的蒙古族。

最后，中心已经先后招收了超过 40 名博士研究生，他们同样是重要的研究力量，这些博士研究生的研究课题涉及中国政治、经济、历史、文化等多个方面。

---

① Andreas Fulda（eds.），*BACS Bulletin 2018*，p. 15，http://bacsuk.org.uk/wp-content/uploads/2018/12/BACS-Bulletin-2017-18-web-version.pdf.

② "Lau Chair of Chinese International Relations Appointed to the Lau China Institute," https://www.kcl.ac.uk/news/chair-of-chinese-international-relations-appointed-to-the-lau-china-institute.

四、代表性人物

中心的研究队伍由专兼职人员和在读博士研究生组成，总体人数较多，本文仅选取中心最具影响力和研究成果较多的两位学者作简要介绍。

（一）克里·布朗

中心现任主任克里·布朗教授生于 1967 年，先后在剑桥大学获得硕士学位、在利兹大学获中国政治与语言博士学位，能讲流利的汉语，是地道的"中国通"。近三十年来，他的工作一直和中国有着密切关系。布朗曾于 1994 年至 1996 年在内蒙古担任外教；1998 年进入英国外交和联邦事务部工作，并在 2000 年至 2003 年担任英国驻华大使馆一等秘书；2006 年至 2012 年担任查塔姆研究所（Chatham House）高级研究员，主管亚洲项目。2012 年至 2014 年，克里·布朗负责由欧盟资助的欧洲–中国研究与咨询网络（ECRAN）项目，为欧洲对外行动服务提供政策建议。与此同时，他于 2012 年至 2015 年担任悉尼大学中国政治系教授兼中国研究中心主任，2015 年底开始担任伦敦大学国王学院刘氏中国研究中心主任。为表彰他在中国研究方面取得的成绩，克里·布朗被评为"文明之光·2020 中国文化交流年度人物"。布朗教授著述颇丰，单是近几年的著作、研究报告等就有接近 30 项，代表性著作包括：《外交出了什么问题？：外交的未来以及中英两国的案例》（*What's Wrong with Diplomacy？：The Future of Diplomacy and the Case of China and the UK*，2015）、《中国的首席执行官：习近平》（*China's CEO：Xi Jinping*，2016）、《中国的世界：中国想要什么？》（*China's World：What Does China Want？* 2017）等。其研究领域涉及 1949 年以来的中国历史、中国政治经济、台湾问题、中英和中欧关系、中国的精英政治等。他还致力于从文化运动的视角研究中国共产党。此外，布朗教授近年来频繁接受新华社、《中国社会科学报》《中国日报》等中国主流媒体的采访，就中国发展的各个方面、中英关系等发表自己的观点。

（二）简·科内里奇

简·科内里奇是高级讲师，在伦敦大学亚非学院获经济学博士学位，加入伦敦大学国王学院前曾先后供职于联合国贸易和发展会议、牛津大学跨学科领域研究学院。简·科内里奇博士是刘氏中国研究中心近年来除主任克里·布朗教授外发表成果最多的研究人员。

科内里奇目前从事的研究主要是从商业、政治经济和发展等维度考察中国金融的国际化，包括中国大陆的对外直接投资、人民币的国际化以及中国倡议建立的国际金融机构等。他还撰写了有关当代中国经济和中国经济改革与发展，中国的国际经济关系及其在全球经济治理中的新兴作用，外国直接投资及其发展影响，以及国际投资法律和政策等方面的论著。此外，他曾在中国、印尼和欧洲国家进行过广泛的学术考察，并参与联合国的相关研究。自 2018 年以来，简·科内里奇博士公开发表成果（含合著）共 18 篇，最近发表的代表性论著包括：《投资促进机构在推动中国跨国公司进入欧洲方面的显著贡献》[1]《中国经济特区主导的发展模式可行吗？呼吁理性复制》[2]《由简·科内里奇撰写的书面证明》[3]。

五、人才培养

刘氏中国研究中心作为一个研究型机构，并没有单独招收本科生。但是，中心教师为伦敦大学国王学院国际关系专业的学生开设了"中国与发展"和"中国与东亚国际政治"两个本科阶段的教学模块。此外，中心专兼职研究人员还会为国王学院的本科生讲授部分专业课程，如简·海沃德博士为本科生讲授《比较公共政策分析》这门课，夏洛特·古德伯恩讲授《国际发展》本科课程。

研究生教育是中国研究中心培养中国研究后备人才最重要的途径，中心每年都招收一定数量的硕士和博士研究生。

硕士方面，中心现有"中国与全球化"（China & Globalization）和"全

---

[1] Jan Knoerich, Simon Vitting, "The distinct contribution of investment promotion agencies' branch offices in bringing Chinese multinationals to Europe," *Journal of World Business*, Vol. 56, Issue 3 (April 2021).

[2] Jan Knoerich, Liliane Chantal Mouan, Charlotte Goodburn, "Is China's model of SEZ-led development viable? A call for smart replication," *Journal of Current Chinese Affairs*, 24 Mar. 2021.

[3] Jan Knoerich, "Written evidence from Dr. Jan Knoerich," https://committees.parliament.uk/writtenevidence/12170/html/.

球事务"（Global Affairs）两个招生方向。其中，"中国与全球化"方向的课程从比较和全球视野介绍了中国崛起的原因和影响，使学习者具备批判性分析中国社会和经济发展趋势所需的概念和研究工具，加深对中国的公共政策、商业战略和国际合作模式等方面的理解。"全球事务"硕士课程研究非西方、区域性和新兴大国的政治、社会、经济和历史，以及它们在不断变化的世界秩序中所扮演的角色。[①] 前者自 2010 年起开始招生，除第一年只招收了 10 名学生外，之后每年的招生基本稳定在 30 人左右；后者则是与非洲领导中心、印度研究中心等单位共同招生。"中国与全球化"和"全球事务"方向研究生的学制都是 1 年（全日制）至 2 年（非全日制），学生需要修满 180 个学分（包括 60 学分的学位论文）才能达到毕业的要求。

　　2011 年中心招收了第一批 6 名博士研究生，此后每年的招生人数都在 7 人左右。全日制博士研究生的学制为 3 年，非全日制博士研究生的学制为 4—6 年。博士研究生招生实行申请制，感兴趣的申请者除了向招生导师提交 2—3 页的简历，还需撰写 1000—1500 字的研究计划，提出自己高质量的研究建议。中心鼓励政治经济学、当代中国的政治、中国的国际关系以及中国环境等领域的选题。这些博士研究生在读期间同时也是中心重要的研究力量。在培养过程中，博士研究生需定期与主管导师会面，参加中心组织的各种读书会、研讨会，以拓展知识和专业技能。刘氏中国研究中心为培养博士研究生提供了充足的资金保证，博士生参加学术会议、发表论文、进行田野调查都可以从中心获得资金上的支持。此外，中心还会为他们申请各种外部的基金提供帮助。[②] 中心还与中国香港大学和新加坡国立大学联合培养博士，并与中国人民大学、上海社会科学院和武汉大学就研究生培养进行广泛合作。中心官方网站的研究人员简介栏目目前共列出了 17 名博士研究生的简介，其中半数以上来自中国。他们的研究领域涵盖了中国的外交、政治体制改革、科技利用、对外贸易、国有企业等方面。

---

① https://www.kcl.ac.uk/lci/study-with-us.

② https://www.kcl.ac.uk/lci/study-with-us/phd-research.

六、成果发布

刘氏中国研究中心研究成果的发布形式呈现多样化的特点。除中心研究人员每年都会出版、发表众多研究成果外，由于中心的研究具有较强的现实意义，其成果还常被提交给政府、企业作为咨询报告。此外，中心还会通过电视、报刊等传统媒体，以及推特（Twitter）、脸书（Facebook）等新媒体途径推介其研究成果。

（一）咨询报告

中心的研究能力和成果得到了英国官方的认可。2016 年，中心与澳大利亚前外交部长鲍勃·卡尔（Bob Carr）共同撰写了一篇关于中英关系的论文，并提交给了英国议会跨党派中国小组（All Party Parliamentary Group on China）和英中协会（Great Britain China Center）举办的会议。[1] 2017 年，中心为英国下院外交事务委员会就中国问题进行的议会质询提供了资料。2018 年，中心与英国外交和联邦事务部、国防部、国际发展部等合作举办研讨会，或为它们提供咨询。除此之外，中心还与汇丰（HSBC）、英国石油（BP）和华为等企业合作举办活动或为它们提供专家意见。[2] 2020 年 9 月，简·科内里奇也为英国议会下院外交事务委员会提交了研究报告。

（二）专著、期刊论文

根据中心官方网站的统计，刘氏中国研究中心成员（含兼职成员）2017—2021 年发表了 90 部/篇与中国相关的研究专著或论文（其中 2021 年前 5 个月为 6 部/篇，2020 年为 15 部/篇，2019 年为 12 部/篇，2018 年为 38 部/篇，2017 年为 19 部/篇），广泛涉及中国抗击新冠疫情、中国与欧洲和英国关系、中美关系、中国的对外投资、"中国梦""一带一路"、中国的高铁项目、中国城市化以及农民工子女教育问题等各类选题。中心网站

---

[1] Tehyun Ma（eds.），*BACS Bulletin 2016*，http：//bacsuk. org. uk/wp-content/uploads/2014/10/BACS-Bulletin-2016-website-version. pdf.

[2] Tehyun Ma（eds.），*BACS Bulletin 2017*，p. 23，http：//bacsuk. org. uk/wp-content/uploads/2016/12/BACS-Bulletin-2016-2017-web-version. pdf.

提供绝大部分成果的摘要，以及部分成果的全文下载链接。

（三）媒体、网络推广

媒体也是中心成员发表观点和成果的重要平台。2014 年，中心成员曾就中国现代历史相关问题接受英国广播公司的采访。2017 年，中心与英国《金融时报》合作发表的两篇关于中国港口和物流链的报道被英国广播公司、中国中央电视台、《中国日报》《南华早报》等近十家媒体引用。[1] 克里·布朗教授近年来多次接受中国主流媒体的采访，如 2019 年 2 月 27 日《中国社会科学报》刊登了对他的采访报道：《"一带一路"架起中英合作之桥——访伦敦大学国王学院教授克里·布朗》。2020 年 5 月和 2021 年 5 月，他先后两次接受参考消息网采访，盛赞中国脱贫攻坚和中共在百年发展历程中取得的辉煌成就。[2]

此外，刘氏中国研究中心推出了脸书和推特等网络社交主页，发布中心主办的研讨会、会议、讲座预告信息，成员外出参会、接受采访的情况，并转发其他与中国问题研究相关的内容等。中心是英国中国研究协会（British Association of Chinese Studies）的成员之一，该协会每年都会编制简报，我们也可以通过该简报了解国王学院刘氏中国研究中心近年来的运行概况。[3]

七、合作交流

中心在世界范围内开展广泛的合作交流，与中国大陆、中国香港以及新加坡的科研机构建立有长期的合作关系。中心还不定期举办众多学术研讨会，搭建交流平台。此外，中心成员在世界范围内积极参加国际学术会议。

---

① Tehyun Ma（eds.），*BACS Bulletin 2017*，p. 23，http：//bacsuk. org. uk/wp-content/uploads/2016/12/BACS-Bulletin-2016-2017-web-version. pdf.

② 于佳欣：《伦敦国王学院中国研究院院长克里·布朗：全世界都应给中国脱贫成就点赞》，参考消息网，2020 年 5 月 21 日，http：//ihl. cankaoxiaoxi. com/2020/0521/2411066. shtml；何娟：《英国政治学者克里·布朗："中共百年发展历程震撼人心"》，参考消息网，2022 年 4 月 16 日，http：//www. cankaoxiaoxi. com/china/20210513/2443196. shtml。

③ http：//bacsuk. org. uk/bacs-bulletin.

（一）学术会议、讲座

刘氏中国研究中心每年都会举办一系列小型学术研讨会和讲座，推动中心和国王学院中国研究工作的开展，并促进学术交流。参与研讨会、讲座的学者不仅来自中心和英国本土，还有相当一部分来自中国、欧美等国的知名高校和科研机构。2019 年，中心共举办超过 10 场研讨会，内容涉及"一带一路"、中国经济发展战略、中国环境问题、中国最低生活保障制度等。2020 年受疫情影响，中心举办了部分线上研讨会。2021 年 3 月 15 日至 19 日，中心举办了"巴西和中国反腐败研讨会"。

中心还会就一些时事热点问题策划一系列专题对话，如 2020 年 7 月曾就"中国和西方的下一步是什么"（What is Next for China and the West?）这一主题举行了两次活动。第一次活动中克里·布朗邀请了国王学院战争系的劳伦斯·弗里德曼（Lawrence Freedman）教授，后者探讨了大国如何塑造地缘政治，以及为什么中国可能不一定选择扮演全球超级大国的角色（至少在短期内）。① 第二次活动中布朗与欣里奇基金会（Hinrich Foundation）的艾伦·杜邦（Alan Dupont）博士讨论了中国与西方以及"印度–太平洋"地区其他国家日益复杂的关系。杜邦指出，中国和美国在经济上是相互依赖的，这意味着"脱钩"说起来容易做起来难。尽管两国在意识形态上存在分歧，但两国之间的紧张关系不太可能导致彻底决裂。②

中心成员也积极参加国际学术会议，以 2018 年为例，他们在四大洲近 20 个国家的国际活动中作了发言。2019 年 10 月，中心主任克里·布朗教授参加了布加勒斯特论坛，并在"贸易战、冲突和全球治理"小组讨论中发言。中国研究中心还会与英国其他有影响力的机构进行合作，举办各种大型学术会议和活动。例如，自 2013 年开始，国王学院已经连续多年参与主办华语视像艺术节（Chinese Visual Festival）；2018 年 9 月中心举办了英国汉学协会年会，超过 200 人与会；2017 年中心与观中社（YCW）联合举办第一届"观中社–国王学院中国会议"（YCW–King's College London China Conference），至 2020 年 11 月，该会议已经连续成功举办了四届。

---

① https：//www. kcl. ac. uk/news/what-next-for-china-and-the-west.

② https：//www. kcl. ac. uk/news/de-risking-the-us-china-conflict.

（二）合作对象

伦敦大学国王学院刘氏中国研究中心一向重视与中国高校和科研机构的合作。中国人民大学是与中国研究中心合作最为频繁的中国高校。2011年7月底，双方共同举办"共识、文化与理性：'中国–欧洲哲学与宗教国际研究中心'成立大会暨第一届会议"。2013年3月，双方再次合作，举办了"中国与启蒙"国际学术研讨会。2019年9月中旬，中国人民大学国际关系学院院长杨光斌教授率团访问中心，双方就共同关心的国际问题进行了探讨，并就未来进一步交流合作达成初步意向。此外，中心还于2014年和北京大学国际安全与和平研究中心联合举办了"中国与东亚海上安全：历史与现实研讨会"。

中心还与中国的官方研究机构建立了紧密的联系。2013年10月，刘氏中国研究中心接待了来自中国社会科学院当代中国研究所的代表团。2016年11月，中心与上海社会科学院签署了关于联合研究的谅解备忘录，中心主任成为上海社科院的高级访问研究员。2019年10月，中心又与中国国际问题研究院围绕"欧洲中国观的演变"举行圆桌讨论会。2021年全国"两会"召开前夕，全球化智库（CCG）邀请中心主任克里·布朗教授前瞻"十四五"时期的中国与世界，回应当下世界对中国的热点的关注。

除此之外，中国研究中心与"中外对话"（China Dialogue）组织建立了战略合作伙伴关系，并邀请其创始人兼总编伊莎贝尔·希尔顿（Isabel Hilton）担任客座教授。该组织是一个独立、非营利的双语平台，提供对中国面临的环境挑战的分析和理解，研究这些挑战与更广泛的世界的关系。观中社和《中国时事杂志》（*The Journal of Current Chinese Affairs*）也是中心重要的合作伙伴。前者是一个由年轻专业人士组成的全球网络，他们参与了中国相关的各种问题研究和活动。中心支持他们的年度征文比赛，并参与他们合作举办的重大活动的全球广播。后者由世哲（SAGE）学术出版社与德国全球事务研究所（GIGA）合作出版，是当代中国研究领域最受尊敬的同行评审期刊之一，克里·布朗教授是该杂志的联合编辑。

八、结语

伦敦大学国王学院刘氏中国研究中心成立时间并不长，却取得了令人瞩目的成绩，具有较好的国际声誉，以下几个方面的经验值得我们借鉴。首先，中心的研究活动立足现实需要，其成立即是立足在中国不断崛起的背景下，旨在推动中英间的相互交往；其研究成果不仅聚焦学术层面，而是更多体现了英国政府、企业的现实需要，因而具有强大的生命力。其次，中心的运行机制相对灵活，基本打破了学科间壁垒。它虽然下属于国际事务学院，但是可以充分整合国王学院政治学、经济学、哲学、社会学、电影学等多个学科的研究资源，为具有跨学科视野的高水平研究成果的产出奠定了坚实基础。再次，中心的发展还得益于对交流合作的重视，这有助于它扩大国际影响力。尤其是与中国的紧密交流使其能够对研究对象有更为直观的认识，提高其研究的时效性和实用性。最后，该中心广开渠道，争取研究经费，这也是进行高水平研究的物质基础。

刘氏中国研究中心联系信息

地址：Bush House，North East Wing，40 Aldwych WC2B 4BG London，United Kingdom

电话：+44-（0）20-7836-5454

网址：https：//www.kcl.ac.uk/lci

英国威斯敏斯特大学当代中国中心

邓 嵘

英国威斯敏斯特大学（University of Westminster）的当代中国中心（Contemporary China Centre of University of Westminster，以下简称"当代中国中心"）成立于2009年，创办者哈丽特·埃文斯（Harriet Evans）教授是英国当代知名中国研究专家。该中心的创立宗旨是通过横向与纵向全方位对中国特别是对中国文化进行研究，进一步加深和丰富对中国的认识和了解，借以在英国打造一个专门研究中国的重要平台。该中心研究领域广泛，主要涉及文学与文化研究、城市研究、中国全球影响力、性别、宗教、种族和遗产研究等领域。作为英国威斯敏斯特大学的主要研究中心之一，其管理运行模式分为科研层面和行政管理层面。威斯敏斯特大学副校长兼文理学院院长的安德鲁·林恩（Andrew Linn）教授是中心整个科研团队的总负责人，足见整个学校对该中心的重视。该中心研究力量雄厚，既包括享有盛名的英国中国研究协会主席哈丽特·埃文斯教授，又有担任英联邦秘书处和英国国际发展部顾问、英国经济社会研究委员会专家小组成员和同行评审专家的凯伦·杰克逊（Karen Jackson）博士。特别值得一提的是，由威斯敏斯特大学当代中国中心主办的"'一带一路'倡议视角下的中亚前景展望：新冠疫情阴影笼罩下的中国投资、移民和语言教育"国际会议，在新冠疫情期间得以顺利召开，更加证明该中心不仅是研究中国问题最重要的智库之一，且具有不可替代的国际影响力。

一、中心概况

随着中国国力增强和国际地位不断提升，中国的发展将对世界的权力格局、金融市场、沟通模式等各方面产生深远影响。为进一步加深和丰富对中国的认识和了解，提高英国以及欧洲各国领导者的对华决策能力，英国威斯敏斯特大学于2009年创立了当代中国中心，借以在英国打造一个专门研究中国的平台。

威斯敏斯特大学是一所英国公立综合类研究型大学，创立于1838年，学校位于繁华璀璨的伦敦摄政街，拥有近200年的悠久历史，其前身是皇家理工学院（Royal Polytechnic Institution）。学校现有25000多名学生，为英国最大的大学之一。威斯敏斯特大学为海外学生传授知识已有150多年的历史。其传媒专业居英国前三位，语言学院的课程更是在英国无出其右，是英国外交部官员唯一的定点培训学校。

当代中国中心是一家独立智库，它从实践角度出发研究当代中国的国际关系、历史、文化、艺术、民族等，以及这些方面对中英和中欧关系的影响。当代中国中心专注于对中国文化跨学科的研究，广义上来讲，其研究根植于中国文化。当代中国中心长期对中国文化进行投入性研究，其核心是对中国语言、文化、历史、艺术、宗教等领域进行深入研究。[1]

当代中国中心的研究领域主要涉及以下方面：文学与文化研究，涵盖戏剧、曲艺、舞蹈、电影和翻译；城市研究，包括再生、发展、公共空间；性别、宗教、种族和遗产研究；中国的全球影响力研究，包括移民、侨民、贸易、投资以及"一带一路"倡议。[2]

二、机构设置

当代中国中心是威斯敏斯特大学下属的研究中心之一，其组织架构涉及两个方面，分别为科研方面和行政管理方面。首先，在科研方面，中心的科研团队大致分为四个研究方向，分别是"艺术、传播和文化""多样性和包容性""健康创新与福祉""可持续城市与城市环境"。四个研究团队既有分工又有合作，威斯敏斯特大学副校长兼文理学院院长的安德鲁·林恩教授是整个研究团队的总负责人。其次，在行政管理方面，当代中国中心挂靠在文理学院之下。该学院由人文学院、生命科学学院、社会科学学院、威斯敏斯特法学院组成，主要探索人类过去和当下在生物、文化、法律、政治、文化和社会生活等领域的发展变化。哲达·威兰德（Gerda Wielander）教授是当代中国中心现任主任，兼任文理学院副院长，负责整个中心的行政管理工作。

当代中国中心目前拥有 16 名正式员工，由专职学术人员和博士研究团队组成。专职学术人员共有 9 人，全部为威斯敏斯特大学的教授、副教授、高级讲师及讲师；博士研究团队目前由 7 名博士研究人员构成。

专职学术人员当中，哈丽特·埃文斯教授同时担任现当代文化学院教

---

① 参见当代中国中心网站：https://www.westminster.ac.uk/research/groups-and-centres/contemporary-china-centre。

② 同上。

授。她曾于 2002—2005 年任英国中国研究协会主席，并在位于伦敦的中国大学委员会执行委员会任职，是《中国季刊》（*China Quarterly*）执行委员会成员。哈丽特·埃文斯教授于 2017 年 3 月被授予荣誉教授称号。她还是总部位于伦敦的非政府组织"权力实践"（The Rights Practice）的主席，也是伦敦政治经济学院人类学研究的客座教授。[①] 凯伦·杰克逊博士同时担任威斯敏斯特大学经济和社会机构主任，管理着 20 余名教职员工，并作为高级区域协调员（Senior Regional Coordinator）支持威斯敏斯特商学院参与全球活动。他的主要研究方向是国际贸易政策，侧重于经济一体化与经济解体。

博士研究团队中，萨比娜·乔博阿塔（Sabina Cioboata）博士于 2015—2017 年在位于中国上海的世界遗产亚洲及太平洋地区培训与研究所（WHITR-AP）担任研究助理。在此期间，乔博阿塔博士为涵盖东亚、东南亚和太平洋地区的《2016 年联合国教科文组织文化促进可持续城市发展区域报告》（*2016 UNESCO Regional Report on Culture for Sustainable Urban Development*）的研究和编辑工作作出了巨大贡献。此外，乔博阿塔博士还组织了 2016 年在菲律宾举办的遗产影响评估国际培训班。她还与全球遗产基金等国际组织合作，并参与了不丹、罗马尼亚和英国的研究项目。[②] 此外，马啸博士的研究旨在通过批判性地审视伦敦唐人街遗产的概念和实践等，充分展示伦敦唐人街文化的复杂性。[③]

三、代表性人物

（一）凯伦·杰克逊

凯伦·杰克逊博士在肯特大学（University of Kent）获得数学和经济学学士学位，在诺丁汉大学（University of Nottingham）获得经济学硕士学位，在萨塞克斯大学（University of Sussex）获得经济学博士学位。她同时担任威斯敏斯特大学高等教育学院（Higher Education Academy）研究员、威斯敏斯特大学经济和社会机构主任。

---

① https：//www. westminster. ac. uk/about-us/our-people/directory/evans-harriet.
② https：//www. westminster. ac. uk/about-us/our-people/directory/cioboata-ana-sabina.
③ https：//www. westminster. ac. uk/about-us/our-people/directory/ma-xiao.

凯伦·杰克逊博士被威斯敏斯特大学授予"经济学名誉教授"的称号。她工作经验丰富，曾以经济学家身份在英国国际发展部（UK Department for International Development）任职，以研究专家身份在萨塞克斯大学进行科学研究，以经济学主管、中国和东亚发展总监以及经济学高级讲师身份在布拉德福德大学（University of Bradford）任职。[1] 目前，凯伦·杰克逊博士担任英联邦秘书处和英国国际发展部的顾问。除此之外，她还受邀作为英国经济社会研究委员会的专家小组成员和同行评审专家。

凯伦·杰克逊博士还是威斯敏斯特发展政策网络（Westminster Development Policy Network）活动的共同组织者，该活动通常包括一年一度的发展研究研讨会和发展政策网络虚拟研讨会。这一活动由美国华盛顿特区国际粮食政策研究所和塔什干威斯敏斯特国际大学联合举办，具有很强的国际影响力。凯伦·杰克逊博士还与德国哈根大学和中国山东大学合作，共同组织了全球经济政策研究小组。

凯伦·杰克逊博士还在威斯敏斯特大学从事教学工作，主要讲授微观经济学、数学和国际经济学，并担任经济学原理、微观经济学、国际经济、国际贸易、贸易地区主义和全球化等课程的专业负责人。

（二）朱利奥·维尔迪尼（Giulio Verdini）

朱利奥·维尔迪尼博士是威斯敏斯特大学建筑与城市学院城市规划专业的资深学者，同时也是摩洛哥穆罕默德六世理工大学的客座教授。他拥有建筑学城市规划专业的学士和硕士学位，于 2007 年获得意大利费拉拉大学经济学、城市和区域发展专业博士学位。

朱利奥·维尔迪尼主要致力于在国家快速城市化的背景下探索可持续发展的途径，重点是文化可持续性和社会创新方面的研究。其主要著作包括《城市中国的乡村边缘》（2016），与萨热易和阚亚妮（Sirayi & Kanyane）合著的《南非的文化与乡村——城市振兴》（2021），与泰勒（Taylor）合著的《文化遗产管理规划》（2022）。朱利奥·维尔迪尼多年来凭借建筑学和城市规划方面的专业学识，担任一系列国际组织的资深专家，包括联合国教科文组织、世界卫生组织、联合国人居署等。他是联合国教科文组织

---

[1] https://www.westminster.ac.uk/about-us/our-people/directory/jackson-karen.

《文化促进可持续城市发展》（2016）全球报告的主要撰稿人之一，也是联合国教科文组织《文化 2030，农村城市发展——中国一瞥》（2019）报告的首席研究员，还是联合国人居署气候行动计划者倡议的成员之一。①

四、研究情况

当代中国中心关注中国在全球特别是在亚洲地区的发展，主要围绕国际关系、城乡发展、历史文化等领域开展中国问题研究。下面简要介绍上述三个领域的研究情况。

（一）国际关系

中国与乌兹别克斯坦关系研究项目。威斯敏斯特大学（伦敦）和威斯敏斯特国际大学（塔什干）的多语种研究团队共同致力于中国与乌兹别克斯坦关系的研究，其研究内容包括：详细梳理过去十年间中国相关部门对乌兹别克斯坦的投资状况，涵盖中国政府投资与贷款、国有企业投资、私人以及民营企业投资；"一带一路"倡议提出之后中国人向乌兹别克斯坦移民的情况；深入了解乌兹别克斯坦孔子学院和孔子课堂的建设，详细分析与汉语学习和中文教学相关的数据，以及乌兹别克斯坦对汉语口译和翻译人才的需求情况；集中研究乌兹别克斯坦的两种主要出版物对中国和"一带一路"倡议的相关媒体报道。②

（二）城乡发展

"文化引领的城市和乡村复兴"项目。城市遗产和农村遗产、传统知识和新形式下的城市创造力等多种形式的文化，当今都被认为是中国可持续发展的潜在资产，同时也是中国软实力增强的有力证明。中国政府 2014 年颁布的《国家新型城镇化规划（2014—2020 年）》和 2018 年颁布的《乡村振兴战略规划（2018—2022 年）》，被研究者认为具有里程碑意义，为高质量的城乡可持续发展带来了新机遇。近年来，中国见证了真正意义上

---

① https：//www. westminster. ac. uk/about-us/our-people/directory/verdini-giulio.

② https：//www. westminster. ac. uk/research/groups-and-centres/contemporary-china-centre/projects/china-in-uzbekistan.

文化引领的城市政策和城市生活方式的转变。这个关于"文化引领的城市和乡村复兴"的项目是在朱利奥·维尔迪尼过去一系列研究的基础之上进行的课题研究。2017年4月，这个项目促成了威斯敏斯特大学同联合国教科文组织世界遗产亚太地区培训与研究学院的谅解备忘录。

此项研究旨在调查在新兴和创新的文化视角下，中国在遗产方面的城乡战略、政策和实践。其核心内容为：中国地方文化、遗产和城市发展之间，以及中国城市管理和地方社区之间的冲突问题；在社会和环境视角下，文化主导的中国城乡政策对可持续发展实践的影响。

迄今为止，这项研究得到了中国地方政府和国际机构的支持，并与联合国教科文组织世界遗产亚太地区培训与研究学院、同济大学、西安交通大学－利物浦大学进行合作研究。

（三）历史文化

博物馆研究项目。这个项目是在威斯敏斯特大学资深专家王苍柏博士长期对海外华人的研究基础之上进行的。自2009年以来，王苍柏博士对海外华人博物馆进行了实地考察，并对中国十多个城市的政府官员、博物馆馆长和观众进行了多次深入访谈。目前，数个关于海外华人博物馆的案例研究成果已在中国研究和文化遗产领域的主要期刊上正式发表。2015年11月"华侨博物馆与华侨华人研究国际学术研讨会"在北京大学召开，王苍柏博士作为特邀嘉宾作了题为《物质文化：华人研究的新视角》的主题发言。

五、人才培养

威斯敏斯特大学当代中国中心在人才培养方面有完善的培养体系，主要是通过不同学术背景的专家、学者亲自给学生授课，并担任相关学科领域的导师来实施的。

例如，哈丽特·埃文斯教授讲授的课程包括：文化研究中的问题与视角（Problems and Perspectives in Cultural Studies）、当代中国文化与社会概论（Introduction to Contemporary Chinese Cultures and Societies）、当代中国文

化与政治（Politics of Culture in Contemporary China）。①

朱利奥·维尔迪尼博士在人才培养领域所做的工作涵盖国际发展、规划理论和研究方法、城市史等方面。他目前在威斯敏斯特大学国际规划和可持续发展硕士班讲授城市设计课程，并创立了个人研究工作室——"气候城市主义工作室"（Climate Urbanism Studio）。他还受邀在中国（同济大学联合国教科文组织世界遗产课题）、南非、摩洛哥、意大利教授能力建设课程、强化课程和硕士班课程。他还是西安交通大学城市规划理学硕士的项目主管。②

六、成果发布

当代中国中心定期在其官方网站③上发布研究成果。其研究成果主要按照研究时间分为两大类，一类是"正在进行中的主要研究课题"，另一类是"已经结项的课题研究"。

"正在进行中的主要研究课题"包括："中国与乌兹别克斯坦关系研究""文化引领的中国城市和乡村复兴研究""中国人的幸福观研究""中国华侨博物馆热研究"。

"已经结项的课题研究"包括："中国小规模城市声音与空间研究""文化价值冲突研究""中国的文化遗产：改变轨迹，改变任务研究"。

上述成果均由当代中国中心免费发布在其官方网站上，读者可直接登录网站在线或下载电子版阅读，或者通过邮件、博客和播客订阅获取讯息。

七、合作交流

当代中国中心除独立从事中国相关问题研究外，还与乌兹别克斯坦、土耳其、缅甸以及哈萨克斯坦等国家的中国研究机构开展合作研究。

2021年6月9日，由当代中国中心主办的"'一带一路'倡议视角下的中亚前景展望：新冠疫情阴影笼罩下的中国投资、移民和语言教育"国

---

① https：//www. westminster. ac. uk/about-us/our-people/directory/evans-harriet.

② https：//www. westminster. ac. uk/about-us/our-people/directory/verdini-giulio.

③ https：//www. westminster. ac. uk/research/groups-and-centres/contemporary-china-centre/projects.

际会议顺利召开。这个由威斯敏斯特大学和塔什干威斯敏斯特国际大学联合举办的在线会议为全球学者提供了一个论坛，来自英国、乌兹别克斯坦、土耳其、缅甸以及哈萨克斯坦等国家的学者齐聚一堂，共同探讨中亚的经济、政治、语言和文化问题，各国政府面临的挑战及其对"一带一路"倡议的回应。

除此之外，"中国华侨博物馆热研究"项目获得了伦敦大学中国委员会和中华全国归国华侨联合会的共同资助。

2019 年 6 月，朱利奥·维尔迪尼在四川省眉山举办的联合国教科文组织国际研讨会上作了题为《文化 2030：中国城乡发展振兴报告》的主题报告，其内容和观点受到与会代表的广泛关注。

八、结语

威斯敏斯特大学在新兴技术和现代职业实践训练课程开发领域一直居于领先地位。该校曾获得英国国际贸易领域的最高奖项"女王国际贸易企业奖"，这充分体现了该校为海外学生提供世界顶级教育的良好声誉。《金融时报》连续 4 年将该校列为英国顶尖的"现代"大学。当代中国中心作为眼下英国研究中国问题最重要的智库之一，其关注重点在于研究探讨中国在国际关系、历史、文化、社会等方面的发展会对英国和欧洲、中英和中欧关系产生哪些影响。当代中国中心借助媒体宣传、国际合作、人才培养等多种渠道，将持续活跃在中国问题研究的舞台上。

威斯敏斯特大学当代中国中心联系信息

地址：University of Westminster，309 Regent St.，London W1B 2HW

电话：+44-20-3506-9139

网址：https：//www.westminster.ac.uk/research/groups-and-centres/contemporary-china-centre

邮箱：g.wielander@westminster.ac.uk

英国达勒姆大学当代中国研究所

白晓煌

英国达勒姆大学当代中国研究所（Center for Contemporary Chinese Studies）成立于 1999 年，汇集了来自商业、教育、法律、现代语言文化、地理、政府和国际事务等多个学科的中国研究专家。作为多学科研究中心，当代中国研究所受益于达勒姆大学图书馆（该馆拥有部分在英国最重要的中国和东亚藏书），并一直致力于当代中国和更为广泛的东亚地区的研究。当代中国研究所与多家国内外机构保持着合作伙伴关系。该所承担《东亚：国际季刊》（*East Asia：An International Quarterly*）的编辑工作，定期刊登研究成果。当代中国研究所在英国达勒姆大学内开展多学科合作，较为全面地研究中国及东亚的政治、经济、文化。该所的成员大多为兼职，因此该所的研究更多的是基于成员所从事的研究领域，这使得该所的跨文化特点十分明显，但其自身研究的系统性并不明显。

一、研究所概况

达勒姆大学是一所世界排名前 100 位的大学，在研究和教育方面享有盛誉。学校致力于培养未来积极进取、全面发展的领导者，努力成为一所对社会负责的机构，并为经济和社会发展作出有效贡献。它积极与社会企业和公共部门建立伙伴关系，促进知识转化为更广泛的公共利益。达勒姆大学的价值观可表述为：激励、挑战、创新、担当、赋能。

达勒姆大学 40 多年来一直致力于推广中国研究和汉语，已成为英格兰东北部地区性的中国研究中心。[1] 达勒姆大学当代中国研究所是一个多学科的研究中心，该所的核心目标是：（1）加强和扩大对当代中国研究和海外华人社区各方面的研究；（2）为中国研究的学术发展和学习提供一个跨学科的论坛；（3）为各级各类学生提供汉学研究和培训机会；（4）加强当代中国研究的全球影响力。

二、机构设置

该所目前拥有 14 名学者及 2 名名誉研究教授。14 名学者中，3 人主要

---

[1] 相关介绍参见研究所网站：http://www.dur.ac.uk/politics.cccs/cccs.htm。

负责研究所的事务性工作，其余 11 人分别隶属于历史、语言与文化、教育、地理、商业、物理、经济与文化、图书馆等院系及部门，其中不乏院长、馆长等。

该所的主要工作由 3 人承担。其中，戈登·张（Gordon C. K. Cheung）为研究所现任主任，他 2002 年加入达勒姆大学，2004 年起承担《东亚：国际季刊》的主编工作。此外，马乌戈扎塔·雅基莫夫（Małgorzata Jakimów）负责秘书工作，董丽洁（Lijie Dong）负责学生管理工作。戈登·张和马乌戈扎塔·雅基莫夫都有到中国高校访学的经历。

三、代表性人物

该所的代表性人物有 W. A. 卡拉汉（W. A. Gallahan）、戈登·张、迈克·克朗（Mike Crang）等。

（一）W. A. 卡拉汉

W. A. 卡拉汉为研究所第一任主任，现就职于伦敦政治经济学院。卡拉汉自学生时代就对中国研究产生了浓厚的兴趣，他在夏威夷大学攻读政治研究生期间就发表了题为《道教的话语与视角："自然"的话语解读》（Discourse and Perspective in Daoism：A Linguistic Interpretation of Ziran）的文章。近年来，他陆续发表了《中国 2035：从中国梦到世界梦》（China 2035：From the China Dream to the World Dream）等著作。值得一提的是，在他的作品中，能感受到他对中国以及中国文化的误读，这在 2010 年牛津大学出版社出版的《中国：一个悲观主义的国家》以及他的文章《中国的"亚洲梦"："一带一路"及地区新秩序》（China's "Asia Dream"：The Belt Road Initiative and the New Regional Order）等中可见一斑。[①]

（二）戈登·张

在香港中文大学取得博士学位的戈登·张为研究所第二任主任，他于 2002 年开始在达勒姆大学任教，现任政府与国际事务学院副教授兼当代中

---

① W. A. 卡拉汉的成果目录详情可查看网站：https：//lse. academia. edu/WilliamCallahan。《中国：一个悲观主义的国家》的书评可参见网站：https：//www. doc88. com/p-0488913959013. html？r=1。

国研究所主任。自 2004 年以来，他一直担任《东亚：国际季刊》的主编。他曾在香港中文大学、夏威夷大学、香港大学、岭南大学、新加坡国立大学、牛津大学、中国人民大学、清华大学、图宾根大学和世界知识产权组织任教或进行研究。他的研究重点是中国和球政治经济、中国商业网络等。他先后出版了《全球政治经济中的中国：从发展到创业》（*China in the Global Political Economy：From Developmental to Entrepreneurial*）、《中国因素：政治观点与经济互动》（*China Factors：Political Perspectives and Economic Interactions*）、《市场自由主义：美国对华外交政策》（*Market Liberalism：American Foreign Policy toward China*）、《中国的知识产权：盗版、贸易与保护》（*Intellectual Property Rights in China：Politics of Piracy，Trade and Protection*）、《中国艺术：大中华圈的机会与挑战》等书籍。①

（三）迈克·克朗

迈克·克朗为经济与文化系主任、地理系教授、视觉艺术与文化中心指导小组成员。迈克·克朗的研究方向为文化地理学领域，并在社会记忆和身份的关系方面进行了广泛的研究。在这些研究中，他聚焦英国和瑞典，对公共口述历史、摄影和博物馆进行了田野调查。这一方式有助于研究人们对博物馆和风景的看法，从而更广泛地研究旅游业。他出版有《假货，真币：假冒业务及其财务管理》（*Fake Goods，Real Money：The Counterfeiting Business and Its Financial Management*）、《民族志》（*Doing Ethnographies*）等专著，参与编辑《当前中国经济报告系列·多元文化的中国：统计年鉴（2014）》[*Multicultural China：A Statistical Yearbook（2014）*]等书籍。

四、研究情况及成果发布

研究所鼓励跨学科研究，与校内多院系合作进行硕士及博士生培养。到目前为止，研究所网站上提供了 2017 年以前的博士论文题目，涉及经济、文化、社会、语言等多方面。由于研究所人员均为兼职，因此该所的研究方向主要依托于兼职教授的研究方向。

---

① 戈登·张的简历及其成果可参见网站：https：//www.dur.ac.uk/directory/profile/？id＝830。

研究所主办有《东亚：国际季刊》，该杂志原名为《东北亚研究杂志》（*Journal of Northeast Asian Studies*），已有超过 40 年的历史。这本杂志虽然在国际上的影响力逊于剑桥大学出版社的《中国季刊》（*China Quarterly*）、《亚洲学刊》（*Journal of Asian Studies*）和澳大利亚国立大学的《中国杂志》（*China Journal*），但它是国际上第一本研究中国、日本、韩国和环太平洋地区重大发展背后的政治与文化相互作用的期刊，为政治、经济和文化问题提供了一种独特的跨国方法。

五、人才培养

研究所的主要成员来自国际事务学院，而国际事务学院隶属于社会科学与健康学部。研究所的兼职人员绝大部分来自这一学部，这为该所的跨学科研究提供了条件。①

国际事务学院提供本科生及研究生学习计划。在本科生层面，学院提供机会，让学生深入了解政治研究的多元性和魅力。学生将学习政治理论、比较政治和国际关系等模块，如可以学习有关思想史的模块，解决有关政治性质和目的的最基本问题。学院以跨学科方式培养学生，并可根据学生的个人兴趣和爱好定制学位。学院希望他们的毕业生带着工作所需的关键技能离开，并能成为具有自我意识、反思能力和雄心的全球公民。学院设有拉达基申奖学金（Radhakishin Scholarships），每年 4 项，支持弱势学生完成在本科阶段三个方向（政治、政治与国际关系、国际关系）的学业。奖学金为每年 4000 英镑，为期最长 4 年。学院同时提供 5 项联合荣誉学位课程，分别为：经济与政治，哲学与政治，哲学，政治与经济、社会科学联合学位，以及文科学位。

在研究生层面，学院提供修课式学位（taught degree）和研究式学位（research degree）。在修课式学位中，学院主要提供硕士层面的课程项目，如全球政治理学硕士、研究方法（政治、国际关系、安全）文学硕士、政治与国际关系（政治理论）文学硕士、国际关系文学硕士、国际关系（东亚）文学硕士、国际关系（欧洲）文学硕士、国际关系（中东）文学硕

---

① https://www.durham.ac.uk/departments/academic/school-government-international-affairs/.

士、阿拉伯研究理学硕士、冲突预防与和平构建理学硕士等。以国际关系（东亚）文学硕士为例，其核心模块为：国际关系原理或国际组织、东亚政治、毕业论文。研究式学位则旨在把学生变成独立的研究人员。作为世界一流大学内的研究型院系，国际事务学院努力使教学和学术研究齐头并进。学院给攻读研究型硕士、副博士及学术型博士的研究生提供专门的研究支持。当代中国研究所的研究人员所指导的研究生大部分为国际事务学院的研究生。

六、合作交流

当代中国研究所注重合作与交流，与多家机构保持着合作伙伴关系，如英国中国研究协会（The British Association for Chinese Studies）、中国学生学者联谊会（The Chinese Students and Scholars Association）、欧洲当代台湾研究中心（The European Research Center on Contemporary Taiwan）、北京大学、清华大学等。

七、结语

当代中国研究所与达勒姆大学校内的多个院系进行跨学科合作，较为全面地研究中国及东亚的政治、经济、文化。不过，由于该所的人员大多为兼职，他们对于中国的研究更多的是基于自己原来从事的领域，如商业、经济、国际关系、教育、语言与文化等。研究所没有自己的人才培养项目，人才培养采用跨学科方式，即研究人员在原所在专业指导学生，这使得该所的跨学科特点明显，但其自身研究的系统性有所欠缺。

英国达勒姆大学当代中国研究所联系信息

地址：The Al-Qasimi Building, Elvet Hill Road, Durham, DH1 3TU
电话：+44-（0）191-334-5682
网址：http://www.dur.ac.uk/politics.cccs/cccs.htm
邮箱：g.c.k.cheung@durham.ac.uk

法　国

法国社会科学高等研究院
近现代中国研究中心

郝睿萱

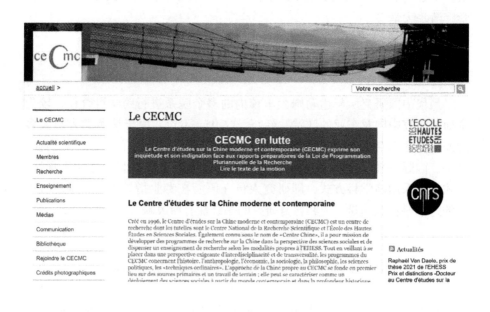

法国社会科学高等研究院（EHESS）下属的近现代中国研究中心（Le Centre d'études sur la Chine moderne et contemporaine，CECMC）是法国最早建立的现代中国学研究机构，吸收了年鉴学派的思想，融合了法国传统汉学研究的优势，汇聚了法国几代最有影响力的中国学家，在当代法国乃至世界的中国学学界都有着举足轻重的地位。

一、中心历史及概况

法国是世界上最早对中国展开研究的国家之一，是世界上最早教授汉语的国家（1843 年，巴黎东方语言学院），其传统汉学研究（sinologie）至今已有 200 余年的历史，巴黎更是有"海外汉学之都"的美称。但法国对近现代中国的研究（études chinoises，中国学）直到 20 世纪 50 年代后期才正式开始，晚于美国、日本等国。第二次世界大战结束后，法国处于内外交困的境地，后因冷战，法国政府在十余年中忽略了对当代中国的研究。而且当时法国公立大学皆以教学为主要任务，教学与科研任务分离，直到 1968 年"五月风暴"促使政府颁布《高等教育指导法》后这种现象才得以根本改变。[①] 最初，法国中国学的发展主要得益于关注当代中国发展的学者们的推动。

近现代中国研究中心简称"中国中心"，其历史可以追溯到 1958 年。是年，著名中国学家雅克·纪亚玛（Jacques Guillermaz）在巴黎高等研究实践学院（École pratique des hautes études，EPHE）第六系（EPHE VIe Section）"经济和社会科学系"主任费尔南·布罗代尔（Fernand Braudel）的邀请下组建了中国中心的前身——"远东资料中心"（中国部），后称"现代中国资料中心"。1947 年，著名历史学家、年鉴学派创始人乔治·勒费弗尔（Georges Lefebvre）领导建立了第六系，旨在建立一个"历史学、经济学和社会学科间的深度调和统一，且兼顾理论联合实际研究的学院"。1956 年，勒费弗尔的弟子、年鉴学派第二代史家代表布罗代尔担任第六系主任（任期 1956—1972 年），并立即主导了第六系的改革。第六系下设四个部门：历史学、社会学、经济学、文化圈，远东资料中心属于"文化圈"

---

① 阮洁卿：《法国"中国中心"与当代中国研究》，博士学位论文，华东师范大学，2013，第 19—24 页。

的五个项目之一（其他分别为印度、俄国、非洲、伊斯兰）。"文化圈"作为一种研究方法，在当时流行于美国，第六系创新性地扩大了其应用时间范围，既用于近现代研究也用于古代研究。① 布罗代尔计划在第六系内部成员中组建若干不同地域的"文化圈"，由研究同一文化区域的经济学、社会学、历史学方面的专家进行合作研究，打破单个学科研究的学术壁垒，拓宽学术视野，以期产生更为宽广的学术成果。

现代中国资料中心的建立标志着法国当代中国学的诞生。然而，在起步阶段的很长时间内，中心只能发挥作为中国资料信息中心的作用。中心第一任主任纪亚玛原为军人身份，曾长期担任驻华外交官，了解中国现实情况且对现代中国研究有浓厚兴趣，他本人也是著名中共党史研究专家。担任中心主任后，尽管初期受限于各种政策，但纪亚玛仍凭借个人人脉，积极开展中国资料收集和学术研究组织工作，使中心与法国国内外的中国研究机构、资料中心与个人学者建立了稳定的学术联系与合作关系。在纪亚玛任期内，中心实现了同时具备信息中心和研究中心的双项职能。因其成就，纪亚玛和著名近现代中国学家谢诺（Jean Chesneaux）同被法国中国学学界公认为"法国近现代中国学先驱"。②

1974 年，中心正式改名为"现代中国研究与资料中心"（Centre de recherches et de documentation sur la Chine contemporaine，CEDCC）。1975 年，第六系从巴黎高等研究实践学院名下独立出来，建立了法国社会科学高等研究院。

1976 年，纪亚玛退休，谢诺的学生毕昂高（Lucien Bianco）继任中心主任。自此，以毕昂高、巴斯蒂（Marianne Bastid-Bruguiere）、白吉尔（Marie-Claire Bergère）为代表的第二代当代中国学研究的领军人物，以及魏丕信（Pierre-Étienne Will）、施维叶（Yves Chevrier）、裴天士（Thierry Pairault）等新生代学者迅速崛起。1977 年，中心成功获得了法国国家科研中心（Centre national de la recherche scientifique，CNRS）的资助，主导了由 21 名来自法国不同高校的正式成员与 10 名外部合作人员参与的"现代中国跨学科研究"（Recherche disciplinaire sur Chine contemporaine），即"717 协作研究组"（Equipe de recherche associée au CNRS，ERA No. 717）国家级科研项

---

① ［法］贾永吉、叶利世夫夫人：《法国社会科学高等学院的汉学研究》，［法］戴仁编《法国中国学的历史与现状》，耿昇译，上海辞书出版社，2010，第 606 页。

② 阮洁卿：《法国"中国中心"与当代中国研究》，第 56 页。

目（1977—1980 年）。①此类科研项目每 4 年申请一次，由国家科研中心对项目进行评估。1982 年，根据新法令，国家科研中心进行改革，与高校的合作形式由"协作研究组"（ERA）改为"混合研究单位"（unités mixtes de recherche，UMR）和"协作研究单位"（unités de recherche associee，URA）。717 协作研究组在经过 1980 年的评估后，在 1981—1984 年的项目中经过上述改革，在 1985 年正式改为"1018 协作研究单位"（1985—1988、1989—1992、1992—1996）。②上世纪 90 年代以前，现代中国研究与资料中心是法国唯一的也是最重要的现代中国研究机构。

1995—1996 年，出于提高管理效率和资源利用率以解决现实问题的考虑，法国社会科学高等研究院的领导计划将现代中国研究与资料中心与 1985 年由汉学家贾永吉（Michel Cartier）建立的中国比较研究中心进行合并重组。相对于前者研究近现代中国的定位，后者更偏向传统汉学领域，主要从比较的、历史的角度研究中国文化。经过协商，重组后的单位被命名为现在的"近现代中国研究中心"。此后数年，近现代中国中心的成员们通过 1996—1997 年的临时性国家级实验室"522 混合研究单位"、1998—2001 年及 2002—2005 年的国家级实验室"8651 混合研究单位"等合作项目进行了磨合。

2005—2006 年，基于对法国东方研究整体性的思考，国家科研中心希望法国社会科学高等研究院下属的近现代中国研究中心、韩国研究中心（Centre de recherches sur la Corée，CRC）和日本研究中心（Centre de recherches sur le Japon，CRJ）能够融合成一个包含中国、日本和韩国三个国家的跨地区、多学科混合研究组。2006 年，"中国、韩国与日本混合研究单位"（UMR 8173）正式成立。该混合研究单位旨在联合三个中心，共同发展横向研究计划并共同承担社会科学高等研究院设立的相关方向的硕士教学和培养任务，而对各中心的行政工作不做过多干涉。③

至此，中国中心在自建立以来，在法国国家科研中心、社会科学高等研究院的支持与指导下，经纪亚玛为首的历届主任的领导，不断发展壮大，

---

① 张振鹍、刘存宽：《法国研究中国近现代史近况》，《近代史研究》1981 年第 2 期，第 254 页。
② 阮洁卿：《法国"中国中心"与当代中国研究》，第 101 页。
③ 同上，第 141—142 页。

配合国家科研中心，不断从事国家级研究项目并承担社会科学高等研究院的人才培养及教学任务。中心以结合法国传统汉学优势的当代中国学研究为特色，人才辈出，成果丰厚，是法国最重要的当代中国学研究机构之一。

二、机构设置

中国中心在其发展历史中曾数次更名，作为社会科学高等研究院与法国国家科研中心联合指导的研究机构（社会科学高等研究院目前拥有 47 个研究中心，其中 37 个是和国家科研中心联合创立），中国中心的行政管理和项目研究形式也随国家科研中心的科研要求而改变。

（一）行政管理

法国国家科研中心隶属于法国高等教育和研究部，是法国最大的政府研究机构。在集中管理的科研体制下，国家科研中心在法国国内的科研机构多为集高等教育及科学研究为一体的混合研究单位。混合研究单位是科研中心和高等院校与法国其他部门联合组建的研究机构，在人员与经费方面的投入由参与方在组建时协商确定，国家科研中心会定期对研究机构的学科现状与发展前景进行评估。根据 2013 年的最新法令，混合研究单位与国家科研中心的合同期限为 5 年，后由国家科研中心评估决定是否继续给予资金等支持。

按要求，混合研究单位由一名主任和一个实验室理事会管理。但社会科学高等研究院的"中国、韩国与日本混合研究单位"（8173 混合研究单位）及其下属的近现代中国研究中心、韩国研究中心和日本研究中心均设立各自的委员会，再由委员会确定中心主任和管理机制。8173 混合研究单位旨在联合三个中心进行跨地区的、多学科的横向研究，对各中心的行政不做过多干涉。

中国中心的委员会由 12 人构成，他们均为近现代中国学研究专家，如研究中国沿海地区历史和中国海盗问题的专家、法国远东学院高级讲师柯兰（Paola Calanca），研究明清城市史及清代以来中央治理和律法的专家、法国远东学院高级讲师陆康（Luca Gabbiani）等。

从 2020 年起担任中国中心主任的伊玛丽（Marie-Paule Hille）是法国

社会科学高等研究院高级讲师,她是研究 19—21 世纪中国穆斯林社会的历史学和人类学专家。根据中心委员会制定的规则,主任需定期撰写中心的活动报告并递送给社会科学高等研究院和国家科研中心。中心活动经费的主要来源是法国国家科研中心。此外,欧盟、法国国家科研署(Agence nationale de la recherche)和其他政府机构也会对近现代中国研究中心的科研项目进行资助。①

(二)学术团队

中国中心作为担任科研与教学双重任务的研究机构,其学术团队汇集了法国中国研究多学科领域的专业人才,其中不乏当代海外中国学研究的领军人物,如包利威、柯兰等。中国中心的学术团队成员可以分为常驻研究员(Membres permanents)、合作研究员(Membres associés)和青年博士(Jeunes docteurs)。常驻研究员即正式成员,现有 29 人,是与中国中心长期合作的中国学领域专家,其所属单位多样化,除了来自社会科学高等研究院,还有法兰西公学院、法国远东学院等。

中国中心常驻的正式成员除了上述的 12 位现任委员会成员,还有中国文化史专家米盖拉(Michela Bussotti)、研究亚洲与全球化的专家吉浦罗(François Gipouloux)、科技史专家詹嘉玲(Catherine Jami)、中国宋史研究专家蓝克利(Christian Lamouroux)、食品营养史专家萨班(Françoise Sabban)、中国妇女问题研究专家倪娃儿(Jacqueline Nivard)、近现代中国社会经济史学家魏丕信等。

中国中心还有一批法国中国学研究的前辈学者:中心首任主任纪亚玛是法国近现代中国学先驱,中共党史专家,著有《中国共产党党史(1921—1949)》《执政的中国共产党(1949—1979)》等;与纪亚玛并称为法国近现代中国学先驱的谢诺,著有《中国工人运动(1919—1927)》《中国农民运动(1840—1949)》《中国现代史》《中国日记——1988、1995、1998》等;② 中国近代史研究专家巴斯蒂夫人,著有《20 世纪初期中国的

① 梁爽:《法国社会科学高等研究院近现代中国研究中心》,梁占军主编《国外高校智库要览》,世界知识出版社,2019,第 210 页。

② 黄庆华:《"老马识途"——纪念法国中国近现代史研究先驱谢诺》,《博览群书》2008 年第 4 期,第 103 页。

教育改革情况》《辛亥革命前卢梭对中国政治思想的影响》《清代末年（1873—1911）中国社会的演变》；① 毕昂高，20 世纪中国农民问题专家，曾为《剑桥中国史》（1986）编写第十三章"农民运动"，另著有《中国革命的起源（1915—1949）》《20 世纪中国农民的草根运动》等；贾永吉，明史专家，曾任《汉学书目杂志》主编，著有《爱恨之间的中国》，与他人合编《中国文化中的动物》；白吉尔，20 世纪中国资产阶级研究专家，著有《中国的资产阶级和辛亥革命》《中华人民共和国：从 1949 年到今天》②《孙中山传》《上海史》等；研究人类学、中国文化的杜瑞乐（Joël Thoraval），与他人合著有《圣人与人民：中国儒学复兴》等。

中国中心现有合作研究员 43 人，青年博士 6 人，这两种人才分别通过申请合作研究员项目和青年博士支持项目，就具体研究主题与中国中心进行合作。

合作研究员与中国中心的合作项目主要包括中国中心所属的混合研究单位，即"中国、韩国与日本混合研究单位"主导的横向研究项目，以及中国中心受资单独参与的其他项目。中国中心图书馆的借阅权限对合约内的合作研究员开放。合约在合作研究员参与的现行五年项目周期内有效。

青年博士合约中规定，在申请合作时，申请者之博士学位须为近 7 年内获得。青年博士经过中国中心委员会资格评定后加入中心，合约期限一般为 3 年，最多为 5 年。青年博士需通过中国中心参加"中国、韩国与日本混合研究单位"的横向项目，或中心参与的其他项目。中国中心图书馆的借阅权限同样对合约期内的青年博士开放。

（三）中心资料建设

中国中心拥有一座馆藏极为丰富的图书馆，它坐落于巴黎威尔逊总统大道亚洲馆内。该图书馆是法国最重要的多学科中国学图书馆，馆藏包括约 5 万册图书、1400 余种中文期刊、220 余种外文期刊，以及约 6000 种电子化的参考书。

---

① 朱政惠：《研究中国学，心系中国学——法国学者巴斯蒂夫人来访记》，《历史教学问题》1997 年第 2 期，第 33 页。

② ［法］阮桂雅、王菊：《白吉尔夫人小传》，丁日初主编《近代中国》（第三辑），上海社会科学出版社，1993，第 331 页。

在这样的丰富馆藏基础上，中国中心图书馆和法国国家图书馆、法国汉学研究所图书馆、法国大学语言与文明图书馆、法国远东学院图书馆等在中国研究文献资料收藏方面均有长期合作，以便互相补充。

值得注意的一点是，近年来法国中国学学界就中国大陆出版的专著、期刊和报纸等资料，陆续展开了收集工作，如目前主要收于法国大学语言与文明图书馆中的中国主要日报、一批 1949 年之前的期刊合集的缩微胶卷以及一些中文期刊数据库的电子资源。中国中心网站提供的电子资源链接有 1953—1998 年的《中国新闻分析》(*China News Analysis*，1953 年创立于香港)、1995 年至今的《人大复印报刊资料》、1946—2009 年的《人民日报》电子版以及万方数据库，还有一批是中国学生和研究员文件集 (Archives des étudiants-ouvriers chinois)，该文件集是 1920—1940 年在法中国学生资助并支持的文件收集与整理工作的成果。

中心网站提供中西文各类电子资源。读者可以通过中心图书馆的链接进行线上咨询，以便获得相关资源的索引。之后，读者可以在图书馆的阅览室内使用复印机获取资源 (包括中西文资源)，但只有中国中心的成员拥有外借资源的权利。

三、代表性人物及其作品

中心常驻研究员蓝克利教授 2022 年的著作《中国通史——宋代卷》[*Histoire générale de la Chine：La dynastie des Song（960-1279）*]。作者在书中指出，尽管宋朝长期受草原上帝国 (如契丹辽国、女真金国、西夏，再到后来的蒙古) 的威胁，但在公元 10—13 世纪的这段时期，宋朝的国家治理机构和知识科技创新仍得到了较大的发展。宋朝建立的官僚体制对后世影响深远。该书也是法国美文出版社 (Les Belles Lettres) 中国通史系列十卷本之一。

中心常驻研究员程艾蓝 (Anne Cheng) 教授主编的《思考在中国》(*Penser en Chine*) 在 2021 年由法国伽利玛出版社 (Gallimard) 出版，该书探讨了新时代背景下中国知识分子和精英的思考内容与表达方式。

汉学家毕游塞 (Sébastien Billioud) 和中国中心常驻研究员张宁 (Laure Zhang-Thoraval) 在 2021 年联合主编了一部杜瑞乐教授的作品集《关于中

国的作品》（*Écrits sur la Chine*），由法国国家科研中心出版。杜瑞乐是著名的人类学和中国文化研究专家。本书首次汇编了杜瑞乐教授的重要作品，其中包括他对中国世系、宗教乃至儒学群体的"大众"维度和精英维度的研究。杜瑞乐教授的作品为我们提供了一面镜子，可以引发我们对中国哲学与当代中国社会和文化的演变的深刻反思。

中心常驻研究员伊莎白（Isabelle Thireau）的专著《公共场所：一部关于中国公众聚会的民族志》在 2020 年由法国社会科学高等研究院出版。该书是一份关于天津一处公共场所"胜利广场"公众聚会情况的民族志调查报告。伊莎白教授在书中围绕胜利广场活动中共存的两个公众群体——晚间来广场锻炼身体的人们和要求保护建筑遗产的志愿者团队之间的互动展开讨论。两个公众群体通过胜利广场分享关切，胜利广场则因此成为打破壁垒、塑造同胞共识和突破官方制度的场所。这些公众聚会也因此具有了政治层面的意义，重新定义了今日中国公众参与的方式。

四、研究情况

随着中国在当今世界发挥着越来越重要的作用，法国政府也日益重视当代中国学研究。加之中国中心研究成果丰硕、经得起检验，中心自 20 世纪 70 年代以来就持续开展国家级研究项目，不断巩固自身中国学研究重镇的学术地位。

近现代中国研究中心以发展社会科学领域内的当代中国学研究为目标，遵循跨学科研究原则，其科研项目覆盖历史学、人类学、经济学、社会学、哲学和政治学等多学科多领域的知识与学术技巧。中心主张以一手材料和田野调查为基础的研究路径，强调两者在研究中互为补充。

中国中心的项目主要由与"中国、韩国与日本混合研究单位"的韩国中心、日本中心联合研究的亚洲横向比较性项目和中国中心独立受资项目。

（一）横向研究项目

此类项目一般时限为 5 年，由 3—4 位来自中国中心、韩国中心和日本中心的负责人牵头，主要研究东亚区域视野下的社会文化，一般以项目主题下设分题研讨会的形式开展研究。目前在研的横向研究项目起止时间为

2018 年到 2022 年。

1. "亚洲范围的流通、适应化与网络"项目（Circulations, appropriations et réseaux en Asie）

随着中国经济自上世纪 90 年代末以来的崛起，以及亚洲地区领导权竞争的日益激烈，社会科学研究者们开始重新从区域角度关注该地区。参与该项目的学者们重视以历史的眼光看问题，在利用当地文献资源（包括史料档案和当代研究成果）的基础上，创新性地使用了制图学方法，进一步综合社会层面与技术层面，对东亚的海上流通进行研究，并得出一个共同的认识，即东亚和东南亚社会在历史上有着深度而频繁的联系。据中韩日混合研究单位官网显示，该项目 2018—2019 年共开设了两次研讨会，会议题目分别为："全球化的起源：1500—2000 年亚洲、欧洲的经济史比较研究""亚洲沿海：权力与人民"。①

2. "居住在亚洲"项目（L'habiter en Asie）

该项目旨在研究东亚地区空间的占用与组织利用情况。此横向研究基于多学科对话，包括人类学、建筑学、民族学、历史学、视觉史、地理学、社会学等，重点探索东亚人类社会与地理地形关系，并采用视觉领域（电影、摄影）或文学领域关于空间的描述作为研究的重要线索。

2019—2020 年，该项目开设了 9 个分题研讨会：②

——空间与地域中的人类学：观察东亚（2018—2019）；

——日本人类学：想象、宗教与社会变化（2019—2020）；

——日本人类学：地形与文本（2018—2019）；

——批判性遗产研究：认识论、接收与现实（法国、欧洲、亚洲与世界）（2018—2020）；

——韩国地理文化介绍（2018—2019）；

——中国的（伊斯兰教和道教）圣人崇拜：历史学和人类学方法（2018—2020）；

——当代日本社会与文化（2018—2019）；

——受影响的地区：种族生物学与人类学探索（2019—2020）；

——中国与韩国的城市与城市化：多学科、交叉视野与共同视角的方

---

① http://umr-ccj. ehess. fr/index. php? 950.

② http://umr-ccj. ehess. fr/index. php? 951.

法（2019—2020）。

　　3.“知识与技术：实践、物品与流通”项目（Savoirs et techniques：
　　　pratiques，objets et circulations）

　　该项目在上一个五年项目“技术、物件、遗产”的基础上，旨在通过多学科方法对东亚地区知识与技术的流通进行研究。项目组从使用角度研究物品本身特点、人与物品的接触和物品的社会流通活动。值得一提的是，该项目将翻译作为研究的一部分。翻译被普遍认为是科研中的一项基本工作，但该项目计划开发一种数字工具，强调了翻译在研究实践中的重要地位。该项目在 2018—2019 年开设了三个分题研讨会：“全球化下东亚的科学与知识”“东亚的卫生、知觉与物质”“15—19 世纪中国文化史：知识与印刷术”。[①]

　　4. 社会与国家：互动、对抗与管理（Sociétés et Etats：interactions，
　　　confrontations，régulations）

　　该项目研究在中国、韩国和日本社会中，国家是如何由社会因素（个人或集体）塑造的问题，这是对传统的从官僚体制研究国家这种自上而下研究方式的一种反思。项目围绕现代中日韩三国展开研究，下分有五个主题：规范、权利与冲突；公共与私人领域；自我认同与生活记叙；国家对贸易的统治；国家的建立与维护。该项目在 2018—2019 年开设了三个分题研讨会，分别为：“不同国家的市场机构与组织建设”“1950—1960 年新中国的开端：历史学与人类学调查”“中国博彩史视角”。[②]

（二）中国中心独立受资项目

　　此类项目一般由中国中心研究员担任主要负责人，由合作单位出资，通常也与其他研究机构或个人进行合作。

　　例如，天津研究项目[③]由法国国家研究机构（Agence nationale de la recherche，ANR）出资，由近现代中国研究中心、法国国家研究中心（CNRS）、法国社会科学高等研究院和法国 blset 研究咨询网站等机构共同参与。该项目由中国中心常驻成员伊莎白担任负责人。伊莎白曾于 2010—2013 年在北

---

　　① http://umr-ccj. ehess. fr/index. php? 952.

　　② http://umr-ccj. ehess. fr/index. php? 953.

　　③ http://umr-ccj. ehess. fr/index. php? 998.

京大学社会学系做访问学者，她长期生活在天津，与天津的学者、官员和建筑遗产保护活动志愿者相熟。

该项目的主要研究内容是以天津为例，分析中国的建筑和文化遗产的发展，涉及建筑文化遗产的定义与价值，尤其是政策转型时期对建筑文化遗产意义的探讨，以及民间保护建筑文化遗产志愿活动等问题。

该项目有三个研究次主题：

——社会学创新："保护天津建筑遗产志愿活动"与"天津模式"；

——天津案例的深远影响：如何认证、评估与发展一项濒危遗产；

——文化遗产、社会整合与历史认同。

五、人才培养

中国中心历来重视人才培养，尤其注重跨学科的人才培养方式，加之继承了法国传统汉学研究的优势及其严谨的研究态度，中国中心培养了几代中国学学科带头人，其人才培养成果与科研成果同样引人注目。

目前，中国中心承担法国社会科学高等研究院的"东亚与南亚"方向的硕士学位人才培养任务，以及社会科学高等研究院与法国高等教育实践学院、法国远东学院联合培养"亚洲研究"硕士学位人才的任务。中心成员承担一定的硕士、博士研究生的论文指导任务和日常教学任务。值得一提的是，除课程以外，硕博人才培养还通过研讨会形式对研究生们所学知识与技能进行训练。

（一）"亚洲研究"硕士学位[①]

"亚洲研究"（原"东南亚研究"）硕士学位点由法国社会科学高等研究院、法国高等教育实践学院和法国远东学院合作建成，旨在通过多学科训练，培养人文领域亚洲研究方面的专业人才。

该硕士学位点指导学生使用必要工具，帮助学生理解亚洲世界的复杂性。此处的亚洲世界是个广义概念，指从小亚细亚到日本、从西伯利亚到印度尼西亚。教学形式为研讨会。在跨学科研讨会中，老师向同学们介绍

---

① http://cecmc.ehess.fr/index.php?3341.

亚洲各地的不同社科研究课题。在阅读基础研究材料后，学生将进一步学习针对前人材料的批判与归纳方法。课程设置中还包括一个学术写作工作坊，辅助学生进行学术研究与写作。①

该学位由必修核心课程与方向选修课程组成。核心课程提供研究基础技能指导，选修课程设有两个方向，学生可任选其一：一门是法国社会科学高等研究院与法国远东学院合作（EHESS-EFEO）的"历史与社会科学：田野、文本和符号"，研究现当代亚洲；另一门是法国高等教育实践学院与法国远东学院合作（EPHE-EFEO）的"历史学、文献学与宗教"，研究近代之前的亚洲。

该硕士学位点的教学队伍包括约 120 名从事亚洲研究的教师，一般在中国中心所在的亚洲大厦进行教学。中国中心的常驻（正式）成员会参与该学位点中国部分课程的讲授。除了培养学生的文献研究能力，该学位点还十分重视培养学生的知识应用与实践能力，并与法国及亚洲当地的相关研究机构联合建立了实习生机制。

（二）博士学位②

博士学位点由法国社会科学高等研究院设置，"中国、韩国与日本混合研究单位"培养，中国中心参与培养。申请者需具备硕士学位，可选择研究院提供的 11 个专业方向之一，在"中国、韩国与日本混合研究单位"通过参加项目研究、学习日、研讨会等进行学习和训练。这 11 个专业方向分别为：社会人类学与民族学、语言与艺术、法学与政治研究与哲学、历史与文明、多学科下的田野与文本、地域与迁移与发展、社会科学（与巴黎高等师范学院联合培养，主要通过两所学校下的实验室进行培养多学科人才，包括社会学、人类学、历史学与政治学）、社会科学（马赛区，多学科培养包括人类学、历史学与社会学）、社会科学与性别（以性别社会关系研究为中心，进行多学科培养包括人类学、历史学与社会学）。申请者需联系"中国、韩国与日本混合研究单位"的导师。2020—2021 年，共有 12 位具备博士生指导资格的导师供申请者进行选择。自 2016 年以来，中国中心的注册博士研究生共 39 人。

---

① https：//masterasie. hypotheses. org/enseignements/tronc-commun-asies.

② http：//umr-ccj. ehess. fr/index. php? 1295.

六、成果发布

(一)《汉学书目杂志》

中心自办的刊物有《汉学书目杂志》(*La Revue Bibliographique de Sinologie*,RBS),1956—2006 年出版,共 36 卷,每卷约 500 页。

该期刊主要以简明客观的摘要形式(法语和英语)介绍研究中国各个时期的书籍和文章,涵盖的学科有历史学、考古学、音乐、语言科学、文学、哲学、宗教学、科技史等。该刊于 1956—1962 年推出的前三卷由剑桥大学编写并出版;自 1964 年起,在法国著名汉学家白乐日(Etienne Balazs)的倡导下,该刊开始由第六系(后来的法国社会科学高等研究院)承担编写出版工作。[①] 到 20 世纪 60 年代末,该刊共出版了 15 卷,在 70 年代则没有新刊出版,后于 1982 年推出了一个"新系列",为中国的出版物提供更多篇幅。在 80 年代初内容改革后,该刊重新以第一卷出版,到 2006 年出版了 21 卷,总卷数为 36 卷。[②]

多年来,《汉学书目杂志》在中国研究通讯方面作出了重要贡献。

(二)信息发布渠道

除官网外,中国中心还有一些在网络媒体上进行信息和成果发布的相关途径。

1. 中国、韩国与日本混合研究单位网站

作为混合研究单位的官方网站,它发布关于中国中心、韩国中心和日本中心三个单位的科研信息以及中心间的合作信息。网址:http://umr-ccj. ehess. fr/? lang=fr。

2. "中心手册"博客(Les Carnets du Centres Chine)

由近现代中国研究中心运营,定期发布中心团队的科研动态,包括作者访谈、外来学者参会信息、博士生研究报告、成员学术任务汇报等多方

---

① [法] 贾永吉、叶利世夫夫人:《法国社会科学高等学院的汉学研究》,第 605 页。

② https://www.jstor.org/journal/revubiblsino? refreqid=pub-view%3Af79859f0890f1820a699873b1cdc14c1,访问时间:2021 年 12 月。

面信息。[①] 网址：http：//cecmc. hypotheses. org/。

3. ChinElectrode 博客

分享中国研究的最新信息，包括在法学术活动通知、新近出版物介绍等。网址：http：//chinelectrodoc. hypotheses. org/。

4. EurasiaTrajeco 博客

由比较经济史国际研究组（Groupe de recherche international，GDRI）建立，旨在呈现欧洲和亚洲经济体制和商业实践发展轨迹的比较研究状况，涉及西欧、近东和东亚的经济史、历史地理学、法学、人类学等欧亚多区域多学科的内容。网址：http：//gdri. hypotheses. org/。

5. "中国文化" 博客

分享中国科技史、非物质文化遗产方面的信息。网址：http：//cultureschine. hypotheses. org/。

6. "中国与非洲" 博客

由中国中心常驻研究员裴天士创立，收集中非关系的相关信息。网址：http：//www. pairault. fr/sinaf/。

7. 官方推特

用于发布中心所有科研活动信息。网址：https：//twitter. com/centrechine。

七、合作交流

作为法国当代中国学研究的前沿机构，中国中心在学术信息共享、人员流动及成果发布等方面，与法国国内外中国学研究领域的机构与个人有着密切的联系。

自 20 世纪 90 年代起，中国中心与中国高校和科研机构如中国社科院、北京大学、清华大学等展开了合作与交流。中国中心也与美国和欧洲的研究机构建立了学术联系，如美国伯克利大学、东西方中心，德国古登堡大学和荷兰莱顿大学等。[②]

---

① 梁爽：《法国社会科学高等研究院近现代中国研究中心》，第216—217页。
② 阮洁卿：《法国 "中国中心" 与当代中国研究》，第142—143页。

八、结语

近现代中国研究中心发展至今的 60 余年，真正见证了法国当代中国学研究的发展历程。从初期发展阶段纪亚玛和谢诺作为学科先驱者领导中心艰难前行，到 20 世纪 70 年代以毕昂高为代表的第二代专家们带领中心进入迅速发展阶段，再到 20 世纪 90 年代至 21 世纪后的创新重组时期，中国中心也见证了法国国家科研体制改革和高等教育学校的科研力量兴起。中国中心在这样的过程中，继承了法国传统汉学研究的严谨态度和丰富的知识宝藏，注重于从多学科、多方面研究当今中国社会的发展，领先于法国的中国研究学界，也挺立于世界中国研究领域。

法国社会科学高等研究院近现代中国研究中心联系信息

地址：Campus Condorcet, Batiment EHESS, 2 cours des Humanités, 93322 Aubervilliers cedex, 54 boulevard Raspail, 75006 Paris

电话：+33- (0) 123-456-789

网址：https: //ccj. ehess. fr/cecmc

邮箱：cecmc@ehess. fr

法国现代中国研究中心

吴湜珏珊

法国现代中国研究中心（Centre d'études français sur la Chine contemporaine, CEFC）是一个公共资助的研究机构，是法国外交部和法国国家科学研究中心（CNRS）共同支持的 27 家法国海外研究中心之一，也是唯——家欧洲国家在中国设立并致力于研究当代中国的研究中心。中心的主要任务是研究当代中国的政治、经济、社会及文化发展，港澳台问题是其关注的重点议题。

一、中心概况

法国现代中国研究中心于 1991 年成立，总部设在香港，自 1994 年起在台北设有分支机构，自 2014 年起在北京设有分支机构（均为实体），并在中国大陆配有独立研究人员。中心直接由法国教育部资助，并得到了海内外政府机构、高校、研究院与基金会的支持，包括法国外交部、法国驻华大使馆、法国驻港澳总领事馆、北京法国文化中心、法国国家科研中心、香港科技大学、香港中文大学、香港法国文化协会、台湾"中央研究院"、法国近现代中国研究中心、澳门利氏学社等。中心拥有众多研究人员与科研成果，国际学术声誉良好。

二、机构设置

法国现代中国研究中心在中国大陆及港澳台设有多个分部。目前，中心香港办事处的主任是皮埃尔·米耶热（Pierre Miège），行政团队有三位成员，分别为：邓琼玉（Angélique Tang-King-Yuk），主要负责期刊的编辑与网站的更新；方珊琳（Sandrine Fontaine），负责编辑工作；亨利·吴（Henry Wu），任行政主管，并负责管理期刊的订阅。台北办事处成立于 1994 年，纳撒尼尔·阿玛尔（Nathanel Amar）为现任主任。北京办事处又名"中法社会科学研究中心"，成立于 2011 年 7 月，自 2014 年起与法国现代中国研究中心合并，成为其分支机构。它由法国外交部和法国国家科学研究中心资助，由清华大学社会科学学院主办，2018 年起由傅兰思

（Florence Padovani）[①] 女士任中心主任。

　　法国现代中国研究中心的研究人员可以由法国国家科学研究中心直接委派，也可以由外交部召集的法国亚洲研究所科学委员会（le Conseil scientifique du pôle Asie du MAEE）任命。与此同时，中心也接待来自欧洲其他机构的研究人员。研究人员的研究领域涵盖社会科学和人文学科的众多学科。中心目前提供两种职位：[②] 第一种是法国外交部资助的研究员职位。申请人将在巴黎接受科学委员会的面试，通过后合同期两年，可续签两次。招聘信息发布在法国亚洲研究所科学委员会的门户网站上。第二种是法国国家科学研究中心资助的研究员职位。除此之外，中心在香港与北京常年聘用两名国际志愿者，提供一年期合同，可续签一年。在北京的志愿者需要担任清华大学中法学术中心科学和行政助理，在香港的志愿者负责编辑期刊《神州展望》（China Perspectives）与更新网站。香港和台北分部有时会招聘实习生，为期两个月（最长）。实习生可以参与《神州展望》杂志的编辑并参加中心组织的大部分活动。实习生没有报酬，已在香港或台北的申请人将优先被考虑。

三、代表性人物

　　法国现代中国研究中心的历任主任分别为：米歇尔·邦尼（Michel Bonnin，1991—1998 年在任）、让－皮埃尔·卡贝斯唐（Jean－Pierre Cabestan，1998—2003 年在任）、吉尔·吉厄（Gilles Guiheux，2003—2006 年在任）、让－弗朗索瓦·于谢（Jean－François Huchet，2006—2011 年在任）、塞巴斯汀·维格（Sebastian Veg，2011—2015 年在任）、埃里克·弗洛伦斯（Éric Florence，2015—2019 年在任），现任主任是皮埃尔·米耶热。

　　中心的主要研究团体由研究员、副研究员和博士后及访问学者构成。研究员目前有 6 位，分别是纳撒尼尔·阿玛尔、玛丽·贝洛特（Marie Bellot）、洛朗·齐柯普－雷耶斯（Laurent Chircop－Reyes）、皮埃尔·米耶热、何瑞雪（Horacio Ortiz）和傅兰思；副研究员有 18 位。

　　中心现任主任皮埃尔·米耶热的研究领域主要有三类：（1）中国高危

[①] 傅兰思的主要研究领域与研究成果参见：https：//www.cefc.com.hk/staff/florence-padovani/。
[②] 详情参见：https：//www.cefc.com.hk/research/jobs-scholarships/。

人群的艾滋病预防研究；（2）在中国大陆获得保健服务的社会决定因素；
（3）中国城市中的社会规范转变与个体化。

纳撒尼尔·阿玛尔是中心台北办事处主任，主要研究领域为中国音乐、
文化人类学、民族研究、中国流行文化。他在各类国际期刊上用英语和法
语发表过多篇关于中国音乐研究的文章。近年来他还在台湾高校及其他地
区组织过多场与中国朋克音乐相关的主题讲座并担任主讲，如《中国地下
摇滚乐在纪录片中的再现》《我们来自地下——在北京和武汉创造一个朋克
地下世界》《华语音乐与社会运动，1989—2019》等。

中心北京办事处现任主任傅兰思女士曾任巴黎一大（Paris 1-Panthéon
Sorbonne）讲师和法国现代中国研究中心香港办事处研究员。她的研究主题
有三方面：上海和西安城市发展的社会影响、中国的移民问题和三峡大坝。
傅兰思曾主持参与过多个关于中国城市规划的研究项目并出版多部专著。
她主持的项目包括法国高等教育署（隶属于法国驻华大使馆）的两个项目：
"移民动员与经济机会：广东三峡大坝移民经历比较"（2018、2019）与
"城市规划与居民占地的矛盾研究——以西安和上海为例"（2015），以及实
验室项目"上海都市化进程：从外围到世界"（2011）等。她的著作包括《生
活在中国大陆、香港和印度的边缘》（*Living in the Margins in Mainland China,
Hong Kong and India*，2020）、《印度和中国发展中的移民问题：增长负担的
比较》（*Development-Induced Migration in India and China: A Comparative Look at
the Burdens of Growth*，2016）等。

洛朗·齐柯普-雷耶斯是中心研究员、期刊主编，主要研究领域有知识
人类学和人类流动性，历史上的移民及其对当代社会变迁的影响，知识、
身体技术、仪式和宗教的传播，社会类别的出现、衰退和社会历史轨迹。
雷耶斯2017年在山西大学晋商研究院做访问学者；2018年获奖学金在中国
第一历史档案馆（北京）进行文献研究；2019年获艾克斯-马赛大学社会
和历史人类学博士学位，博士论文题为《在商人和强盗之间：中国北方镖
师的民族史（18世纪至20世纪初）》，同期在艾克斯-马赛大学做助教；
2020—2021年在柏林自由大学东亚研究研究生院做博士后访问学者。他发
表的论文有《成为一名"大篷车者"需要什么？穿越黄土和草原的艺术》
《自由与边缘：江湖中的镖师》《镖师的武术传承——祁县的民族志》《黑
话——中华帝国晚期商队和强盗行话研究》《中国思想和动物伦理问题：

仪式、卫生和道德思量》《商人、盗贼与镖师：中国北方镖局现象的人类学
研究》。

玛丽·贝洛特是《神州展望》的副主编，主要研究领域为中国青年毕
业生、政治化进程、社会运动、中国青年社会学。她 2011 年在里昂二大获
"当代东亚"社会学硕士，同年在里昂高师获政治学硕士；2019 年在里昂
二大获社会学博士；2019—2021 年任独立研究员。她发表的文章有《公共
空间和影响：中国的政治敏感性、传记叙事和情感框架》等，参与撰写的
书籍包括《社会组织和国家机构：多重、不稳定和定位合作——上海流动
儿童教育案例》《移民青年：限制与不平等》。

何瑞雪为法国国家科学研究中心与法国现代中国研究中心研究员，主
要研究货币与金融人类学。她 1997 年在巴黎政治学院获文学学士；1998 年
获法国社会科学高等研究院社会人类学硕士；2006 年获美国纽约新社会研
究学院哲学硕士；2008 年获法国社会科学高等研究院社会人类学博士。
2011 年至今，她历任法国巴黎高等矿业大学博士后研究员、美国普林斯顿
高等研究院成员、华东师范大学副教授、法国国家科学研究中心第 36 组
（社会学）研究员。她出版有专著《估值和投资的日常实践：股东价值的
政治想象》（2021）、《财务价值和真相：上市公司估值的政治人类学调查》
（2014），并发表相关论文多篇。

四、研究情况

法国现代中国研究中心的主要研究领域分为三类：（1）学术文化论辩及
宗教和身份的代表（Débats intellectuels et culturels, représentations religieuses et
identitaires）；（2）社会团体和社会运动及劳工与不平等（Groups et mouvements
sociaux, travail et inégalités）；（3）国家建设、政权演变和政府模式（construction
des états, évolution des régimes, mode de gouvernement）。

中心拥有一个小型影音资料库，[①] 用以播放中心曾举办的活动的相关影
音资料。除此之外，中心从 2007 年到 2018 年以及 2021 年，对中国大陆、
香港、澳门和台湾地区的新闻进行定期浏览，并从中文和英文报纸上收集

---

① 详情参见：https：//www.cefc.com.hk/videos-recordings/。

相关新闻剪报，^① 这些剪报对研究人员来说是一项非常有用的原创资源。剪报收集人共9位，每位负责的时长不等。每份剪报包括关键词、新闻标题和内容概述，以及原始新闻链接，内容涉及中国时政的方方面面，如中国地区发展不平衡、职工养老金征缴的增长、中国参与北极事务、公众对接种疫苗的态度的问卷调查、私营企业的发展、人工智能技术的发展等。

五、人才培养

法国现代中国研究中心在不同地区的办事处所承担的人才培养任务略有差异。中心本部通过流动性资助经费和接待获奖者来积极促进博士研究，有几个不同种类的资助项目，如：

1. 为当代中国方面的博士研究提供为期6个月的流动性资助。申请流程：1月发布申请通知，3月申请截止，4月联系选定的申请人。

2. 为当代中国方面的博士研究提供为期2个月的短期实地考察资助（2个职位）。申请流程：1月发布申请通知，3月申请截止，5月联系选定的申请人。

香港办事处以及中心在港的合作伙伴可提供诸多合作项目，如香港中文大学中国研究硕士和博士、香港博士奖学金计划、香港研究访问博士生计划等。香港办事处同时可为在港的研究人员和博士研究生提供帮助，比如提供当地中国研究专家的名录与联系方式。研究人员也可以在此查阅当地大学图书馆的馆藏目录与文献，包括香港高校图书联网（HKALL）^② 和高校服务中心（Universities Service Center）^③。

台北办事处针对不同阶段的学生或研究者设有不同的合作及奖学金^④资助项目，包括短期几个月到长期三年的资助项目、语言学习项目、高校人才培养（本科、硕士、博士）、台湾学生赴欧洲学习以及外国学者来华等多种合作方式，详情如下。

---

① 详情参见：https://www.cefc.com.hk/research/press-reviews/。
② 涵盖所有位于香港的大学图书馆，使用者可以通过各自机构的介绍信进行访问。
③ 位于香港中文大学图书馆，馆藏非常丰富，有诸多一手资料（地方档案、统计年鉴等），并且完全免费。
④ 详情参见：https://www.cefc.com.hk/scholarship-and-grants-in-taiwan/。

1. 台湾亚际文化研究短期蹲点（Taiwan Experience Education Programs）

该项目由教育主管部门出资，旨在鼓励更多国际学生参与台湾高校组织的短期专业实习项目。根据教育部门的规定和项目原则，每位参与者都有资格获得月津贴（最高 15000 元新台币）。

2. 台湾奖学金及华语奖学金（Huayu Enrichment Scholarship）

该项目旨在鼓励国际学生来台学习中文课程，为他们提供机会增进对台湾文化和社会的了解，促进台湾地区与国际社会的相互了解和互动项目。项目每月津贴 25000 元新台币，时长 3 个月、6 个月或 9 个月到 1 年不等。

3. 台湾奖学金项目（Taiwan Scholarship Program）

该项目鼓励优秀留学生来台攻读学位，熟悉台湾学术环境，促进台湾地区与国际社会的交流、了解与友谊。教育主管部门每学期将为每位受资助人的学费和杂费提供最高 40000 元新台币的资助；为每位攻读大学本科学位的受资助人提供每月 15000 元新台币的津贴；为每位攻读硕士或博士学位的受资助人提供每月 20000 元新台币的津贴。其学制分别为：学士学位 4 年，硕士学位 2 年，博士学位 4 年。

4. 约瑟夫·傅里叶奖学金（Joseph Fourier Scholarship）

该项目为台湾学生赴法国攻读硕士学位而设立，每月津贴 615 欧元，时长 6—22 个月不等。

5. 实地考察资助项目

该项目又分为几个不同的种类。第一类是"CEFC 博士流动奖学金"，用以资助来自欧盟国家的学生在中国大陆、港台地区进行 6 个月的实地考察，每月津贴 1200 欧元。第二类为"短期实地考察项目"，资助来自欧盟国家的学生在中国大陆、港台地区进行为期 2 个月的实地考察；奖学金包括每月 1000 欧元的津贴，以及 500 欧元的差旅补贴。第三类为"台湾奖学金计划"（Taiwan Fellowship Program），资助学者和学生赴台访问，其中教授、副教授、研究员或副研究员的津贴为 60000 元新台币，助理教授、助理研究员或博士生的津贴为 50000 元新台币，还提供往返台湾的经济舱机票一张，奖学金期限为 3—12 个月。第四类为"外国学者赴华访学"，该项目面向外国大学中国研究相关部门的教授、副教授、助理教授（包括博士后）和博士研究生，以及外国相关学术机构的研究人员；教授、副教授、助理教授每月津贴 60000 元新台币，博士和博士后每月津贴 40000 元新台币，访问时间为 3 个月到 1 年。

6. 蒋经国研究基金会资助（Chiang Ching-kuo Foundation Research Grant）

该基金会对访问学者进行资助，申请者每年 8 月 1 日起可提交申请；津贴最多 120000 欧元，以完成为期 3 年的研究。该基金会也资助博士论文的写作，即经认可的欧洲大学最后一年的博士生可以申请奖学金，以完成中国研究领域的论文。

7. "中研院"人文社会科学博士生奖学金（Academia Sinica Fellowships for Doctoral Candidates in the Humanities and Social Sciences）

该奖学金针对正在完成人文和社会科学论文的博士生，资助持续时间 1 年，必要时可再延长 1 年，资助金额每月 35000 元新台币。

8. "中研院"博士后奖学金项目（Postdoctoral Scholar Program—Academia Sinica）

该项目针对拥有博士学位的申请人，需要申请者在近 4 年内获得海内外公立或私立大学授予的学位，并在"中研院"找到一位合作导师。博士后聘任期限为 2 年，重新申请可续聘一次。

法国现代中国研究中心的众多合作伙伴也提供一些相关职位，如中国战略导向研究主题（SORT）博士后、"一带一路"地理信息系统研究博士后等。

六、成果发布

法国现代中国研究中心的学术期刊《神州展望》（*Perspectives Chinoises*）[①]于 1995 年创刊，是一本跨学科的学术期刊，关注当代中国（包括中国大陆、香港、澳门和台湾）的政治、社会、经济和文化演变。《神州展望》得到了法国国家科学研究中心人文社会科学研究所的支持，其编辑委员会由社会科学各个领域的国际性专家共同组成，所有投稿均由两名匿名外审进行盲审。《神州展望》是一部国际公认的学术期刊，旨在超越学科界限，发布最前沿的最具原创性的研究，其研究内容涵盖当代中国的政治、经济、社会和文化，并对任何理论或方法论都持开放态度。该期刊为季刊，以香

---

① 又译《中国展望》（*China Perspectives*），是法国现代中国研究中心（香港）的官方出版物。该刊 1995 年开始出版，至 1999 年其封面增加了中文名《神州展望》，出版语种为英语、法语。

港为基地并在香港印刷、出版，接受个人及机构订阅，一年四期。在北京法国文化中心、上海旅人蕉书店、巴黎凤凰书店等地都可购买到此刊物。

该期刊关注时事，同时与学术研究保持必要的距离。作为英法双语出版物，所有以其中一种语言撰写的文章在出版时都会被翻译成另一种语言，两个版本的内容完全相同。该期刊自 2015 年起被编入欧洲人文和社会科学参考指数（ERIH PLUS）的索引；自 2019 年起被社会科学引文索引（SSCI）编入索引，被政治学、社会学/人口学和人类学研究和高等教育评估高级委员会（HCERES）引用，获得 9.9 ICDS（二级综合指数）指标，可以通过 MIAR 系统（巴塞罗那大学）进行查询，并被西班牙"科学期刊综合目录"（Clasificación Integrada de Revistas Científicas）评为社会科学 A 级。《神州展望》可在多个国际电子发行平台（包括 JSTOR、EBSCO、Open Édition 等）上使用。

该期刊分为四个专栏：第一专栏一般邀请某位专家围绕一个主题进行组稿，关于同一主题的不同观点得以相互补充；第二专栏发表当代中国人文社会科学研究的相关文章；第三专栏是"时事"，对中国时事及其相关研究文章进行总结并分析中国时下的热点话题和事件；第四专栏是"书评"，即对研究中国的学术出版物进行评论。该期刊的编委会由国内外多位不同领域的专家构成，主要来自中国、法国、比利时和美国的高校和研究机构。[1] 期刊内容涉及当代中国的政治、经济、社会、文化、艺术、环境、非遗保护等诸多方面，核心议题包括移民问题、城市规划、农村发展、区域性经济等。[2]

法国现代中国研究中心会定期组织国际研讨会和学术讲座。[3] 研讨会频率较高，一年 10 次左右，其中包括纪录片放映与座谈。疫情后中心多采用网络研讨会的形式举行活动，中心各个分部的研究员均可在线参会。2021 年网络研讨会的主题包括"中国的非遗治理""台湾'酷儿'的全球化""中国农业期货""中国的疫情治理"等，其中多场会议围绕香港和台湾问题展开。

---

① 具体名单参见：https://www.cefc.com.hk/fr/perspectives-chinoises/apropos/。

② 详情参见：https://www.cefc.com.hk/china-perspectives/issues/。

③ 详情参见：https://www.cefc.com.hk/events/seminars/? status＝past。

七、合作交流

法国现代中国研究中心通过与北京、香港、台北的当地机构以及这些机构的相关研究人员网络建立合作伙伴关系，并得以与中国高校学术界和知识界直接往来。合作形式包括中心与其他机构研究人员的相互访问，共同承办学术活动、培养研究人员。合作伙伴包括海内外政府机构、高校研究院与基金会，如法国外交部、法国驻华大使馆、法国驻港澳总领事馆、北京法国文化中心、法国国家科研中心、香港科技大学、香港中文大学、香港法国文化协会、台湾"中央研究院"、澳门利氏学社等。

中心曾组织过以下三个合作项目。

1. 中国与中国海域系列研讨会

该项目的协调人是塞巴斯蒂安·科林（Sébastien Colin）博士，项目时段为 2015 年 4 月至 2016 年 2 月，组织者包括法国现代中国研究中心、香港浸会大学。此项目共举办过 6 次研讨会和 1 次工作坊。6 次研讨会的主题包括"中日关系与东海危机管理""北部湾中越合作：南海联合开发资源的机制与模式""中国的海上战略：北京会寻求挑战西方海军在公海的主导地位吗？""南海形势发展：国际化战略竞争加剧"等。

2. FINURBASIE 项目

该项目以中国和印度为例，研究亚洲金融市场的扩张和城市化发展。项目协调人是娜塔莎·艾夫琳（Natacha Aveline）和卢多维奇·哈尔伯（Ludovic Halbert），项目周期为 2013 年 1 月至 2015 年 12 月。该项目分为中国组和印度组，中国组成员包括法国、中国香港和中国台湾的 6 名学者，印度组成员包括 3 名法国学者。

3. 毛泽东时代的新方法（1949—1976）(Nouvelles approches de l'ère maoïste)[①]

它是一个由香港大学和法国现代中国研究中心的学者团队提出的合作研究项目，并由法国国家研究局（ANR）和香港研究资助局（研资局）联合资助。该项目从 2013 年 3 月持续到 2016 年 2 月，旨在通过大量原始档案材料，如农村劳动条件调查、工作组调查、秘密意见调查或普通民众写

---

① 详情参见：https://www.cefc.com.hk/fr/la-recherche/projets-collectifs/nouvelles-approches-de-lere-maoiste-1949-1976-histoire-quotidienne-et-memoire-non-officielle/。

的投诉信等资料，引发对中国的新研究。此项目的研究团队包括 6 位学者。此项目在 2015 年 12 月 15—16 日组织过名为 "毛泽东时代的民间记忆及其对历史学的影响" 的讲座。① 活动旨在展示近期关于毛泽东时代各种形式的非官方或大众记忆（社会组织、非官方期刊、文学报道和纪录片、口述历史）的实地调查结果，从而讨论这些不同形式的记忆如何改变我们对中国历史甚至中国史学本身的理解。

八、结语

总体而言，法国现代中国研究中心科研实力雄厚，设有多个实体研究机构，能够以法国为大本营，为中国和欧洲的相关科研人员建立学术网络，为不同层次的青年学生与学者提供多种形式的奖学金，进而形成多元流动的科研团队。中心的固定研究人员均具备专业的中国学研究背景与学术素养，能够以专业的路径方法切入分析中国当代社会。同时，中心的学术活动非常丰富，拥有自己的数据资料库和国际性的学术期刊《神州展望》，其研究领域涵盖社会科学和人文学科的众多学科，研究主题涉及当代中国的政治、经济、社会及文化发展等诸多方面，能够全方位、立体化地呈现并深入研究中国的发展与变化。中心不仅关注当代中国社会的主流问题，同时也涉及对边缘弱势群体的关注，尤其关注港澳台问题。在对华立场方面，法国现代中国研究中心的一些研究主题涉及敏感话题，今后将对中国采取何种立场，还有待进一步观察。

法国现代中国研究中心联系信息

香港办事处：

地址：Rm. 3029, Academic Building, The Hong Kong University of Science and Technology, Clear Water Bay, Kowloon, Hong Kong

电话：+852-2876-6910

---

① 讲座海报详见：https://cdn.cefc.com.hk/wp-content/uploads/2014/11/Paris-Conference-program-EN-CH1.pdf。

传真：+852-2815-3211
网址：https：//www.cefc.com.hk/

台北办事处：

地址：Room B110, Research Center for Humanities and Social Sciences,
Academia Sinica, Taipei 11529, Taiwan

电话：+886-2-2789-0873
传真：+886-2-2789-0874

北京办事处：

地址：北京市清华大学明斋楼 324 室
电话：+86-13164226211

德　国

德国柏林自由大学中国研究所

刘　京

柏林自由大学（Freie Universität Berlin，FU Berlin）创建于冷战时期的1948年12月4日，当时位于由美、英、法等西方国家控制的西柏林，是柏林的一些学者和学生试图延续处于东德控制下的弗雷德里希·威廉大学（后改名为洪堡大学）而专门要求设立的。1961年柏林墙建立之前，该校的很多学生来自东德。该校秉持"真理、正义与自由"的建校理念，是柏林规模最大的一所研究型综合性大学。该校目前为德国11所卓越大学之一，拥有11个学术院系、4家跨学科的中央研究所以及与洪堡大学合作建立的一所医学院。柏林自由大学从建校之初就采取国际化的发展策略，并始终遵循这一发展路径，与多个国家或地区的大学及研究所建立了合作伙伴关系。

一、概况与机构设置

柏林自由大学的历史与文化研究系（Department of History and Cultural Studies）下设东亚研究所，该所又下设中国研究所（Institute for Chinese Studies）[①]。中国研究所是德国最重要的从事中国相关研究与教学的机构之一。该研究所拥有雄厚的研究基础，其历史可以追溯至19世纪汉学学科发展与制度化的时期，其整体发展也受到整个德国历史与柏林复杂的城市历史的影响。柏林自由大学的汉学专业设立于20世纪50年代，特色是将汉语语言技能与区域学科研究相结合并将其置于人文社会科学领域的大背景中，研究方法则采用历史与社会科学相结合的方式。作为东亚研究分支的中国研究是基于区域研究概念的一个专业，该专业使用跨学科研究方法，开展该领域的研究。研究问题既包括中国文化与科学传统，也包括深化和扩展语言以及方法论。其特色在于关注当下中国的现实发展，观察的视角则是中国内部相互作用的社会网络与框架，并从对目前问题的观察中追溯其历史沿革。

研究所的研究领域广、覆盖面全，形成了政治与经济、历史与文化、社会、宗教、环境、汉语语言学以及数字中国等7个重点研究领域。

除长期聘用的教职人员（教授、研究员、语言教师）外，研究所还聘

---

① 除中国研究所外，东亚研究所还包括日本研究所、韩国研究所。

有客座教授与企业会员。此外，研究所还提供访问学者、博士后等进修或工作职位。目前，研究所有数十位教授，数位语言教师、访问学者、博士后及十余名博士生。研究所成员的学术履历体现出跨学科与国际化的特点，整体学缘结构呈现出多元的样貌。

二、代表性人物

（一）罗梅君（Mechthild Leutner）[1]

罗梅君，德国汉学家，以研究中国近现代史见长，重点研究 19 世纪以来中国政治、社会及意识形态的转变过程。1974 年，她作为中西德建交后第一批赴北京留学的西德交换生来到中国，1974—1975 年在北京大学历史系学习。1978 年起她任教于柏林自由大学，1990 年成为柏林自由大学东亚研究所汉学教授。[2] 她早年出版了多本对学界产生重要影响的著作，如：*Geschichtsschreibung zwischen Politik und Wissenschaft：Zur Herausbildung der chinesischen marxistischen Geschichtswissenschaft in den 30er und 40er Jahren*，Wiesbaden：Harrassowitz 1982（中文译本见罗梅君：《政治与科学之间的历史编纂：30 和 40 年代中国与马克思主义历史的形成》，孙立新译，山东教育出版社，1997）；*Geburt，Heirat und Tod in Peking：Volkskultur und Elitekulturvom 19 Jahrhundert bis zur Gegenwart*，Berlin：Reimer，1989（中文译本见罗梅君：《北京的生育、婚姻和丧葬：19 世纪至当代的民间文化和上层文化》，王燕生译，中华书局，2001）。

之后，罗梅君深耕中德关系史，近期主要关注德国媒体视角下的中国形象问题。罗梅君及其学生们近年完成了一项题为《新冠疫情背景下德国媒体的对华报道》的研究，就此议题，罗梅君还接受了中国新闻网的采访。[3] 罗梅君曾担任德国汉学杂志《中国社会与历史》的主编和"柏林中

---

① 关于罗梅君更详细的情况，参见李海萍：《德国汉学家罗梅君》，《国际汉学》2017 年第 1 期，第 71 页。

② 关于罗梅君在东亚所任教授的时间，不同资料给出的年份有所出入，本次调研报告采用的数据来自北京大学国际合作部留学生办公室的官网信息。

③ 详情参见《为什么撇开中国建设"中国能力"行不通？》，https://www.chinanews.com.cn/gn/2021/12-16/9631177.shtml。

国研究"丛书的主编，也是《北大史学》《中国研究》等多本杂志的编委。自 2006 年起，她担任柏林自由大学孔子学院德方院长至 2014 年荣休，并一直致力于促进中德文化与学术的互动与交流。

（二）余凯思（Klaus Mühlhahn）

余凯思，柏林自由大学中国研究所教授，[①] 兼任柏林自由大学副校长。[②] 他的《中国刑事司法史》[③] 一书获 2009 年度美国历史学会（American Historical Association，AAS）授予的费正清东亚历史研究奖。余凯思以英语、德语和汉语发表了大量有关中国近现代史的文章，并在 2019 年出版了中国近现代史方面的通史性力作《塑造现代中国》[④]。该著作关注中国本身，探究中国的自我组织方式是如何在制度和管理上治理世界人口第一大国的。作者试图从中国自身的条件来理解中国，既突出中国现代化宏伟事业中所取得的成就，也强调其所遭遇的挫折，为中国的崛起提供了一种新的阐释。全书的写作按照历史进程阐述了四个前后相继的时期："清朝的兴衰"（1644—1900）、"中国革命"（1900—1948）、"重塑中国"（1949—1976）、"中国的崛起"（1977 年至今）。此外，他还在德国媒体中担任中国时政的评论员。

（三）顾安达（Andreas Guder）

顾安达，语言学教授。他 1998—2002 年在北京理工大学担任德国学术交流基金会的外派德语教师，2003—2006 年在德国美因茨大学担任汉语翻译专业副教授，2006—2016 年在柏林自由大学中国研究所担任汉语教学中心组长。2004 年以来，他连年被选为德语区汉语教学协会会长。他还是欧洲唯一一本汉语教学方面的年刊《春：汉语教学》（Chun—Chinese Language Teaching）的主编。他致力于汉语作为外语教学（TCFL/ ChaF）、汉字教

---

① 据研究所网站显示，他目前处于休假状态，休假至 2025 年结束。

② 2018 年 8 月 10 日，余凯思接受了人民网国际频道的采访，参见：http://world.people.com.cn/n1/2018/0810/c1002-30222337.html。

③ Klaus Mühlhahn, *Criminal Justice in China：A History*（Cambridge and London：Harvard University Press，2009）。

④ Klaus Mühlhahn, *Making China Modern：From the Great Qing to Xi Jinping*（Cambridge and London：Belknap of Harvard UP，2019）。

学、翻译学、汉语语言学等多个领域，科研与教学成果颇丰。值得一提的是，顾安达将中国学者柳燕梅编著的《汉字速成课本》（第 2 版）及其配套练习册分别译成德文版，两本书均已于 2016 年出版发行。

（四）吉尼亚·科斯特卡（Genia Kostka）

吉尼亚·科斯特卡，中国政治学教授，现任中国研究所所长。她的研究聚焦于中国的数字化转型、环境政治以及政治经济。她最近的研究项目探讨了如何将数字技术融入中国的地方决策和治理结构。[1] 在此之前，她担任赫尔蒂学院（Hertie College）[2] 的能源与基础设施管理方向的教授（现在她仍是研究员），法兰克福金融与管理学院副教授，以及麦肯锡公司的战略管理顾问。她有牛津大学发展研究学的博士学位、约翰·霍普金斯大学高级国际研究学院国际经济与国际发展方向的硕士学位和伦敦政治经济学院的国际关系学士学位。她的多篇论文刊载于顶级的地区研究及社会科学期刊上，包括《比较政治研究》（*Comparative Political Studies*）、《政治学期刊》（*Journal of Politics*）、《法规与治理》（*Regulation & Governance*）、《大数据与社会》（*Big Data & Society*）、《新媒体与社会》（*New Media & Society*）、《环境政治》（*Environmental Politics*）、中国季刊（*The China Quarterly*）。除了学术工作，她还定期为国际组织提供咨询服务，包括世界银行、经合组织（OECD）、澳大利亚国际发展署（AusAID）、德国国际合作学会（GIZ）和乐施会（Oxfam）[3]。

三、研究项目与资料建设

中国研究所的研究项目数量庞大，既有由研究所成员接受资助承担的单个项目，也有围绕一个大的研究主题由团队成员分工完成的大型研究课题。经过众多学者们的不断耕耘，研究所就中德关系、现当代中国问题、

---

① 欧洲研究理事会资助（ERC Starting Grant 2020-2025）。

② 该学院为是设在德国柏林的一所私立的政府治理和国际事务研究院。学校只开展硕士及以上学位课程，一半以上的在校学生来自国外，其工作语言是英语。

③ 1942 年创建于英国牛津，原名英国牛津饥荒救治委员会，是一家从事国际发展与救援工作的非政府组织。

中国近现代社会问题以及中国妇女问题形成了四个特色研究课题。[①]

目前研究所已完成的项目有 25 项，有如下重点项目。

与教育、语言相关的研究课题："欧洲中文基准框架""学校学科汉语教学实践、目标与挑战：全国学科教师调查"。

与历史相关的专题性系列研究课题："1860—1911 年半殖民地中国的营养、供水和教育""全球背景下的五四运动""制度变迁与难民危机：中国治理机构的转型（1945—1957）""19 世纪的中德关系""中德关系（1848—1911）"。

与现当代中国相关的研究课题："DFG 项目：中国的跨辖区竞争与合作"，有关珠三角地区的系列研究项目"珠三角城中村的非正式流动社区与健康策略"（2007—2008）、"珠江三角洲的国内和国际移民社区"（2009—2010）、"中国特大城市珠江三角洲流动社区形成模式"（2011—2013）、"中国的战略产业政治指导：评估可再生能源转型管理"（2018—2020）。

此外，还有以下重点在研项目。

1. "近代中国的形成——一部历史"项目（The Making of Modern China—A History）

该项目是与哈佛大学出版社签约的图书出版项目，由余思凯主持。项目立项的背景是，中国改革开放以来的快速发展改变了世界，这些变化产生的深远影响只有在中国历史的语境中才能得以理解，特别是近代以来中国传统所经历的变革。项目以出版一部英文著作为目标，基于跨学科的方法以及全球比较的视角来描述 10 世纪以来中国的历史发展。书中内容涉及中国社会与经济发展、军事与边境历史、环境与健康（流行病）、妇女与性别、移民等问题。

2. 德国研究协会"中国的基础设施供应——跨部门和多层次分析"项目

该项目的研究目标是确定在中国的政治体系中影响基础设施供应的关键因素。项目主要研究基础设施治理对不同行业、行政级别和融资模式的项目成果的影响，提供对决定近几十年中国实现基础设施繁荣的政治进程的洞察。

---

① 关于四个课题的具体情况，参看中华人民共和国国史网的介绍：http://hprc.cssn.cn/gsyj/guoshiyanjiu/201001/t20100125_3970915.html。

3. 中国的战略产业政治指导：评估可再生能源转型管理

该项目由维尔茨堡大学的多丽丝·费舍尔（Doris Fischer）和萨布丽娜·哈比奇–索比加拉联合领导，由德国研究协会（DFG）资助，项目期为3年。研究调查目前中国政府的产业政策及其实施情况，特别是地方行为者的作用。项目旨在以可再生能源（风能、太阳能）转型管理为例，分析评估目前中国政府在战略性产业领域的关键性政策。

4. 联邦教育和研究部联合项目

"全球视野下的世界塑造：与中国的对话"（Worldmaking from a Global Perspective：A Dialogue with China）。该项目由德国联邦教育和研究部（BMBF）资助，由埃琳娜·迈耶–克莱门特教授作为项目总联络人，联合了柏林、哥廷根、海德堡、慕尼黑和维尔茨堡大学的研究人员。一期项目始于2020年11月，为期3年。

具体来说，项目成员对已有的"世界"概念进行探究，并从跨国与跨文化的视角探讨世界形成的过程，设立了"世界概念与世界塑造的社会实践"（Conceptions of World and Social Practices of Worldmaking）的研究议题。议题下设两个子项目，同样由埃琳娜·迈耶–克莱门特教授作为总负责人。子项目A"跨语言的汉语世界概念史"（A Translingual Conceptual History of Chinese Worlds）[①]研究与世界相关的汉语术语和概念的历史及其全球含义，分析特定术语传达的概念、术语和概念如何跨越语言边界，以及术语的使用及其纳入新叙事后如何创造了自己的世界。子项目B"社会世界：中国城市作为塑造世界的空间"（Social Worlds：China's Cities as Spaces of Worldmaking）[②]研究全球化对中国城市的政治和社会影响。它从全球视角分析中国的城市治理，以及不同群体之间的社会互动和交流过程。

此外，还有为博士设立的项目：大数据管理与中国地方政府，汉语委婉语中的死亡、疾病和身体的概念化，克服依赖：中国公立医院改革的制度与利益，中国数字治理时代的公民参与，中国在上海合作组织反恐行动中的作用等。

[①] 该子项目由余思凯负责，在其休假期间由访问教授、从事中国思想与文化史的尼古拉斯·席林格（Nicolas Schillinger）代为负责。

[②] 该子项目由埃琳娜·迈耶–克莱门特教授负责，与维尔茨堡大学从事当代中国研究的比约恩·阿尔佩尔曼（Björn Alpermann）教授合作。

在资料建设方面，有两个项目作为依托。

1. "对外汉语学习与研究书目"项目（Studien-und Forschungsbibliographie Chinesischals Fremdsprache）

近年来德国对语言、教学和科学方面合格的汉语教师的需求急剧增加，也导致汉语研究、语言学和教育科学之间的问题增加。欧洲对外汉语教学研究领域虽有众多研究需求，但教学内容、课程和跨文化问题等方面仍是相对未知的领域。研究书目项目从 2017 年 4 月到现在约出版 3200 部（篇）专著、教材、论文，旨在为参与汉语教师培训或汉语和中国文化教学实践的学生和教师提供初步的基础。

2.《现代汉语》的德文翻译项目

该项目由顾安达教授担任负责人，主要对北京大学出版社出版的基础语言学著作《现代汉语》进行德文翻译。尽管全球各教育领域对汉语学习的需求显着增加，各国也出版了大量地区化的初级汉语教材，但教师培训方面的参考资料仍然缺乏，因而包括中国语言学在内的德语教科书的出版仍是值得期待的。

四、人才培养

中国研究所的教学与研究重点为中国现当代社会及其形成的历史进程。中国研究专业要求学生学会通过对原始语言史料的查阅，充分、系统及批判性地分析所研究问题的社会背景及历史过程，并分设学士学位课程与硕士学位课程。

学士学位课程传授中国政治、经济、社会、历史、文化以及宗教方面的系统性知识，特别关注现当代中国的历史发展，强调从社会科学、文化研究的角度进行研究。由于语言被认为是理解与分析文本的工具，因而针对汉语的训练在课程中占据较大的比重。在六个学期的学术讨论中，涉及与中国和东亚相关的具体问题、当前中国相关研究的重要理论和方法以及中国发展的历史细节。

此外，从 2015—2016 年冬季学期开始，为了让学生能够获得必要的实践经验，中国研究所开始提供四年制"综合中国研究（本科+）"［Integrierte Chinastudien（Bachelor Plus）］学士学位课程。这门新课程为学生提供了在四年内完成学士学位和海外学习的机会，包括为期一年的到北京大学的访学，从而使学生得以将国外学习经验与课程内的学习相结合，不仅能够使汉语能力得到锻炼，还能加深他们对专业知识及对象国家历史与文化的了解。

中国研究硕士学位提供中国历史、当代中国、中国研究等课程，课程特点是为学生提供具有更强学术导向与个人专业化的机会。四个学期的课程能够让完成学业的学生有机会在科学机构、媒体、博物馆、以中国文化为基础或与之密切相关的国际公司和国际机构中获得管理岗的职位。

研究所非常重视科研与教学之间的紧密配合，研究人员将基于各自研究的知识引入课程设置，帮助学生培养批判性的思维方式，让学生从专家学者多样化与高质量的研究成果中受益，因而从事中国学研究的学生除能够学习到中国相关的基础知识外，还能够学习并掌握必要的理论知识与方法工具，这些都是培养中国学专家所不可或缺的。通过一系列创新性的教学方法，如小班研讨、案例研究、组织辩论、学习旅行、实战咨询项目等，学生们训练了搜集、阅读以及分析中文材料的技能，以便为进入各自的研究领域做好准备。学生学习的重点内容为中国当代社会及其历史发展进程以及全球化背景下中国的政治、社会、经济和文化转型。通过课程的学习，学生既可获得全面系统的与中国社会相关的知识，又能够全面提升汉语的语言能力，还能够熟悉分析中国社会特定方面内容所必需的方法工具。经过专业的学习与训练，学生们能够秉持多样性的社会文化视角，掌握独立开展中国问题研究所需要的技能。

五、成果发布平台

中国研究所有以下三本富有影响力的学术期刊。

《柏林中国研究》（*Berliner China-Studien*），这是一套系列科学丛刊，1983 年由郭恒钰（Kuo Heng-yü）创办，1995 年开始罗梅君出任该刊主编。《柏林中国研究》由明斯特 LIT 出版社在柏林、汉堡、纽约和明斯特出版发行，目前已经出版了约 50 册。该刊特别为来自华人世界的年轻学者们提供了机会，使他们能够发表自己有关中国现状和历史题材的硕士或者博士论文。

《中国社会与历史》（*Berliner China-Hefte/Chinese History and Society*），该刊为半年刊汉学杂志，由明斯特 LIT 出版社发行，属于德国少数几本研究中国的期刊。其重心是建立在历史与社会科学基础上的中国研究以及对专业问题进行以教学方法为导向的研讨。除了德国国内和境外学者的学术论文，该刊每期都会刊登有关研讨会的报道。

《春：汉语教学》，该刊是一份汉语专业的教学和语言学年刊，创刊于1984 年，由慕尼黑的观点出版社（Iudicium Verlag）发行。作为德语区汉语教学协会会长的顾安达担任该期刊的主编。除了有关汉语的学术论文以及在德语国家各教育领域的汉语教学内容，《春：汉语教学》也刊登来自"对外汉语"研究领域的书评与相关学术研讨会的报道。

另外，中国研究所开通了推特以及名为"研究中国"（China Studieren）的博客。研究所通过博客公布最新的学术信息、研究与教学讲座公告，以及关于学生留学、实习及其他活动的公告。

六、国际交流

中国研究所的国际交流形式多样，既有为促进科研与教学而建立的多层次的长期合作伙伴关系，也有依托各项目开放的资助申请以及组织召开的各种学术会议。

与德国本土及海外知名大学与研究机构的合作。北京大学作为柏林自由大学的六所战略合作大学之一，与中国研究所有着密切的合作。中国研究所还以设立学生交流项目的形式与中国大陆的北京大学、复旦大学、南京大学、浙江大学，以及与位于中国台湾地区的政治大学、台湾大学、台湾师范大学共七所高校建立了长期的合作。

为促进中德学者之间的知识交流、对话与合作，分别设立了方便中国学者的访学项目（Visiting Fellowship Program）以及供德国大学研究人员进行实地考察或查阅档案的助研项目（Research Fellowship Program），据此项目德国学者可在中国大陆和港澳台工作。

此外，中国研究所依托"图谱中国的宗教：从传统到现代的宗教观念的转变"项目（Mapping Religion in China：Changing Concepts of Religion from Traditional to Modern Chinese），召开系列学术会议。2021 年的会议主题为：

"改变'精神'和'灵魂'的社区"（Transforming Communities of "Spirits" and "Souls"）。

柏林自由大学中国研究所联系信息

地址：Fabeckstraße 23-2514195 Berlin
办公联系人：Eva Ritzkowski
网址：https：//www. geschkult. fu-berlin. de/e/oas/sinologie/index. html
邮箱：sinologie@geschkult. fu-berlin. de

意大利

意大利都灵大学中国研究中心

魏佳琳

都灵大学始建于 1404 年，位于意大利第三大城市、皮耶蒙特大区首府都灵市中心地区，是意大利规模最大、历史最悠久、最负盛名的大学之一。作为意大利排名第三位的研究型大学，都灵大学现有 27 个院系，开设超过 150 个本科及研究生项目，涵盖 4 个研究领域：自然科学与技术，生命科学与医学，经济、法律与社会科学，及艺术与人文科学。

都灵大学中国研究中心（TOChina Hub）成立于 2007 年，总部设于都灵大学文化、政治与社会学系。中心现有主任 1 人、指导委员会委员 2 人、研究人员 10 余人。虽然中心的规模不大，但所有研究人员均具有一线教学经历或相关领域的从业经历，理论与实践经验丰富。虽然中心成立的时间不长，但研究团队思维活跃、思路清晰，不拘泥于传统的研究方式与路径，善于接受新鲜事物、学习新的技术，因此中心发展速度较快，受到广泛关注。

一、中心概况

都灵大学中国研究中心是一所综合性知识中心，旨在通过学术研究、联合培养、商业项目、研讨班、慈善论坛、1.5 轨对话等多种方式，与中国知名高校、企业、政府官方机构、学术专家等建立密切联系，提供有关中国国际地位、社会经济结构、制度政策等方面的理论知识、政策解读及实用信息。

二、机构设置与经费来源

中国研究中心由都灵大学、欧洲高等商学院（ESCP）都灵校区、都灵世界事务研究所（Torino World Affair Institute，TWAI）合作创立。中心目前的负责人为欧阳乔（Giovanni B. Andornino）博士，他来自都灵大学文化、政治与社会学系。中心下设指导委员会，委员会成员弗朗切斯科·拉塔利诺（Francesco Rattalino）教授和安娜·卡法雷娜（Anna Caffarena）教授分别为欧洲高等商学院都灵校区院长和都灵世界事务研究所所长。此外，中心还有研究人员 10 余名，均毕业于都灵大学、牛津大学、伦敦政治经济学院、复旦大学等国际知名学府，学科背景丰富，来自国际关系、外交学、工商管理、法学、历史学等多学科研究领域。

都灵大学中国研究中心的经费主要由意大利最大的两家银行基金会——圣保罗银行基金会（Fondazione Compagnia di San Paolo）和意大利都灵 CRT 基金会（Fondazione CRT）以及都灵商会（Camera di Commercio Industria Artigianato e Agricoltura di Torino）提供支持，其他经费来源于意大利外交部、意大利中央银行、由意大利经济财政部控股的意大利存贷款银行（Cassa Depositi e Prestiti，CDP）等。

三、代表性人物

如前文所述，都灵大学中国研究中心的研究团队规模不大，但其研究人员却横跨多学科，具有丰富的学术和行业经验。现将其代表性人物介绍如下。

（一）欧阳乔

欧阳乔博士是都灵大学中国研究中心主任，都灵大学文化、政治与社会学系东亚国际关系助理教授，欧洲大学研究所兼职教授，并担任都灵世界事务研究所副所长、全球中国项目负责人、都灵大学中国研究中心《中国视野》（*Orizzonte Cina*）电子期刊的编辑。

他目前在都灵大学教授当代中国的经济与社会、公共外交和中国外交实践、东亚国际关系等课程，主要研究课题包括国际关系理论与对外政策分析、当代中国制度与政策、亚太地区的国际关系、中意和中国–地中海地区关系等。2004 年至今，欧阳乔博士出版专著、发表论文近 80 部（篇），如 2008 年出版的专著《城墙背后：21 世纪的中国国际政治》（*Dopo la muraglia：La Cina nella politica internazionale del* XXI *secolo*）、2017 年发表的论文《"一带一路"倡议：中国新兴的互联互通大战略》（The Belt and Road Initiative in China's Emerging Grand Strategy of Connective Leadership）、2015 年发表的论文《动荡地中海区域下的中意关系：趋势与机遇》（Sino-Italian Relations in a Turbulent Mediterranean：Trends and Opportunities）、2012 年发表的论文《中意关系的政治经济学》（The Political Economy of Italy's Relations with China）等。①

（二） 弗朗切斯科·拉塔利诺

弗朗切斯科·拉塔利诺教授是中国研究中心指导委员会委员，欧洲高等商学院都灵校区院长兼管理系教授，都灵大学工商管理专业讲师，中国研究中心"中国地中海商业项目"企业总监。

他硕士毕业于都灵大学经济学专业，博士毕业于都灵大学工商管理专业，曾任费列罗国际公司（Ferrero International）财务分析师、甲骨文公司（Oracle Corporation）高级财务应用咨询顾问和动力国际（Motion International）咨询公司项目经理和业务开发人员，后于2006年加入欧洲高等商学院都灵校区。他的主要研究方向为战略执行、可持续发展、绩效管理、家族企业以及食品和饮料行业。他出版专著、发表论文20余部（篇），如与他人合著的《新的竞争策略》（Nuove Strategie per Competere），以及论文《可持续发展与竞争优势》（Sustainability and Competitive Advantage）、《循环优势？巴塔哥尼亚公司的可持续发展创新和循环性》（Circular Advantage Anyone? Sustainability-driven Innovation and Circularity at Patagonia Inc.）、《企业外交与家族企业的常青》（Corporate Diplomacy and Family Firm Longevity）等。②

（三） 安娜·卡法雷娜

安娜·卡法雷娜教授是中国研究中心指导委员会委员、都灵大学国际关系学教授、都灵世界事务研究所所长。

她目前在都灵大学教授国际关系、国际关系与全球新秩序等课程，参与的科研项目有"UniToSkillCase：大学教学工具与资源""中国政治体制转型的国际影响""东南亚国际化网络发展"等。她2016年至2022年任都灵大学国际关系学硕士课程主任，2018年起任都灵大学文化、政治与社会学系卓越项目创新教学法顾问，曾任意大利政治学协会（Societàitaliana di Scienza Politica，SISP）指导委员会成员、欧洲政治研究联盟（European Consortium for Political Research，ECPR）国际关系小组指导委员会成员、欧

---

① "教师名录（Giovanni B. ANDORNINO）"，都灵大学文化、政治与社会学系网站，https：//www.dcps.unito.it/do/docenti.pl/Alias? giovanni.andornino#tab-profilo。

② "教师名录（Francesco RATTALINO）"，欧洲高等商学院网站，https：//escp.eu/rattalino-francesco。

洲科学研究委员会（European Research Council，ERC）外聘顾问。安娜·卡法雷娜教授出版的专著有6本，包括《修昔底德及其他形象陷阱：因为国际政治似乎未曾改变》（*La Trappola di Tucidide e altre immagini：Perché la politica internazionale sembra non cambiare mai*）、《国际组织》（*Le organizzazioni internazionali*）、《极度邪恶：反恐战争与国际秩序重构》（*A mali estremi：La guerra al terrorismo e la riconfigurazione dell'ordine internazionale*）等；在期刊上发表论文近20篇，包括《世界政治中的多样性管理：改革派中国与（自由）秩序的未来》[Diversity Management in World Politics：Reformist China and the Future of the（Liberal）Order]、《全球治理与国际秩序》（Global Governance and International Order）等。①

（四）法恩瑞（Enrico Fardella）

法恩瑞是北京大学历史学系长聘副教授，北京大学地中海区域研究中心（CMAS）主任，都灵大学中国研究中心"中国与地中海地区研究计划"主任、"中国地中海商业项目"（CMBP）区域主任。

他博士毕业于意大利佛罗伦萨大学国际关系史专业，曾在北京大学、意大利巴勒莫大学、佛罗伦萨大学、都灵大学等全球知名高校任教，教授中欧国际关系史、地中海地区历史和政治、欧洲政治历史、东亚历史、当代中国史等多门课程。法恩瑞副教授出版专著5本，发表论文近20篇。近年间他发表的研究成果有：2019年与他人合著的《同梦异床：中欧关系和冷战的转变》（*Same Dreams，Different Bed：Sino-European Relations and the Transformation of the Cold War*），2019年发表的论文《冷战时期的欧洲共同体和中国：便利的伙伴关系》（The European Community and China during the Cold War：A Partnership of Convenience），2017年发表的论文《"一带一路"对欧洲的影响：以意大利视角为例》（The Belt and Road Initiative Impact on Europe：An Italian Perspective），2016年出版的专著《20世纪国际关系史：从军事帝国到技术帝国》，2015年与他人合著的《冷战中的中欧关系和多极世界的崛起》（*Sino-European Relations in the Cold War and the Rise of a Multipolar World*）等。他的主要研究领域为中国外交政策、中欧关系、中国在地中海

---

① "教师名录（Anna CAFFARENA）"，都灵大学文化、政治与社会学系网站，https://www.socialsciences-cps.unito.it/do/docenti.pl/Show?_id=acaffare#tab-profilo。

地区的作用、"一带一路"倡议、国际关系史、当代中国史。[①]

（五）爱德华多·阿伽门农（Edoardo Agamennone）

爱德华多·阿伽门农博士是都灵大学中国研究中心"中国地中海商业项目"学术总监。他本科毕业于罗马第三大学，获法学学士学位；硕士毕业于香港大学，获中国法法学硕士学位；博士毕业于伦敦大学东方与非洲研究学院，获金融和管理研究博士学位。在整个职业生涯中，他为众多投资者、跨国公司、政府、主权基金、银行和其他金融机构在全球30多个司法管辖区的投资项目和公司交易中提供咨询服务，还曾在欧洲和中国的知名律师事务所从业7年，在与中国开展商务项目方面拥有超过15年的经验，擅长的领域包括企业并购、公司法、能源法、核法和项目融资。[②]

（六）李安风（Andrea Ghiselli）

李安风博士是上海复旦大学国际关系与公共事务学院外交学系科研助理，都灵大学中国研究中心"中国与地中海地区研究计划"项目经理，主要研究方向为中国外交、非传统安全、中国与地中海国家关系等。他本科毕业于威尼斯大学亚洲研究系，获文学学士学位；硕士毕业于北京大学国际关系学院，获法学硕士学位；博士毕业于复旦大学国际关系与公共事务学院，获哲学博士学位。[③]

李安风博士曾在《中国季刊》（*The China Quarterly*）、《战略研究杂志》（*Journal of Strategic Studies*）、《当代中国》（*Journal of Contemporary China*）、《中国政治学评论》（*Chinese Political Science Review*）等学术期刊上发表多篇文章。2021年他出版专著《保护中国的海外利益：安全化与外交政策》（*Protecting China's Interests Overseas：Securitization and Foreign Policy*），探讨

---

① "历史学系教师简介"，北京大学网站，2019年1月2日，https://www. hist. pku. edu. cn/jsjj/omjxdsjys/b109a14d9e204cd0866b77bcf9001ec7. htm。

② "人员名录"，都灵大学中国研究中心"中国地中海商业项目"网站，https://www. chinamed business. eu/faculty。

③ 复旦大学国际关系与公共事务学院网站，http://www. sirpa. fudan. edu. cn/？p＝5456&Personnel ID＝707。

了中国海外非传统安全问题的安全化是如何导致其捍卫海外利益战略的出现。①

由以上对代表性人物的介绍可见，都灵大学中国研究中心的研究人员学术背景丰富，其研究领域除了国际关系、中意关系、中欧关系、外交政策等传统意义上的国际性话题，还涉及法律、金融、工商管理、历史学等多学科领域。大多数研究人员活跃在课堂上，具备多年的教学经验。除了学术上的成就，很多研究人员还具备资深的商业经验，在公司管理、商务咨询方面有丰富的实操经验。可以说，都灵大学中国研究中心的研究人员配置多元、经验丰富，擅长的领域较广，对公众具有较大吸引力。

四、研究情况

都灵大学中国研究中心的核心研究任务是通过社会科学中的区域研究法来促进对当代中国政治、制度和社会经济变化的整体理解。研究人员通过获取海内外资料、实地考察、与当地合作伙伴协作等方式深入开展研究，研究重点为中意两国关系和中国在欧洲-地中海地区角色的改变。都灵大学中国研究中心拥有在研项目"中国与地中海地区研究计划"、在线研究平台"中国伙伴"（The China Companion）数据库以及实体图书馆"全球政治图书馆"。

（一）中国与地中海地区研究计划

中国与地中海地区研究计划旨在探索中国在"大地中海地区"（南欧、西亚和北非）的发展足迹，并为该地区不断变化的中东地缘政治与地缘经济格局提供最新的分析和解读。该研究计划于 2011 年启动，由北京大学地中海区域研究中心和都灵世界事务研究所共同发起，研究团队由北京大学地中海区域研究中心负责人法恩瑞副教授领导，复旦大学和都灵大学中国研究中心李安风博士负责协调。

该研究计划以多种方式探索中国与大地中海地区之间的关系，包括开

---

① 《国务书讯：李安风博士出版英文专著〈保护中国的海外利益：安全化与外交政策〉》，复旦大学国际关系与公共事务学院网站，2020 年 10 月 10 日，https://sirpa.fudan.edu.cn/info/1079/3976.htm。

展"中国地中海商业项目"，出版科学出版物，举办各类学术活动，以及收集和分析中国、意大利、法国等国家发布的权威数据。近年间该项目的学术成果包括 2015 年 3 月发表的《机遇之海：中国在地中海地区日益增长的影响力》（A Sea of Opportunities：China's Growing Presence in the Mediterranean Region）、2017 年 9 月发表的《中国"一带一路"倡议的欧亚视角》（Eurasian Perspectives on China's Belt and Road Initiative）、2018 年 11 月发表的《区域视角：中国、巴尔干和中东欧》（Cina，Balcani ed Europa centro-orientale：prospettive regionali）、2018 年 1 月发表的《新时代下的中国与地中海地区》（La Cina e il Mediterraneo nella "nuova era" di Xi Jinping）等。[1]

（二）"中国伙伴"数据库

"中国伙伴"是一个综合性的在线研究平台，旨在为学者、专业人士、学生和对中国文化感兴趣的公众提供有关当代中国政治、经济和外交政策的相关信息。"中国伙伴"项目最初由路易吉·伊诺第研究与文献中心开发，主要由意大利都灵 CRT 基金会及都灵商会提供经费资助。2010 年，"中国伙伴"项目正式成为都灵世界事务研究所研究项目的一部分。此后，在圣保罗银行基金会的资助下，都灵世界事务研究所对"中国伙伴"数据库及相关链接服务提供技术支持。目前，"中国伙伴"数据库为公众免费提供以下 5 种信息：全球 41 家主流日报、期刊和广播公司发布的新闻报道；全球最具影响力的 40 多个智库撰写的论文；全球 160 多种科学期刊中的学术论文；部分国家和国际机构发布的官方文件；由顶级书店出版的书评。[2]

（三）全球政治图书馆

全球政治图书馆是都灵世界事务研究所的工作图书馆，其大部分藏书与现当代中国和印度的历史、政治、经济、社会，"印太"地区的安全以及中国与欧洲-地中海地区的关系有关，书籍采购侧重于科学期刊和学术专著。截至 2020 年 3 月，全球政治图书馆订阅了《中国研究》《神州展望》《中国季刊》《中国政治学刊》《中国》《太平洋事务》《二十世纪中国》等期刊，还提供《中国信息》《欧洲国际关系杂志》《外交》《近代中国》

---

① 中国与地中海地区研究计划网站，https://www.chinamed.it/publications。
② "中国伙伴"数据库网站，https://www.thechinacompanion.eu/。

《太平洋评论》等刊的过往版本。该图书馆仅限会员访问，但公众可以免费注册为会员。会员每次最多可借阅 3 本书，每本书的租借期最长为 1 周；未在规定期限内归还书籍的用户将被禁止借阅 3 个月，屡次违反借阅政策的用户可能会永久失去会员资格。①

五、人才培养

作为起源于高校的研究中心，都灵大学中国研究中心一直非常重视人才培养任务。一方面，在中国研究中心的帮助下，都灵大学先后与北京大学、北京外国语大学、浙江大学和广东外语外贸大学建立了校际联合培养计划和学生互换培养等项目；另一方面，中国研究中心面向不同需求的群体分别开设了中国地中海商业项目、TOChina 夏季研讨班和 TOChina 春季研讨会项目，进一步拓展了人才培养范围和学员规模。现将校际联合培养项目及其他培养项目介绍如下。

（一）"中国与全球研究"硕士学位学分互换项目

都灵大学与同济大学和广东外语外贸大学开展了学分互换项目，都灵大学文化、政治与社会学系"中国与全球研究"硕士专业学生会到同济大学或广东外语外贸大学进行一学期或一学年的交流学习，交流学习期间所获得的学分将被都灵大学认可。②

（二）"中国与全球研究"硕士双学位项目

该项目是都灵大学与北京外国语大学和浙江大学开展的双学位硕士项目，学制两年，都灵大学文化、政治与社会学系"中国与全球研究"硕士专业学生将在都灵大学学习一年（授课语言为意大利语），在北京外国语大学"当代中国研究"／"国际关系"硕士专业或在浙江大学"中国学"硕士专业学习一年（授课语言为英语），毕业时可以获得意大利及中国相应大学的毕业证书。项目的主要课程包括国际关系与新的全球秩序、国际政治

---

① 都灵世界事务研究所网站，https：//www.twai.it/global-politics-library/。

② "项目介绍"，都灵大学文化、政治与社会学系网站，https：//www.didattica-cps.unito.it/do/home.pl/View？doc＝studiare_estero/china_master/presentazione.html。

经济学与东亚政治经济学、当代中国史、东亚国际关系、跨文化交流、汉语等。参加双学位项目的学生将有机会获得中国大学的奖学金资助。①

（三）中国地中海商业项目

中国地中海商业项目创立于 2013 年，前三期与浙江大学合作举办，自 2016 年起由北京大学承办。

该项目采取小班教学模式（限 50 人参与），为期 4 周，共包含 170 多个小时的培训课程和特邀嘉宾讲座。教学方法侧重于行动学习，课程形式包括专题讲座、团队合作、案例分析研究、商业模型测试、创业商业计划模拟等，参与者每周均有机会参观中国知名的创新公司、国有企业以及新兴创业公司。2019 年学员们参观的企业有京东、中兴、中关村创业大街、亚洲基础设施投资银行、德龙、深圳证券交易所等。②

（四）TOChina 夏季研讨班

TOChina 夏季研讨班项目创建于 2007 年，致力于为优秀的研究生、青年学者和专业人士提供关于当代中国政治、经济和外交政策的暑期学习项目。第十五期研讨班于 2021 年 6 月通过线上方式开展，为期两周，共 54 名博士生、研究生、青年学者和专业人士参与其中，主要探讨当代中国政治、经济和外交政策等相关话题。

夏季研讨班的课程教学活动采用多种形式进行，如讲座、研讨会、圆桌会议以及广泛的问答环节等。为确保项目的跨学科性及知识多样性，教学人员来自不同的研究领域，如经济学、经济史、国际关系学、国际政治经济学、政治哲学等。③ 往期的讨论课题包括："中国在地中海地区日益重要的作用带来的挑战与机遇""新时代中欧关系发展""中美关系 40 年：

---

① "项目介绍"，都灵大学文化、政治与社会学系网站，https://www.didattica-cps.unito.it/do/home.pl/View? doc = studiare_estero/china_master/presentazione.html。

② "2021 年宣传手册"，中国地中海商业项目网站，https://uploads-ssl.webflow.com/5a55e562083cad0001e244f0/5e6a60dcba0b389c62283b08_CMBP_Brochure21.pdf。

③ "夏季研讨班"，都灵大学中国研究中心网站，https://www.tochina.it/training/tochina-summer-school。

经验教训与未来之路"等。①

（五）TOChina 春季研讨会

TOChina 春季研讨会每年 3 月至 5 月在意大利都灵举行，重点讨论与当代中国、中意关系、中欧关系、中国–地中海关系有关的各种主题，平均每年有 80 余人参与其中。该项目采用意大利语或英语授课，以三门研究生课程——东亚国际关系学、东亚国际政治经济学与政治经济学、当代社会转型为背景开展（三门课程均为都灵大学全球研究硕士学位课程中的一部分），面向公众开放，有意者均可报名参加。②

往期项目的讨论课题包括："'一带一路'高峰论坛：中国新型非正式外交与国际组织""欧盟的战略自主权、贸易政策和对华关系""独立纪录片讨论：《中国之门》""中国与全球贸易和能源的未来""近代中国的政治经济——1800 年至 2020 年的改变与延续""美元霸权的破裂与人民币的国际化"等。③

六、成果发布

作为成立时间不长的中国研究中心，都灵大学中国研究中心发布的成果数量不多，主要有《中国视野》电子期刊和中国与地中海地区研究计划的相关研究成果和数据。中国与地中海地区研究计划的成果主要通过项目网站以及年度研究报告发布，如《中国与地中海地区研究计划 2019 年度报告》。

现对《中国视野》电子期刊作一介绍。《中国视野》电子期刊（ISSN 2280–8035）由创立于 2010 年，是意大利首份完全致力于中国时事报道的电子期刊，可在线免费下载，主要内容包括政治动态、经济社会转型和文化现象。该刊每季度出版一次，目前已发表超过 400 篇文章，吸引了超过

---

① "夏季研讨班"，"往期项目情况"，都灵大学中国研究中心网站，https：//uploads-ssl. webflow. com/5a377a7acb00350001043bac/61f17b0d5b83cc3a3dda2a33_Previous_SummerSchool. pdf。

② "春季研讨会"，都灵大学中国研究中心网站，https：//www. tochina. it/training/tochina-spring-seminars。

③ "春季研讨会"，"往期项目情况"，都灵大学中国研究中心网站，https：//uploads-ssl. webflow. com/5a377a7acb00350001043bac/61f17af39677ef6cb0aa1636_Previous_Spring. pdf。

1.5 万名读者。意大利高校及科研机构国家评估局（ANVUR）将此期刊归为政治和社会科学期刊（Area 14）。[①]

2021 年 12 月出版的该刊以中国共产党成立 100 周年为主题，2020 年出版的多份期刊分别以中意建交 50 周年、中国创新的挑战、中国与多边主义、"一带一路"国家发展等为主题，往期刊物还就中国宗教、中国的"新时代"、中国城镇化等话题，多方面探讨了当今的中国社会。[②]

七、合作交流

作为研究当代中国的机构，除了重视科学研究，都灵大学中国研究中心还积极探索国际交流方式的创新，不仅与世界一流学术机构建立合作关系，还注重与意大利和中国政府机构、科研机构、民间组织、企业等加强沟通与交流。

都灵大学中国研究中心现已同以下机构建立了合作关系，开展了多种形式的人才交流与培养活动：北京大学、北京外国语大学、浙江大学、广东外语外贸大学、北京大学地中海区域研究中心（CMAS）、外交学院、都灵理工大学、欧洲大学学院、德国图宾根大学中国中心（CCT）、那不勒斯东方大学等。都灵大学中国研究中心还与路易吉·伊诺第研究与文献中心、RUI 基金会、国际组织学生运动（MSOI）、中意青年会（ANGI）、意大利华裔协会（ASSOCINA）等机构合作，以各种创新模式开展了丰富多彩的活动，受众群体较大。除此之外，都灵大学中国研究中心还与中兴通讯、联想集团、海康威视等世界知名企业建立了合作关系，并向"中国地中海商业项目"学员提供与合作企业近距离接触的机会。

都灵大学中国研究中心的活动范围广泛，如举办中意慈善论坛，成立"思考在中国"知识分享社区，开展关于中意、中国-大地中海地区关系的1.5 轨高层政治对话，成立都灵汉语俱乐部等。这些活动不拘泥于单一的形式、主题和参与者，而是通过多种方式为政府官员、企业、学术界、媒体和年轻人提供交流的平台，探讨中意外交关系、中国在地中海区域的政策与战略、当代中国、中国语言与文化等丰富多彩的话题。

---

① 都灵大学中国研究中心网站，https://www.tochina.it/research/orizzonte-cina。
② "《中国视野》电子期刊"，都灵世界事务研究所网站，https://www.twai.it/journals/orizzontecina/。

（一）中意慈善论坛（China-Italy Philanthropy Forum）

中意慈善论坛由都灵大学中国研究中心、深圳国际公益学院（CGPI）与中国发展研究基金会（CDRF）于 2019 年 3 月联合发起创建。它旨在促进中国和意大利慈善界的广泛合作，并召集慈善家和慈善组织管理者参与当今时代关键问题的探讨，如气候变化与可持续发展、社会金融与创新、赋予女性与青年更多的权力、家族与文化遗产、早期幼儿教育、区域协调发展、教育、高层次国际交流等。①

2019 年 3 月 21 日，中意慈善论坛东西方领袖峰会在意大利开幕，30多名中意两国政界、慈善界、企业界、艺术界及学术界权威代表应邀出席，共同探讨新时代"一带一路"背景下中意两国在公益创新、人类福祉、文化艺术等慈善领域合作的机遇与挑战。②

值得一提的是，在 2020 年全球抗击新冠疫情的关键时刻，多家机构通过中意慈善论坛募集了口罩、手套、防护服、呼吸机等医疗物资，这些物资分批陆续运抵意大利并分发到各地民事保护部门和医院，此次防疫物资的转交展现了中意慈善论坛的创新作用。③

（二）思考在中国（ThinkIN China，TIC）

"思考在中国"是一个知识分享社区，由一群在中国生活和工作的青年学者于 2010 年 9 月在北京创立。"思考在中国"诞生于北京海淀区的一家咖啡馆，其初衷是建立一个非正式的平台，供各年龄段的中外学者在此交流思想、分享信息。目前"思考在中国"的主要活动包括与中国知名学者每月一次的公共讨论、学术圆桌会议、月度活动之后的欢乐聚会等社交活动等。在月度活动中，约 80% 的演讲者是北京本地研究当代中国问题的专家，来自北京大学、清华大学、中国人民大学、北京外国语大学、中国社会科学院大学等多所知名高校。"思考在中国"的活动经费主要来源于都灵

---

① "中意慈善论坛"，都灵大学中国研究中心网站，https：//www.tochina.it/networking/china-italy-philanthropy-forum。

② 《首届中意慈善论坛明年将在中国举行》，中国网，2019 年 3 月 28 日，http://gongyi.china.com.cn/2019-03/27/content_40701022.htm。

③ 《中意两国慈善机构捐赠医疗物资陆续运抵意大利》，中华网，2020 年 4 月 4 日，https://news.china.com/international/1000/20200404/38024973.html。

世界事务研究所、德国图宾根大学中国中心以及卡尔·施莱希特基金会（KSG）。[1]

（三）1.5 轨对话

为了深化中意、中国与欧洲-地中海地区的关系，都灵大学中国研究中心研究人员通过都灵世界事务研究所与来自中国外交、安全和经济领域的机构开展 1.5 轨对话。例如，2015 年春季在中国北京和意大利都灵举行了都灵世界事务研究所与当代世界研究中心第三轮 1.5 轨对话，讨论的主题为"一带一路"倡议下中国的新型外交政策。[2]

都灵大学中国研究中心非常重视其学术声誉和社会影响，积极与国际知名学术机构和中意政府机构建立联系。一方面，都灵大学中国研究中心的合作高校均为世界一流大学，并定期邀请合作高校的专家学者参与中心的其他研究项目，如夏季研讨班、春季研讨会等；另一方面，都灵大学中国研究中心致力于参与到中意外交的相关活动中，如 2019 年 3 月召开中意慈善论坛东西方领袖峰会、2015 年春与中国当代世界研究中心开展第三轮 1.5 轨对话等。

都灵大学中国研究中心创新的活动模式也得到了政府的关注。意大利总统塞尔吉奥·马塔雷拉先生与欧盟委员会前主席、意大利前总理罗马诺·普罗迪先生曾于 2019 年专门就中意慈善论坛东西方领袖峰会召开工作会议，期待与中方共同搭建中意人文交流高端平台。[3] 2019 年 3 月 23 日，中意慈善论坛三方联合创始机构负责人在中意两国元首见证下正式签署了"关于设立中意慈善论坛的谅解备忘录"，该备忘录是 2019 年 3 月中意两国元首见证下 19 个合作签约项目中唯一一个来自慈善领域的合作项目。[4]

---

[1]　"思考在中国"网站，https://thinkinchina.asia/。

[2]　都灵世界事务研究所网站，https://www.twai.it/journal/tnote-1/。

[3]　《首届中意慈善论坛明年将在中国举行》，中国网，2019 年 3 月 28 日，http://gongyi.china.com.cn/2019-03/27/content_40701022.htm。

[4]　《两国元首见证中意慈善论坛合作备忘录签署》，中国公益研究院网站，2019 年 3 月 25 日，http://www.bnu1.org/show_1196.html。

八、结语

总的来说，都灵大学中国研究中心是一个相对年轻的研究机构。相较其他海外中国研究中心来说，其历史不算悠久，规模不算庞大，中心成员较为年轻，机构设置和管理模式也较为简单，因此还有很大的进步和发展空间。但它也具备很多年轻机构的特点，创新能力强，善于挖掘不同群体的不同需求，不断探索新的研究模式。相信这样一支充满活力的团队，定能在未来有更大的作为，让更多人看到都灵大学中国研究中心的魅力。

都灵大学中国研究中心联系信息

地址：Lungodora Siena 100/a，10153 Torino，Italy

电话：+39-011-670-2627

网址：www. tochina. it

邮箱：kavinda. navaratne@ tochina. it

俄罗斯

俄罗斯科学院东方研究所中国问题研究室

张如奎

俄罗斯是中国北方的重要邻国，以中国文化、历史、政治为主要研究对象的汉学研究一直以来都是这个国家的亚洲地区研究学科——东方学的重要组成部分。近年来，俄罗斯奉行亚欧一体化政治策略，中俄两国的关系日益提升并达到了新的历史水平，使俄罗斯的中国问题研究学科得到了难得的历史发展契机。显而易见的是，更多的俄罗斯年轻人热衷中国历史文化而学习汉语，莫斯科、圣彼得堡、俄罗斯远东地区等作为历史上拥有深厚汉学基础的地区，逐渐形成多家有重要影响力的中国问题研究机构。其中，俄罗斯科学院东方研究所中国问题研究室在中国问题研究领域具有不可小觑的世界影响力。

一、研究室概况

俄罗斯科学院东方研究所是俄罗斯最大的东方学研究机构，也是俄罗斯研究中国问题历史最悠久的机构之一。该研究所机构部门设置齐全，既有科学研究机构，也有博物馆和图书馆，在国际学术界占有重要地位。

俄罗斯科学院东方研究所始建于 1818 年，研究所的前身——俄罗斯皇家科学院亚洲博物馆位于圣彼得堡。该博物馆成立初期，主要收藏来自东方各国的文物和文献资料，当时博物馆最重要的藏品是一份彼得大帝的遗诏。1930 年，苏联科学院正式设立了新的研究学科——东方学，并在亚洲博物馆、佛教文化研究所、东方学家委员会、突厥语文学研究所的基础上合并组建了东方研究所。1950 年，东方研究所迁往莫斯科。1956 年，在原东方研究所东方手稿部的基础上成立了列宁格勒分所，后更名为圣彼得堡分所。2004 年，该分所正式独立，成为俄罗斯科学院东方文献研究所。1960—1967 年，东方研究所曾改名为亚洲民族研究所。

东方研究所设有中国问题研究室、阿拉伯研究中心、印度研究中心、东方历史研究中心、中东和中亚问题研究室、独联体国家研究室、亚洲语言研究中心、东方实用问题试验室等 22 个研究部门。此外，还设有图书馆、研究生部、外事处、出版社和印刷厂等机构。

东方研究所的中国问题研究室（该机构前身是中国历史研究中心）传统上一直是俄罗斯汉学的重要研究机构之一。目前，该研究室有研究人员约 30 人，分为三个研究部：中国古代和中世纪史研究部、中国近现代史研究部、中国思想文化研究部。除此以外，研究室还有三家跨部门研究中心，它们是汉学研究中心、俄中关系研究中心、台湾问题研究中心。

二 、代表性人物

（一） 阿尔乔姆·伊戈雷维奇·科布泽夫 （Артем Игоревич Кобзев）

阿尔乔姆·伊戈雷维奇·科布泽夫 1953 年 10 月 15 日出生于莫斯科，1970—1975 年就读于莫斯科国立大学哲学系。1979 年获得莫斯科国立大学哲学科学副博士学位，论文题目为《王阳明哲学（1472—1529）》 ［Философия Ван Ян-мина （1472 - 1529） ］。1989 年获得俄罗斯科学院哲学研究所博士学位，论文题目为《中国古典哲学的方法论》 ［Методология китайской классической философии （нумерология и протологика） ］。1990 年在北京大学进修一年。1999 年获得教授职称。

科布泽夫的教学经历及职务包括：俄罗斯科学院东方研究所研究员，东方研究所中国问题研究室主任；莫斯科物理技术研究所人道主义和社会科学教研中心主任 （自 1998 年起）、历史系主任 （1998—1999）、文化学系主任 （自 1999 年起）；国际易学 （专门研究、评论和解释《易经》的学说） 联合会理事 （北京，自 2004 年起）。

科布泽夫教授的主要研究方向为：汉学、中国哲学、科学、文化史、文化学和历史比较语言学。所授课程有：《中国传统文化的精神基础》 （Духовные основы традиционной китайской культуры）、《全球文化选择：东西方》 （Глобальная культурная альтернатива：Восток-Запад） （自 1989 年起，莫斯科物理技术研究所）、《中国伦理学史》 （История китайских этических учений） （莫斯科国立大学）、《中欧传统文化比较分析》 （История китайских этических учений） （莫斯科国立音乐学院）。

科布泽夫教授参加过 50 多场国际和国内学术会议，获得了众多荣誉和奖项。例如，他的著作《王阳明教义与中国古典哲学》[1] 获苏联科学院东

---

[1]　Учение Ван Янмина и классическая китайская философия （М.：Наука，1983）.

方研究所研究员最佳出版物竞赛一等奖（1983），《中国古典哲学中的符号学和数字学》[1] 获俄罗斯科学院东方研究所研究员个人著作一等奖（1994）。除了上述提到的两部获奖著作，科布泽夫教授还出版有《中国新儒家哲学》（2002）[2]、《俄罗斯中国佬的戏剧和闹剧》（2016）[3] 等，并发表过 200 篇学术文章。近几十年来，在包括《俄罗斯大百科全书》《新哲学百科》等在内的俄罗斯主要的百科全书中，有关中国哲学的大多数文章都是由科布泽夫撰写的。他还是《中国哲学》（1994）的副主编，《中国精神文化大典》（2006—2010）的副主编及其《中国哲学卷》（2006）的主要作者。除此之外，他还进行教学方法的研究并发表相关论文。

（二）埃尔维拉·安德烈耶夫娜·西涅茨卡娅（Эльвира Андреевна Синецкая）

埃尔维拉·安德烈耶夫娜·西涅茨卡娅 1939 年出生于莫斯科，1964 年毕业于莫斯科国立大学经济学系。她曾任俄罗斯科学院全俄科技信息情报研究所研究员（1964—1967）、远东研究所研究员（1967—1973）、东方研究所研究员（1974—2024，2024 年去世）。

西涅茨卡娅的主要研究方向为中国近现代社会史。她发表有近 80 篇学术文章，如她的博士论文《20 世纪中叶中国北方公民的社会形象》（1993）[4]、《中国公民自画像》（1997）[5]、《中国女性主义》（2009）[6]、《中国小说的交际功能》（2012）[7]、《现代中国社会的一面镜子——新中国文

---

[1]　Учение о символах и числах в китайской классической философии（М.：Наука，1994）.

[2]　Философия китайского неоконфуцианства（М.：Восточная литература РАН，2002）.

[3]　Драмы и фарсы российской китаистики（Москва，2016）.

[4]　Социальный облик горожанина Северного Китая середины XX века. Кандидатская диссертация（М.，1993）.

[5]　Автопортрет китайского горожанина（М.：ИВ РАН，1997）.

[6]　Феминизм в Китае（нюйсинчжуи）// Духовная культура Китая. Историческая мысль. Политическая и правовая культура（М.：Восточная литература РАН，2009），С. 665-667.

[7]　Коммуникативная функция китайской художественной прозы // ИВ РАН，Общество востоковедов России. Бюллетень Общества востоковедов. – Вып. 18：К VIII Съезду российских востоковедов：Труды（М.：Рукописные памятники Древней Руси，2012），С. 215-224.

学》（2015）①。

（三）谢尔盖·维克多拉维奇·德米特里耶夫（Сергей Викторович Дмитриев）

谢尔盖·维克多拉维奇·德米特里耶夫 1979 年出生于莫斯科。1996—2002 年在莫斯科国立大学历史系学习，主修中国古代历史和文化。1999—2000 年，他在中国人民大学完成了语言实习。2003—2004 年，他在巴黎大学攻读研究生，论文题目为《大汗的基督徒（元帝国的基督教）》［Христиане Великих ханов（христианство в империи Юань）］。2002—2005 年，他在俄罗斯科学院东方研究所研究生院学习，论文题目为《汉朝时期的中国古城（公元前 202 年至公元 220 年）》［Древнекитайский город в период Хань（206 г. до н.э. –220 г. н.э.）］。2005—2009 年，他在东方研究所获得博士学位。

德米特里耶夫的工作经历包括：俄罗斯科学院东方研究所研究员（自2005 年起）、中国古代和中世纪史研究部负责人（自 2015 年起），东方大学讲师（自 2009 年），莫斯科国立大学亚非研究所历史系副教授，俄罗斯国立人文大学"东方哲学"教研中心副教授（自 2014 年起），欧洲科学协会中国研究组成员（自 2016 年起），《东方：非亚社会》杂志编辑委员会成员（自 2017 年起）。

德米特里耶夫的主要研究方向为：中国汉代历史文化、蒙古国历史、中世纪畏兀儿人的历史（история средневековых уйгуров）、唐古特（西夏）人的语言与文化（язык и культура тангутов）。

德米特里耶夫参加过 50 次国内外的学术会议，并发表演讲。他发表了130 余篇学术论文，如《以长安为例的汉代城市构造》（2002）②、《从〈考工记〉看中国古代城市规划理论》（2004）③、《关于汉代人口状况的问题研

---

① Новая китайская литература – зеркало современного общества Китая // Судьбы национальных культур в условиях глобализации：сборник материалов международной научной конференции（Челябинск：Энциклопедия, 2015），С. 172–177.

② Основные компоненты ханьского города на примере Чанъани // XXXII научная конференция «Общество и государство в Китае»（М., 2002），с. 43–56（1 п.л.）

③ Древнекитайская градостроительная теория по данным Као гун цзи // XXXIV научная конференция «Общество и государство в Китае»（М., 2004），с. 74–92（1 п.л.）.

究》（2011）[①]、《中国是什么？历史神话和现实政治中的中土国家》（2012）[②]。

（四）瓦连京·楚尼利耶维奇·戈洛瓦乔夫（Валентин Цуньлиевич Головачев）

瓦连京·楚尼利耶维奇·戈洛瓦乔夫（中文名刘宇卫）1962 年出生于莫斯科。1984 年毕业于国立远东大学东方系。1984—1987 年在国立远东大学历史系任教。1992 年在莫斯科国立大学亚非研究所获得博士学位。

戈洛瓦乔夫的工作经历包括：俄罗斯科学院东方研究所研究员（自 2004 年起），莫斯科国立大学亚非研究所研究员（2005—2010）。除了从事学术研究，他还是俄罗斯记者协会成员（自 2004 年起），担任俄罗斯"台湾国际电台"的记者和主编。

戈洛瓦乔夫是一名东方学专家、汉语翻译家。他的研究范围涉及俄罗斯、中国和其他亚洲国家的中世纪史和近现代史，主要研究方向为：民族历史、跨文化交际、文化融合以及邻近文明的相互作用。他当前的研究课题有：台湾的历史和文化，中世纪亚洲的"游牧帝国"和中国的"征服王朝"（文化/反文化、妇女在传统社会中的作用等），俄罗斯和亚洲国家的历史、文化和国际关系，全球汉学家的口述历史。

戈洛瓦乔夫发表有近 80 篇学术文章，如他的博士论文《北魏的民族进程和民族政治》（1992）[③]、《据历史朝代所传拓跋鲜卑人的起源（魏书）》（1996）[④]、《书评：中国精神文化》（2010）[⑤]等。

[①] К проблеме изучения демографической ситуации в эпоху Хань — Asiatica. Труды по философии и культурам Востока. Выпуск 5. Отв. ред. С. В. Пахомов（СПб.：Изд-во С.-Петербургского ун-та, 2011），С. 37-96（2 а. л.）.

[②] Что такое Китай? Срединное государство в историческом мифе и реальной политике // Восток（Oriens）. 2012, № 3. С. 5-19（1, 5 а. л.）.

[③] Этнические процессы и этническая политика в государстве Северное Вэй（IV - VI вв.）. Кандидатская диссертация.（М., 1992）.

[④] Происхождение Тоба-сяньбийцев по версии династийной истории（Вэй шу）// В сб.：Общество и государство в Китае. — XXVII н. к.（М., 1996），С. 204-207.

[⑤] Рецензия. Духовная культура Китая：Энциклопедия в 5 томах. Т. 1-4. Гл. ред. М. Л. Титаренко, зам. гл. ред. А. И. Кобзев, А. Е. Лукьянов（М.：Вост. Лит-ра, 2006-2009）// Восток（ORIENS）, 2010, №1, С. 189-192.

三、研究情况

俄罗斯科学院东方研究所中国问题研究室一直致力于研究中国从古至今的历史，其研究主题包括涉及中国历史和文化的广泛问题。该研究室超过一半的研究人员研究方向为中国古代和中世纪史，即南北朝至明代中期的历史。近年来，该研究室对当代中国社会历史的研究亦不断加强。

2010 年年末以来，该研究室再次开展关于中国人口普查问题的研究。2011 年以来，在复兴古典汉学主要方向的框架内出现了新的研究方向——唐古特学（西夏学）（тангутоведение）①。此外，对许多历史、哲学、文学典籍的翻译和注释工作一直持续进行，这些工作具有重要的学术价值。

该研究室最主要的研究工作是书面文献的翻译和注释，特别是历史类文献。研究室在此方向上的重大成就是首次将中国通史的奠基之作《史记》完整地翻译成西方语言。2014 年，在"俄译中国古典经典"（Классические китайские каноны в русском переводе）学术系列丛书中，中国问题研究室出版了两卷本的儒家与名家经典《大学》和《邓析子》。其中，《大学》附有古代和中世纪哲学家的注释。此外，研究室准备出版中国传统五大小说之一的《金瓶梅》，并正在翻译和注释经典典籍《周礼》《大明律》和《史记》。

2020 年，在阿尔乔姆·伊戈雷维奇·科布泽夫主任的主持下，研究室汇编出版了叶列梅耶夫（В. Е. Еремеев，1953-2011）② 和斯皮林（В. С. Спирина，1929-2002）③ 的著作。此后，研究室出版了两卷本《俄罗斯汉学档案》（Архива российской китаистики）（共110 篇），该书首次专门介绍了俄罗斯汉学 300 年的发展历史，包含 19 世纪初的科学遗产以及教学和参考资料、回忆录和档案、评论和书目、罕见的插图等。此外，研究室成员参与的国际项目"俄罗斯汉学：口述历史"仍在积极运行，该项目将对俄罗斯国内主要汉学家的访谈汇编成集，并于 2013 年、2015 年和 2020 年出版了三卷。

---

① 唐古特，一译唐古忒，是清初文献中对青藏地区及当地藏族的称谓。元朝时蒙古人称党项人及其所建立的西夏政权为唐兀或唐兀惕，后渐用以泛称青藏地区及当地藏族诸部。清初曾沿用此称，作唐古特。今蒙古语仍称青藏地区及当地藏族为唐古特。

② 弗拉基米尔·叶甫杰戈耶维奇·叶列梅耶夫，俄罗斯汉学家，俄罗斯研究中国自然科学史领域的专家。

③ 弗拉基米尔·谢苗诺维奇·斯皮林，俄罗斯汉学家、哲学史家。

该研究室的研究方向仍以古典汉学的发展为主，即中国传统哲学和科学的理论基础、中国自然科学知识特点。这一方向上的主要成就反映在 2014 年出版的第一卷《中国传统科学》（Традиционная наука в Китая）中。

该研究室着力于研究中国传统艺术的理论基础和实践形式、其在清朝时期与西方相互影响下的特点，以及现代中国艺术的最新趋势，这对于了解中国的文化和社会心理至关重要。从 2020 年起，该研究室开始研究中国的传统音乐文化，特别是传统音乐剧。在俄罗斯汉学中，这个话题鲜有探讨，而音乐是所有中国传统文化的基础之一。在文学方面，研究室成员一直在研究中国著名小说《红楼梦》及其对现代中国作家文学作品的影响。

从 2020 年开始，该研究室制定了新的研究主题"中国的俄罗斯世界"（Русский мир в Китае），其主要介绍 19 世纪末至 20 世纪在中国的各种俄罗斯（苏联）人，包括俄罗斯驻华外交、军事人员及从事不同行业的俄罗斯人的经历和见闻。

该研究室的研究人员不仅参与了俄罗斯科学院主编的《中国通史》①第十卷的出版工作，还对已出版的卷本进行修订，引起了俄罗斯汉学家的积极讨论。

除此以外，该研究室还开展对台湾地区民族历史问题的研究。

四、人才培养

俄罗斯科学院东方研究所重视人才培养，承担了接待各类不同层次学生和学者深造进修和访问学习的任务。

半个多世纪以来，东方研究所一直是专业东方学教育领域中的权威国际科学和教育中心。东方研究所的科学人员培训系统从 20 世纪 50 年代初开始形成，已使成千上万的俄罗斯学子和外国留学生顺利完成了硕士和博士学位的学习。此外，亚洲国家的许多科学、政治、外交和商业等方面的优秀人才也在该所学习，如攻读副博士和博士（等同于中国的博士和博士后）学位，以及进行基本的专业学术培训。

目前，该研究所超过 70% 的研究人员已经获得副博士和博士学位，超

---

① 《中国通史》共 10 卷，由俄罗斯科学院远东研究所牵头，由来自俄科学院东方研究所、圣彼得堡东方文献研究所等机构的约 160 名研究者历时 5 年（2013—2017）编纂完成。

过 80% 的研究人员直接参与了该所的科研和教学工作。

（一）培养计划

该所的研究生课程包括四个部分：（1）理论知识，即完善历史和科学哲学领域的理论知识，本专业的博士论文要用一门外语来撰写；（2）专业知识，包含了研究工作的理论、方法和技术；（3）应用，结合学术研究的课程和工具，组织开展研究和实验工作，处理和阐明其工作成果；（4）论文的起草和答辩。除了上述课程，研究生还要进行教育实习。

开展研究生培养计划的专业有：通史（世界古代史、中世纪史、近现代史）；史学（史料研究和历史研究方法）；国际关系和外交政策史；经济学（世界经济）；外国民族文学（亚洲民族文学）；亚欧非各国人民语言、美洲和澳大利亚原住民的语言；国际关系、全球和区域发展的政治问题。

（二）学术监督

研究生工作的学术监督由在培训和教学方面具有丰富经验的高级专家负责。研究生配有一名学术导师，为其提供学术和研究方法上的帮助，协助他们完成论文，在必要时提供心理支持，并提出相关学习建议。

（三）学术成果检验

研究生需要每年在科学部和学术委员会会议上作两次学习报告：中期汇报——反映研究生在学年第一学期的学习情况；期末汇报——反映研究生一学年的学习成果，这是计算研究生个人学业计划完成情况评分的基础。

五、成果发布

中国问题研究室的研究成果十分丰硕，并主要通过图书、期刊、网络媒体等多种途径进行传播展示。

（一）代表性著作

1. 论文

中国问题研究室中国古代和中世纪史研究部负责人谢尔盖·维克多拉

维奇·德米特里耶夫的《李学勤》（Ли Сюэ-цинь）①。这是一篇关于李学勤的访谈录。李学勤（1933—2019）是中国著名历史学家、古文字学家，曾任清华大学出土文献研究与保护中心主任。他致力于汉代以前的历史文化研究，注重将传世文献与考古学和出土文献研究成果相结合，在甲骨文、青铜器、战国文字、简帛学等领域均有卓越建树。

中国问题研究室主任阿尔乔姆·伊戈雷维奇·科布泽夫的《人类发展的中国式道路》（Китайский путь человечества）②。这篇文章发表在俄罗斯科学院主办的《东方》杂志上，主要讲述了古代中国的建国过程。

中国问题研究室研究员安德烈·米哈伊拉维奇·库里科夫（Андрей Михайлович Куликов）的《关于1858年〈修士大司祭帕拉季（卡法罗夫）天津日记〉出版的历史》［К истории публикации "Тяньцзиньского" дневника архимандрита Палладия（Кафарова）за 1858 г.］③。这篇文章简要介绍了修士大司祭帕拉季·卡法罗夫参加1858年《天津条约》谈判的情况，还介绍了保存在俄罗斯国家古籍档案馆（РГАДА）中从未出版过的日记手稿。

2. 专著

埃尔维拉·安德烈耶夫娜·西涅茨卡娅的《西行记：中国女性主义》（«Путешествие на Запад» китайской женщины，или Феминизм в Китае）④。在书中，西涅茨卡娅谈到了中国女性主义发展史的几个阶段，并指出它们在时间和强度上都很不平衡。

瓦连金·楚尼利耶维奇·戈洛瓦乔夫的《17—21世纪的台湾民族史》。该书介绍了西方、日本和中国在台湾民族史研究方面形成的主要学派及其传统和发展趋势等研究成果，并有机地与俄罗斯史学研究相结合。

（二）学术研讨活动

中国问题研究室每年会举办内容丰富的活动，如讲座、论坛及各类学术会议等。其中，影响力较大的活动有以下几种。

---

① "Interviews with Li Xueqin：The Life of a Chinese Historian：Part One and Two," *Early China*，2012-2013，No. 35/36.

② Восток，Афро-азиатские общества：история и современность，2016，№4.

③ Восток，Афро-азиатские общества：история и современность，2016，№3.

④ Москва，Санкт-Петербург，2019.

1. "中国国家与社会" 年度会议（Научная конференция «Общество и государствов Китае»）

该国际研讨会自 1970 年开始举办，每年举办一次，为期三天，是俄罗斯历史最悠久、最权威的汉学家会议。该会议接受英文或俄文的报告提纲及论文。提纲和论文的发表是无偿的，没有稿酬。会议结束后，将免费提供给每位参会发言者一本会议文集。

2. "中国与世界：传统与现代" 科学研讨会（Научный семинар «Китайимир. Традиция и современности»）

该会议 2011 年发起，每季度举办一次，每次参会者约 30 人，他们主要来自俄罗斯科学院东方研究所、远东研究所、中国与现代亚洲研究所以及莫斯科国立大学、俄罗斯高等经济学院等机构。除了传统汉学议题，会议还会讨论近期与中国相关的重要事件（如中共二十大召开）。中国问题研究室网站上可下载相关会议论文。

除了上述定期举行学术研讨会议，2018 年为庆祝俄罗斯科学院东方研究所成立 200 周年，中国问题研究室举办了 "俄罗斯汉学的历史与现在" 国际会议。会议的主题是从现代的角度看俄罗斯汉学研究历史上最有意义、最紧迫、最重要的问题，其目的是与著名的中国学学者、俄罗斯历史和文化学者一起讨论相关问题，并得出一些初步结论。

2020 年以来，中国问题研究室还举办了几次 "政治史" 学术研讨会（Семинар «Политическая история»）。受疫情影响，部分会议通过线上模式举行。

六、合作交流

俄罗斯科学院东方研究所中国问题研究室具有国际化视野，与俄罗斯国内许多大学，如东方大学（东方国家学院）、俄罗斯国立人文大学等开展了人才培养合作和学术会议交流活动。

中国问题研究室也十分重视对外合作与交流。该研究室的研究人员在做好汉学研究的同时，不断加强与外国汉学家的沟通交流，邀请国外学者参加 "中国国家与社会" 年度会议以及季度研讨会。一些研究员积极获取与外国档案资料来源机构合作的机会，以及参加国外会议和研讨会。

2018 年 10 月 12 日，中国驻俄罗斯大使李辉就俄罗斯科学院东方研究所成立 200 周年发表贺词。李大使在贺词中表示，俄罗斯科学院东方研究所是俄最大的东方学、汉学研究机构，荟萃了在本领域最杰出的俄专家学者，不仅在俄境内，而且在国际学术界都占有重要地位。

2019 年 2 月 25 日，东方研究所中国问题研究室主任科布泽夫在莫斯科中国文化中心作了关于中国神话的演讲。

2019 年 7 月 11 日，中国驻俄罗斯大使馆举行了名为"进一步发展新时代全面战略协作伙伴关系：中俄建交 70 周年"的圆桌会议。东方研究所中国问题研究室主任科布泽夫应邀参加了此次会议。

2019 年 10—11 月，科布泽夫主任以访问学者的身份到访了中国的多家大学和研究机构，并作为客座教授发表学术演讲。他还向这些学校介绍了中国问题研究室的最新研究成果，并和中国学者就感兴趣的问题进行了广泛深入的交流。

2021 年 4 月，俄罗斯驻华大使杰尼索夫授予中国问题研究室主任科布泽夫"中华图书特殊贡献奖"，该奖项由中国政府于 2005 年设立，奖励那些对宣传中国文化作出重要贡献的国外学者和出版机构。

七、结语

俄罗斯社会科学院东方研究所中国问题研究室作为俄罗斯及俄语区最具权威性的中国问题学术研究机构，目前承担着越来越重要的使命。近年来，该研究室尤其逐步加大了对当代中国社会、政治、经济等方面的研究力度，在学术界乃至俄罗斯对华国家政策智库建设方面起到了越来越重要的作用。

俄罗斯科学院东方研究所中国问题研究室联系信息

地址：俄罗斯莫斯科市圣诞大街 12 号
电话：+7-（495）625-95-68，+7-（495）625-93-07
网址：http://china.ivran.ru/
邮箱：chinares@ivran.ru

加拿大

加拿大不列颠哥伦比亚大学中华研究中心

刘 旭

加拿大不列颠哥伦比亚大学公共政策与全球事务学院（School of Public Policy and Global Affairs）亚洲研究院（Institute of Asian Research）下属的中华研究中心（Centre for Chinese Research）是西方世界研究当代中国问题的重要阵地之一。中华研究中心不仅对中国海外移民问题、环境问题、当代政治问题等传统议题的研究颇有积淀，以齐慕实（Timothy Cheek）和卜正民（Timothy Brook）为代表的杰出中国问题学者还在中国古典诗词、古典与现代中国的文化传承、中共党史、明史、蒙元史等领域有所建树，并在西方学界和汉语学界同时获得学术声望与社会影响力。

一、中心概况

不列颠哥伦比亚大学亚洲研究院自 1978 年建立起就一直关注亚洲政策、亚洲事务和针对现当代亚洲的跨学科研究，时至今日已成为加拿大亚洲研究的重镇和重要的国家智库。亚洲研究院位于不列颠哥伦比亚大学温哥华校区的 C. K. 崔教学楼（C. K. Choi Building）内，下设五所跨学科类地区研究中心：中华研究中心、印度与南亚研究中心、日本研究中心、韩国研究中心、东南亚研究中心。其中，中华研究中心建立于 1992 年，是亚洲研究院下属五所研究中心之首，也是不列颠哥伦比亚大学乃至加拿大研究中国以及整个华语世界的重要阵地。

中华研究中心的核心任务是推进广义上的中国研究。不列颠哥伦比亚大学拥有很多杰出的汉学家和华裔学者，其中后者的工作涉及林学、法学、商学和医药学等领域，他们的工作与中国科研机构和科研工作者交集甚多。中华研究中心在这些领域推动本校的对华合作，促进中加两国的师生互访和交流。中华研究中心始终践行不列颠哥伦比亚大学服务社会的办学宗旨，不遗余力地将关于中国和华语世界的研究成果推而广之，经常通过公共活动、学术出版物和其他信息推广渠道向公众介绍中国研究的最新动态。

中华研究中心的主要工作范围包括：

——推进不列颠哥伦比亚大学的中国研究；

——协调对中国和海外华人社区的学术研究，以及推动加拿大对华（华裔社区）关系发展；

——推动中国研究相关机构、访问学者、研究生相互交流；

——推动本校研究人员与其他中国研究机构和华语地区的交流；

——增强加拿大民众对于中国和中华文化的理解和认知。

中华研究中心是不列颠哥伦比亚大学重要的跨学科研究机构，来自各个院系和专业的科研人员借助此平台，从不同学科的角度开展中国研究。中心还保持着与加拿大国内外学术界、媒体界、工商界、政界和本地社区之间的紧密联系，并鼓励中国研究者从各个维度服务社会。

二、机构设置

中华研究中心是不列颠哥伦比亚大学公共政策与全球事务学院亚洲研究院下属的实体研究机构。在享受大学直接经费支持的前提下，中华研究中心还接受来自个人和机构的资助，其主要赞助人包括加拿大香港银行（Hong Kong Bank of Canada）和查良镛（金庸）教授等。

中华研究中心的研究人员主要来自公共政策与全球事务学院、彼得·A. 阿拉德法学院（Peter A. Allard School of Law）、社区与区域规划学院（School of Community and Regional Planning）、文学院（Faculty of Arts）等校内机构，多数高级研究员为荣休教授，在中心担任全职研究员工作。中华研究中心目前的组织成员如下。

中华研究中心联合主任：齐慕实，不列颠哥伦比亚大学公共政策与全球事务学院教授、文学院历史系教授；傅强，不列颠哥伦比亚大学社会学系副教授。

中华研究中心管理委员会成员：齐慕实；傅强；朱莉亚·哈腾（Julia Harten），不列颠哥伦比亚大学社区与区域规划学院副教授；克里斯汀·霍普韦尔（Kristen Hopewell），不列颠哥伦比亚大学公共政策与全球事务学院副教授；杨任任，不列颠哥伦比亚大学文学院亚洲研究系副教授；朱丽叶·陆（Juliet Lu），不列颠哥伦比亚大学公共政策与全球事务学院副教授、林学院森林资源管理系副教授；崔伟（音译，Wei Cui），不列颠哥伦比亚大学彼得·A. 阿拉德法学院教授。

除上述成员，中心的研究人员还包括：保罗·埃文斯（Paul Evans），不列颠哥伦比亚大学公共政策与全球事务学院荣休教授；杰克·奥斯汀（Jack Austin），不列颠哥伦比亚大学亚洲研究院名誉教授；杰克·海耶斯

（Jack Hayes），昆特兰理工大学讲师；古丽达娜·沙里木江（Guldana Salimjan），西蒙菲莎大学教授，不列颠哥伦比亚大学公共政策与全球事务学院"新疆文献项目"联合负责人；等等。

三、代表性人物

（一）齐慕实

不列颠哥伦比亚大学公共政策与全球事务学院教授、历史系教授齐慕实目前担任中华研究中心联合主任。齐慕实教授是澳大利亚国立大学亚洲研究荣誉学士、美国弗吉尼亚大学历史学硕士，并于 1986 年获得美国哈佛大学东亚语言与文化系博士学位，师从孔飞力（Philip Alden Kuhn）教授。齐慕实教授的研究方向为 20 世纪中国史、中共党史和中国公共生活中的知识分子等。

齐慕实为西方世界的毛泽东研究和中共党史研究做了大量的基础性工作。齐慕实重视文本在历史研究中的基础作用，对中国共产党在中国新民主主义革命、社会主义建设和改革开放中的领导作用有着高度评价。2021年，齐慕实用"十个人，十个故事"[①] 讲述了中国共产党的建党百年，同时强调中共与中国人民在基层的紧密联系，共产党高度重视民意与人民的支持，因此具有坚实的执政基础。

作为现今西方世界著名的当代中国和中共党史学者，齐慕实高度重视中共党史和毛泽东研究领域的多元化发展，强调与中国学界的紧密合作。在他的指导下，中华研究中心逐渐发展为西方世界对华友善的左翼中国研究机构。齐慕实教授的主要著述包括《中国近代历史中的知识分子》（*The Intellectual in Modern Chinese History*）、《毛泽东述评》（*A Critical Introduction to Mao*）、《毛泽东与中国革命：档案中的简史》（*Mao Zedong and China's Revolutions：A Brief History with Documents*）、《毛泽东时代中国的宣传与文化：邓拓和知识分子阶层》（*Propaganda and Culture in Mao's China：Deng Tuo and the Intelligentsia*）、《胡耀邦：一个中国人的传记》（*Hu Yaobang：A Chinese*

---

① Timothy Cheek，Klaus Muhlhahn and Hans van de Ven（eds.），*The Chinese Communist Party：A Century in Ten Lives*（Cambridge University Press，2021）.

Biography)、《中国知识分子与国家：探索一种新关系》（*China's Intellectuals and the State：In Search of a New Relationship*）、《中国建制派知识分子》 （*China's Establishment Intellectuals*）等。

齐慕实教授在中华研究中心定期开设本科、研究生课程，主要包括：《共产主义和未来：一部全球史》（Communism & After：A Global History）、《世界中的中国》（China in the World）、《大革命：20 世纪的中国政治与社会革命》（REVOLUTION！Twentieth Century Political and Social Revolutions）、《东亚知识分子和公共生活》（Intellectuals and Public Life in Eastern Asia）、《中国史方法与史料》（Methodology and Sources in Chinese History）、《政策与大环境》（Policy in Context）等。齐慕实教授同时就中国现当代史多项议题开设研讨课程和史料研读课程。

（二）卜正民

卜正民是西方世界著名的汉学家与明史专家，不列颠哥伦比亚大学历史系荣休教授。卜正民教授是多伦多大学文学学士，并在哈佛大学获得文学硕士和哲学博士学位，师从孔飞力教授。

卜正民的主要研究领域是明史，同时对从元史到二战中日占区历史等中国近代史有着广泛的兴趣。他主编了六卷本《哈佛中国史》（*The History of Imperial China*），并执笔第五卷《挣扎的帝国：元与明》。卜正民的其他主要著作（含与人合著）包括《神圣天命：成吉思汗之后的亚洲国际关系》（*Sacred Mandates：Asian International Relations since Chinggis Khan*）、《伟大的国家：中国与世界》（英文版 *Great State：China and the World*, London：Profile, 2019；New York：Harper Collins, 2020。法文版 *Le Léopard de Kubilai Khan：une histoire mondiale de la Chine*, Paris：Payot, 2019）、《陷入困境的帝国：中国元明史》（*The Troubled Empire：China in the Yuan and Ming Dynasties*）、《维梅尔的帽子：从一幅画看全球化贸易的兴起》（*Vermeer's Hat：The Seventeenth Century and the Dawn of the Global World*）、《明代的社会与国家》（*The Chinese State in Ming Society*）、《通敌：战时中国的日本特务与地方精英》（*Collaboration：Japanese Agents and Local Elites in Wartime China*）、《纵乐的困惑：明代的商业与文化》（*The Confusions of Pleasure：Commerce and Culture in Ming China*）、《明清历史的地理资料》（*Geographical Sources of Ming-Qing History*）、《鸦片政权：中国、英国和日本，1839—1952 年》（*Opium Regimes：China, Britain, and*

Japan, *1839–1952*)、《民族的构建：亚洲精英及其民族身份认同》（*Nation Work*：*Asian Elites and National Identities*）、《中国与历史资本主义：汉学知识的系谱学》（*China and Historical Capitalism*：*Genealogies of Sinological Knowledge*）、《南京大屠杀史料》（*Documents on the Rape of Nanking*）、《中国公民社会》（*Civil Society in China*）、《为权力祈祷：佛教与晚明士绅社会的形成》（*Praying for Power*：*Buddhism and the Formation of Gentry Society in Late-Ming China*）、《亚细亚生产方式在中国》（*The Asiatic Mode of Production in China*）、《文化与经济：塑造东亚资本主义》（*Culture and Economy*：*The Shaping of Capitalism in Eastern Asia*）等。

四、研究情况

中华研究中心从多元学科视角对中国历史和中国社会进行研究，研究领域涵盖政治学、历史学、社会学、人类学、国际关系等。中心目前主要的研究方向和研究项目如下。

（一）近代中国典籍与专著译介

中华研究中心重视历史文本的基础性作用和"论出有据"的史学方法。近年来，中心成员多有参与近代中国典籍和专著的译介工作，为北美汉学界的研究奠定了坚实的基础。近年来，中心成员参与出版的此类专著包括：

1. （明）张应俞著《骗经》英译本（Zhang Yingyu, *The Book of Swindles*：*Selections from a Late Ming Collection*, translated by Christopher Rea and Bruce Rusk, New York：Columbia University Press, 2017）

2. 余英时著《中国历史与文化：17—20 世纪》，中华研究中心参与编撰（Ying-shih Yü, *Chinese History and Culture*：*Seventeenth-Century through Twentieth Century*, New York：Columbia University Press, 2016）

3. 戴安娜·拉里著《中国内战：一部社会史（1945—1949）》（Diana Lary, *China's Civil War*：*A Social History*, *1945–1949*, New York：Cambridge University Press, 2015）

4. 雷勤风著《大不敬的年代：近代中国新笑史》（Christopher Rea, *The Age of Irreverence*：*A New History of Laughter in China*, Oakland：University of California Press, 2015 ）

（二）中国环境科学与可持续发展研究项目

中华研究中心希望在当代中国的环保进程中起到关键的桥梁作用，并提供给中国环境保护学者、政府、非政府机构相关数据和资源。这些资源包括美国环境史学会（American Society for Environmental History）、加州大学伯克利分校中国能源小组（China Energy Group）等北美中国环境研究机构的科研力量和学术成果。该项目成员包括来自中、加等国诸多学科的学者，并从 2007 年开始在国外重要中国研究期刊上发表与环境议题相关的论文。

（三）中国公共知识分子研究项目

中华研究中心为增强西方世界对中国当代学术界和公共知识分子的了解，以索引形式制作了中国知识分子的名录。目前，仍在持续增加的中国公共知识分子名录已经包含政府机构、大学院所和主要科研机构的知名学者，他们主要被划分为新左翼（New Left）、自由主义（Liberal）、新儒学（New Confucian）、派别之外（Unclassified）等政治流派，这种分类方法与西方左翼人士的价值认同相对接近。

值得一提的是，中国公共知识分子名录收录了温铁军、郎咸平、葛兆光、许纪霖、秦晖、杨东平、郑也夫等在中国国内颇有名望的学者。中华研究中心重视学术研究的客观与公正，因此并未列入那些主要在西方国家活动的所谓"政治异见者"或"民主派人士"。

中华研究中心设有附属资料室，此外不列颠哥伦比亚大学亚洲图书馆与中心关系紧密，原馆长埃利诺·袁（Eleanor Yuen）和现任馆长刘静均为中心成员。中华研究中心的研究人员、在读学生及访问学者可充分利用包括亚洲图书馆和中心资料室在内的大学馆藏资源。

五、人才培养

中华研究中心是跨学科的研究机构，主要科研人员来自公共政策与全球事务学院、历史系、亚洲研究系、经济学系等校内院系，相关学科培养的本科、硕士、博士生均可深度参与中心研究工作。中心每年聘用 3—5 名学生助理，其学科来源也相对多元化。此外，公共政策与全球事务硕士项目为亚洲研究院开设，其中以中国议题为研究方向的学生基本由中华研究中心负责培养。

　　中华研究中心并非教学实体单位，研究人员及其开设的课程基本依托于上述院系，但也正因为如此，它可以为公共政策与全球事务硕士和其他对中国研究感兴趣的在读学生搭建体系完整、层次丰富的跨学科中国研究平台。由中华研究中心牵头，不列颠哥伦比亚大学各院系分别开设的中国研究相关课程请见下表。

不列颠哥伦比亚大学各院系开设的中国研究相关课程

课程类别/学科	课程名称
语言类	中文 粤语
人类学	东亚与东南亚考古遗址 中国人种志学
艺术史	亚洲艺术：从中国武士到宝莱坞海报 亚洲建筑：宗教空间与城市空间 尼泊尔与西藏：艺术、仪式和表现力 中国艺术和建筑：赞助人与收集人 来世的艺术 中国绘画：文字与图像 中国现当代艺术 中国艺术研讨会 中国艺术研究
亚裔加拿大人 与亚洲移民研究	大众文化中的亚裔加拿大人 迷失方向的亚裔加拿大人 亚裔美国人/加拿大人专题研究 亚裔加拿大社区传媒 全球背景下的亚洲移民 亚裔加拿大人与亚洲移民研究导引
亚洲研究	传统亚洲入门 现代亚洲入门 东方宗教入门 亚洲宗教入门 东亚文化遗址 性、性道德与亚洲宗教 遇见亚洲 书写亚洲 世界历史中的中国 东亚书写与文化 现代佛教

课程类别/学科	课程名称
亚洲研究	亚洲恐怖电影：民族噩梦与恐怖幽灵
	亚洲文明史研究
	藏传佛教
	西藏与喜马拉雅文化和社会
	早期中国史
	粤语世界的历史
	香港文学
	香港影视
	中华内外的儒家思想：传统与创新
	晚期中华帝国史
	古典中国文学翻译
	中国文学翻译：白话文传统
	当代中国小说翻译（上）
	当代中国小说翻译（下）
	中国传统白话文文学选读
	中国影视史
	亚洲文学翻译
	当代台湾小说与影视
	亚洲民俗
	中国思想渊源
	中国思想发展
	香港史
	现代中国的诞生：民族主义、战争与革命
	道教宗教及其哲学背景
	中国佛教
	中国常见的宗教传统
	庄子
	禅宗佛教：教义与惯例
	中文文法和用法
	汉字：文字、语言和文明
	汉字世界中的语言、文字和语言思想

课程类别/学科	课程名称
亚洲研究	东亚科学、宗教与哲学的相互作用 前现代东亚的国际关系 中国的政治思想和制度 中华帝国文化史 中国小说和戏剧名著翻译 现代中国作家译著 台湾历史与文化 叙事中的现代亚洲妇女 亚洲基督教历史 亚洲宗教研究方法 自我的比较概念 东亚新宗教运动 亚洲的宗教形象 诞生在东西方碰撞中的亚洲宗教 亚洲离散族群民俗文化 博物馆里的亚洲/亚洲的博物馆 中国古典研究方法与文献 中国现代小说与西方文学评论 汉语史中的问题 中国古文字文本 中国语言学和社会语言学专题 中国应用语言学专题 前现代中国历史与制度专题 中国大众思想和宗教的面向 中国宗教典籍选读 古代汉语高级读本 中国古典文学专题 中国现代文学专题 早期白话文文学专题
工商管理	国际商贸环境 跨国公司

课程类别/学科	课程名称
社区与本地规划	亚洲发展中国家的项目设计
经济学	亚洲经济发展 新中国经济
影视研究	亚洲影视入门 亚洲与大洋洲影视
性别、种族、性和社会正义	现代亚洲的性别、种族、性和代表权 现代亚洲的性别、种族、性和社会结构
地理学	全球南方的城市化 移民与定居地理学 亚洲地理 国际经济体系地缘：加拿大与太平洋盆地 中国地理
全球公共政策	亚洲经济变迁与改革 亚洲法律变迁与可持续发展的挑战 高速发展下的社会政策应对 全球化的社会影响 亚太地区人类迁徙与社会变迁 亚洲国家与人民的安全挑战 亚洲民族主义、宗教与道德冲突 亚洲外交与国际关系 公共政策选题：全球化的中国与世界秩序
历史学	世界大洋交流史 1500 年至 20 世纪世界史 世界史专题：国际共产主义 历史学视角下的当代国际问题：太平洋战争 亚洲与世界 世界中的中国 香港史

课程类别/学科	课程名称
历史学	粤语世界的历史 早期中国史 晚期中华帝国史 当代中国的诞生：民族主义、战争与革命 中华帝国文化史 当代中国社会史 当代中国教育与社会 中国移民史 美洲亚裔移民史 东亚军事体系 温哥华亚裔移民社区 替代与补充医学史：从针灸到瑜伽 比较亚洲史选读 中国史选读（1911 年以前） 中国史选读（1911 年以后） 中国史方法与文献
亚洲研究院课程	比较视角下的东亚组织 亚太政策研究专题
意大利研究	意大利与中国
法律	亚洲法律体系入门 中国法律体系及其对加中关系的影响 中国的外贸与投资 亚洲人权问题
音乐	世界音乐赏析：中国乐器（上） 世界音乐赏析：中国乐器（下）
哲学	中国思想渊源
政治学	中国的政治与发展 世界中的中国 外交政策分析（外交政策分析专题）：当代世界秩序下的 　　全球化中国

课程类别/学科	课程名称
宗教研究	亚洲宗教入门 中国佛教
社会学	消费者与消费主义 城市社会学 当代中国社会

六、成果发布

（一）年度报告

中华研究中心会定期推出年度报告并在网站上发布，内容涵盖对应学年内中心的重点工作和主要学术成果等。

（二）学术活动

2013 年 6 月，不列颠哥伦比亚大学、华东师范大学、加州大学伯克利分校联合召开"现代中国的再阐释"国际学术研讨会（Joint International Conference："Rethinking Modern China"），许纪霖教授和齐慕实教授分别代表华东师大和不列颠哥伦比亚大学致辞。

2013 年 6 月，不列颠哥伦比亚大学和华东师范大学在上海召开第二届中国现代思想史研究高级暑期班（Second Advanced Institute on Modern Chinese Intellectual History），数十名华东师大的年轻学者和博士生参加了暑期班活动。

2013—2014 年，中华研究中心共举办 6 场新书发布会。无论是否由中心举办新书发布会，中心成员的学术成果均刊登于中心网站。

2013—2014 年，中华研究中心组织系列研讨会和学术讲座共计 36 场（次），主题涉及中国国际关系、城乡经济、国内和国际政治、环境与环保、宗教信仰、近现代史等诸多领域。

2015 年，不列颠哥伦比亚大学、华盛顿大学、俄勒冈大学三所北美大陆西北部高校成立"西北中国论坛"（Northwest China Forum），并在俄勒冈大学波特兰校区举办第一次论坛年会，40 余名三校学者和众多博士研究生参加了会议。"西北中国论坛"为美国和加拿大的中国研究者搭建了跨地区的学术合作平台。历经几次年会，该论坛已成为北美西部和太平洋沿岸地区重要的中国学学术组织。

（三）中心刊物

中华研究中心与亚洲研究院下属其他研究中心共享刊物《太平洋事务》（*Pacific Affairs*）[①]，该刊由不列颠哥伦比亚大学和西蒙菲莎大学出资支持，由不列颠哥伦比亚大学公共政策与全球事务学院和亚洲研究院主办。《太平洋事务》创刊于 1928 年，1961 年归于不列颠哥伦比亚大学温哥华校区管理。该刊现任主编为不列颠哥伦比亚大学公共政策与全球事务学院副教授金秀妍（音译，Soo Yeon Kim），她的研究领域是国际政治经济学，专攻贸易政治。此外，该刊还有 6 名副主编，他们来自不列颠哥伦比亚大学、新加坡国立大学、首尔国立大学、乔治敦大学等加拿大国内外高校。

《太平洋事务》是关注亚洲、太平洋地区重要政治、经济、社会议题的同行评议学术季刊，每期包含大约 5 篇学术论文和 40 余篇书评文章。全部文章按照亚太地区的不同区域（澳大利亚与太平洋岛屿、中国与中亚、日本、韩国、东南亚、南亚与喜马拉雅）分类征稿，并由相应领域的副主编分别进行文稿筛选、编辑和管理。《太平洋事务》目前为 SSCI 来源期刊，2019 年影响因子 1.171，五年影响因子 1.120，这两项数据在加拿大全国 77 家区域研究期刊中分别位列第 20 位和第 26 位。[②]《太平洋事务》从 1928 年首卷首期至 2021 年第 94 卷第 2 期，均可在刊物官网上付费下载，或在过刊数据库（JSTOR）中延迟四年下载。

七、合作交流

中华研究中心与世界各地的中国学和中国研究机构保持着密切的合作关系，其中包括哈佛大学费正清中国研究中心、加州大学伯克利分校中国研究中心、南加州大学美中学院等。此外，来自全球各个高校的研究者会

---

① 《太平洋事务》期刊网站：https：//pacificaffairs.ubc.ca。

② 详见：https：//pacificaffairs.ubc.ca/about-us/about-pacific-affairs/#jcri。

参与中心的日常科研活动或中心主办的学术活动。中华研究中心最重要的合作伙伴包括西蒙菲莎大学、多伦多大学、昆特兰理工大学、华盛顿大学、俄勒冈大学、华东师范大学、台湾政治大学、台湾"中央研究院"、香港大学、香港中文大学、柏林自由大学等。

2012年，由中华研究中心牵头，不列颠哥伦比亚大学与华东师范大学成立了现代中国与世界联合研究中心（UBC-ECNU Joint Research Core Group on China in the Modern World），齐慕实教授与许纪霖教授分别担任联合研究中心加方和中方负责人。两校自2002年以来在中国思想与社会研究领域已展开了卓有成效的学术合作，而联合研究中心的成立也成为中美两国在中国研究领域进行深入合作的重要事项。自2012年起，不列颠哥伦比亚大学与华东师范大学以更高的频率派遣互访学者，到访加拿大的中国学者统一由中华研究中心接待。除华东师大外，中国社会科学院大学、北京大学、复旦大学、台湾政治大学等国内高校不定期有教师及博士研究生访问不列颠哥伦比亚大学，并参与中华研究中心的工作。

2013年，在中华研究中心的大力支持下，不列颠哥伦比亚大学成立了中加事务委员会（UBC-China Council）。委员会负责全校范围内的对华合作，致力于推动不列颠哥伦比亚大学与中国学术机构的长期深入交流，并在对华事务方面为校方提供咨询服务。

2014年，学校成立中华事务咨询委员会（President's Advisory Council on China），作为中加事务委员会和校方对华决策的咨询机构，其成员包括加拿大前总理保罗·马丁（Paul Martin，2003年12月至2006年2月在任）和中国经济学家林毅夫等。至2021年，不列颠哥伦比亚大学与中国机构的签订合作协议必须上报中加事务委员会审核备案，委员会也会参与协议的起草修订工作，并寻找可能的对华合作机会提供给学校各机构。中加事务委员会和中华研究中心一直维持着紧密的合作，前者作为学校外事机构，后者作为专业研究机构，它们在中加学术交流领域发挥着显著作用，并通过社会服务和学术推广等形式促进加拿大民众的对华理解。目前，中加事务委员会和中华研究中心合署办公。

八、结语

中华研究中心成立30多年来，见证了中国开始改革开放和走向世界，也见证了加拿大、美国学界对中国理解的逐渐加深。中加双方虽仍有意识形态差异和国家利益之争，但中华研究中心始终致力于推动中加关系发展和跨太平洋区域合作，并逐渐成长为太平洋东岸具有重要影响力的中国研究重镇。

不列颠哥伦比亚大学中华研究中心联系信息

地址：Vancouver Campus，Institute of Asian Research，C. K. Choi Building，1855 West Mall，Vancouver，BC Canada V6T 1Z2

电话：+604-822-6206

传真：+604-822-5207

网址：ccr. ubc. ca

邮箱：ccr. iar@ubc. ca

澳大利亚

澳大利亚国立大学中华全球研究中心

马理唯奇

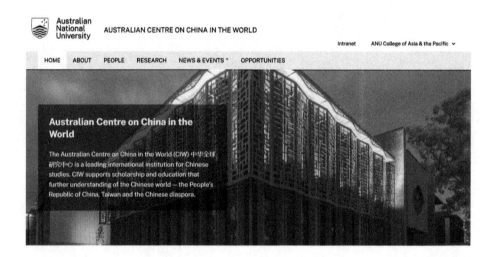

澳大利亚国立大学自建校以来每年举办一次"莫理循民族学讲座"（The George E. Morrison Lectures in Ethnology），这是世界上最早的关于中国问题的公开讲座之一，由居住在澳大利亚的华人于1932年创立。1970年，在福特基金会的资助下，该校成立了当代中国中心（Contemporary China Centre）。该中心主要关注1949年之后中国的经济、政治与法律发展状况、经济与政治改革对社会的影响等，汇集了一批一流的中国问题专家。当代中国中心是澳大利亚国立大学继"莫理循民族学讲座"之后为国际学术界，尤其是在中国研究领域作出的又一贡献。在长达半个多世纪的发展中，该中心经过了从学术融合的"百家争鸣"到跨学科的"融智分享"，并在每一个时期和阶段都发挥着引擎和辐射带动作用。当代中国中心在中国问题研究方面的成绩和发展及其引擎与网络作用，促使澳大利亚联邦政府不断加大对它的建设。2010年，澳大利亚国立大学成立了中华全球研究中心（Australian Centre on China in the World）。此后，当代中国中心与中华全球研究中心融智共享新平台，承传先贤治学立场与方法，赓续其几十年来积累的全球性的品牌影响力。

一、中心概况

澳大利亚国立大学是澳大利亚第一所研究型大学，也是环太平洋大学联盟（APRU）和国际研究型大学联盟（IARU）的成员。1960年，它与原属墨尔本大学分校的堪培拉学院合并，发展成为一个本科与研究所兼备的高等学府。大体上讲，该校的中国研究可分为两个体系：一是隶属于高等研究所的太平洋研究院，二是隶属于大学部的亚洲研究学院。

澳大利亚国立大学当代中国中心于1970年成立，当时隶属于太平洋研究院。当代中国中心旨在为澳大利亚国立大学和整个澳大利亚的中国研究提供交流和探讨的平台，并负责编辑出版相关期刊。中心会定期举办各种研讨会，参加者包括国立大学各个院系的学者、来自其他大学的研究者以及澳大利亚政府中的中国问题专家。

2010年，上述两个体系中所提及的太平洋研究院和亚洲研究学院合并重组为现今的澳大利亚国立大学亚洲和太平洋学院（College of Asia and the Pacific）。基于上述两个体系强大的学术支撑，澳大利亚国立大学的中国研究不断发展，相关的机构相继成立，如中华全球研究中心、战略与防务研究中心（Strategic and Defense Studies Centre）、亚洲社会和历史中心（Centre for Asian Societies and Histories）、中国学院（The China Institute）、克劳福德公共政策学院（Crawford School of Public Policy）等。

二、机构设置

（一）基本情况

中华全球研究中心成立的目的是在国立大学以及澳大利亚全国范围内为现代中国研究提供一个活动中心。中心目前的研究范围已经扩展到中国的政治、经济、文化教育、军事、外交诸方面。中心由执行委员会（Executive Committee）管理，委员会成员约10名，主要来自澳大利亚国立大学各个院系，中心主任担任执行委员会主席。此外，中心还设置了顾问委员会（Advisory Board），成员包括数名澳大利亚和海外的学者、政界和商界领袖。中心现任主任为克劳福德公共政策学院副教授本·希尔曼（Ben Hillman），他是中国政治、公共政策和公共管理方面的专家，出版和参编过6本关于中国研究的专著。

（二）主要职能

中心主持编辑《中国研究》（The China Journal）期刊，并定期举办研讨会，协助举办每年一次的"莫理循民族学讲座"。中心每年还接待长期访问学者，安排客座研究人员在中心从事研究工作，共同就中国研究领域的一些问题交换看法。此外，中心还与国立大学其他院系合作培养博士生。

（三）人员结构

中心按照精简高效的原则，在机构设置、岗位设定、人员配置等方面力求科学合理。中心人员主要由学术团队和工作团队组成，包括6名行政人员、50多名研究人员、若干名中长期访问学者。在此基础上，中心每年招收一些博士研究生，并根据研究项目（课题）聘请一些短期工作的学者。

（四）运行机制

澳大利亚国立大学的社会科学体制（包括中华全球研究中心）与很多西方发达国家一样是一种双轨结构：一条路径是学科（Disciplines），另一条路径是区域研究（Area Studies）。研究性综合大学在组织上有一个以院系为单位的系列，还有一个以研究中心或研究所为单位的系列。前者以学术性的学科教育为本，后者以应用性的地区研究为本。相关教师大多兼具双重归属，一是属于某个学科（如人类学、政治学、社会学、历史学等），二是属于某个地区研究（如非洲研究、中国研究、南亚研究）。这种双轨结构在运行上具有明显的优势，因为学科系列有利于学术知识的传承、积累和创新；地区研究系列则便于为国家和社会提供专门的知识服务，获得资源后又反过来为学术与学科建设服务。澳大利亚国立大学共有中国研究人员和从事中国研究的博士研究生约 110 人，涉及人类学、考古学、经济学、历史学、国际关系学、语言学、政治学等不同学科领域，具有显著的科际整合特征。[1] 中华全球研究中心始终秉持这一科际整合思路，为政府公职人员、学者、媒体、政策制定者和高层商业人士搭建与中国高层对话的平台。[2]

三、学术资源

中华全球研究中心之所以能在中国问题研究方面取得傲人的成绩，离不开澳大利亚国立大学图书馆强大的学术资源。澳大利亚国立大学图书馆和澳大利亚国家图书馆拥有丰富的中文馆藏。前者有接近 16 万册中文书籍和 6400 册中文期刊；后者则以电子读物为主，现有 25 万册中文图书、5100 种中文期刊和 250 种中文报纸。为避免藏书重复，1973 年 9 月，这两家图书馆商定，国立大学图书馆负责中国历史和语文书刊的收集，国家图书馆收藏中国研究资料，包括考古和艺术资料、报刊、政府和政党文献、视听器材等。

澳大利亚国立大学图书馆于 1950 年开始购买中文图书。是年，费子智

---

① 章立明：《澳大利亚的当代中国研究》，《学术界》2016 年第 9 期，第 226—237 页。
② 章立明：《澳大利亚中国研究的现状》，《中国社会科学报》2012 年 4 月 25 日，第 B05 版。

（Charles Patrick Fitzgerald）教授代表大学专程去香港购置中文书刊。在有关中国学者的协助下，费子智购得作家、宗教学家许地山教授的数千册藏书，其中很多是珍本或绝版书，包括多种佛教和道教方面的资料，它们为图书馆的东亚特色馆藏奠定了基础。1961 年，房兆楹成为图书馆副馆长及东方部主任。在他主持东方部不到两年的时间里，东方部增添的中文藏书超过了 11000 册，中文藏书总量增加了 1/4。1963 年东方部由毕肖普（E. Bishop）女士负责，图书馆中文藏书的关注焦点从传统中国转向近代中国，为近现代中国研究提供服务。1972 年 2 月陈炎生（Y. S. Chan）主持东方部后，从 1973 年到 1975 年，馆藏的中文期刊增加了 3 倍。在此期间，图书馆与香港和台湾地区的出版机构建立了定期购买制度。此后，随着该馆与中国国家图书馆合作关系的加强，该馆获得了很多中国国内的学术刊物。

截至 1982 年 12 月，澳大利亚国立大学图书馆的中文藏书共有 112000 册，馆藏期刊 4000 多种，其中齐全、完整且已停办的期刊有 1800 种左右。此外，互联网的迅速发展也为澳大利亚学者的中国研究提供了极为有利的条件。例如，澳大利亚国立大学亚太学院管理的海外中国研究汉学资源是 3W 虚拟图书馆项目（WWW Virtual Library Project）的一部分，有美、荷、澳、德、意等国 40 余家机构共同参加，是全球性亚洲问题研究的合作项目。1982 年 8 月 29 日至 9 月 1 日，在澳大利亚国立大学召开了中文书目自动化国际合作会议，与会者共 65 人。这次会议堪称国际图书馆学术界的一大盛事，它既为澳大利亚中国学的发展和繁荣提供了强有力的图书资料的支撑，也扩大了澳大利亚中国学在整个海外中国学领域中的影响。从 1994年起，澳大利亚国家图书馆将澳大利亚国立大学、悉尼大学和墨尔本大学等 7 所大学的中日韩文资料统一进行编目、规范数据，以便读者通过全国书目网进行检索，极大地推动了澳大利亚中国研究的繁荣与发展。

四、代表性人物

澳大利亚有非常多从事当代中国研究的优秀学者，其中代表性人物有澳大利亚国立大学中华全球研究中心（包括其前身当代中国中心）的乔纳森·安戈（Jonathan Unger）教授、费思芬（Stephen FitzGerald）博士、陈佩华（Anita Chan）博士、马克林（Colin Patrick Mackerras）教授。

（一）乔纳森·安戈

乔纳森·安戈教授曾担任当代中国中心主任、《中国研究》期刊主编，是一位著述颇丰的中国问题专家，目前担任澳大利亚国立大学亚洲与太平洋事务学院政治和社会变革系教授。

乔纳森·安戈教授于 1964—1968 年在俄勒冈大学（University of Oregon）求学时开始将中国作为国际问题研究的对象。大学毕业后，他到加州大学伯克利分校（University of California, Berkeley）读研究生课程，攻读中国现代史课程，后来在伦敦大学东方与亚洲学院（School of Oriental and African Studies）获得政治学硕士学位，1978 年获得萨塞克斯大学（University of Sussex）社会学博士学位。乔纳森·安戈先后在英国发展研究所（Institute of Development Studies）、堪萨斯大学（University of Kansas）、华盛顿大学（University of Washington）和莱顿大学（Leiden University）任职，1986 年来到澳大利亚国立大学。20 世纪 70 年代初，他曾在亚洲担任记者，负责中国板块的报道工作，还担任过《中国日报》的共同编辑。

乔纳森·安戈教授的主要研究领域包括中国的社会阶层，中国农村的社会、政治和经济变革，中国工厂与工人生活，以及中国民族主义等问题，1971 年，他以《远东经济评论》记者的身份在香港工作，并以此身份进入中国内地。此后，他更是深入到偏远的云南苗族村寨去做田野研究。在他担任《中国研究》的主编和副主编期间，该期刊迈入了国际一流学术期刊的行列。1996 年，他主持编辑的《中国的民族主义》一书受到当时西方汉学界的普遍赞誉，被认为是有关中国民族主义问题"最为重要的研究文献"。

乔纳森·安戈教授出版过 15 本书，发表了近百余篇论文，主要论著包括《中国农村的转型》《毛泽东的中国政治本质》《陈村》《中国农村的转变》《中国的民族主义》等。他还指导过多名博士研究生从事中国研究，研究主题包括云南白族的自我认同、阿昌族的茶叶贸易、新疆的石油与水研究等。

（二）费思芬

费思芬博士是《中国研究》期刊的创刊主编，曾任当代中国中心主任、澳大利亚亚洲研究理事会主席。他既是学识渊博的汉学家，也是具有远见卓识的外交家。在担任澳大利亚首任驻华大使期间，他受到毛泽东、周恩来、邓小平等中国国家领导人的接见。

费思芬在澳大利亚塔斯马尼亚大学就读本科时，便选修了亚洲历史课程，正是这门课培养了他对亚洲的兴趣。费思芬于 1961 年加入澳大利亚对外事务部，并在澳大利亚皇家海军基地开始学习汉语。1962 年，他被派往香港执行公务，他当时称香港为 "中国观察中心"（Centre of China-watching）。由于不满澳大利亚政府支持美国在越南战争期间的军事干预以及拒绝承认中国共产党政权，他于 1966 年辞去了对外事务部的职务，进入澳大利亚国立大学攻读亚洲研究博士学位。1971 年，费思芬被聘任为澳大利亚国立大学远东研究方面的研究员。1973—1976 年，费思芬出任澳大利亚首任驻华大使。在此期间，费思芬在发送回国的报告中就大胆预测了中国的经济转型，认为中国将成为亚太地区的主导力量。1977 年，费思芬重新加入澳大利亚国立大学，成为远东历史系的负责人，并兼任当代中国中心主任和《中国研究》主编。尽管费思芬 1979 年辞去了在澳大利亚国立大学的职务，但他仍一直担任《中国研究》的主编直至 1985 年。

费思芬博士从大使一职卸任后，尽管已经不在政府部门工作，但仍致力于促进澳中关系发展的工作。在他的不懈努力和斡旋下，在澳中建交的第五年即 1978 年，由澳大利亚政府设立的旨在促进澳中两国相互了解和人民之间联系的澳中理事会（Australia-China Council）成立了。1988 年，费思芬向澳大利亚政府呈递了著名的《菲茨杰拉德报告》（FitzGerald Report），主张加强对亚洲各国语言的教育，特别是中学和大学的汉语教育。1990 年，在参加澳大利亚教育家协会（ACE）举办的 "邦坦讲演"（Buntine Oration）时，费思芬博士专门作了题为《亚洲、教育与澳大利亚思维》（Asia, Education and the Australian Mind）的演讲，主张将汉语及亚洲其他国家语言的学习进一步正式地、全面规范地纳入澳大利亚的教育体系。今天，澳大利亚的中小学和大学里能够普遍开设中文课程，费思芬博士功不可没。

费思芬博士的著作有《中国与海外华人：1949—1970 年间北京政策变化的研究》（*China and the Overseas Chinese: A Study of Peking's Changing Policy 1949-70*）等。即使到了耄耋之年，作为汉学家的费思芬仍不遗余力地推动着中澳两国的文化交流。

（三）陈佩华

陈佩华博士是中国劳工议题方面的专家。她生于香港，于 1968 年在香港大学获得本科学士学位，又在多伦多约克大学和伦敦大学东方与非洲研究学院获得硕士学位。1980 年，她被萨塞克斯大学授予社会学博士学位。她曾供职于堪萨斯大学、华盛顿大学、加州大学伯克利分校、莱顿大学和哈佛大学，后来到悉尼科技大学中国研究中心担任研究教授，任职 6 年，直至 2015 年正式退休。退休后，她仍担任澳大利亚国立大学政治与社会变革系的客座研究员，继续从事研究工作和写作。她目前的研究重点是中国劳工问题。[①]

陈佩华博士出版有多部专著，其中 1984 年出版的《当代中国农村历沧桑：毛泽东、邓小平时代的陈村》（*Chen Village：The Recent History of a Peasant Community in Mao's China*，合著）引起了中外学术界的广泛关注。此外，陈佩华对于学术界的另一贡献是她还担任《中国研究》的主编和副主编。在她和她的丈夫乔纳森·安戈教授短短几年的努力下，该刊物的学术水平突飞猛进，跻身国际一流学术期刊的方阵。

（四）马克林

马克林教授是澳大利亚著名汉学家，现为澳大利亚格里菲斯大学荣誉教授、澳大利亚联邦人文科学院院士。他早年毕业于墨尔本大学，后获英国剑桥大学文学硕士学位，1970 年获澳大利亚国立大学博士学位，1999 年当选澳大利亚人文科学院院士。他还在 2011—2015 年担任过格里菲斯大学旅游孔子学院澳方院长。

多年来，马克林教授一直潜心从事汉学研究，其研究涉及中国传统戏剧、中国少数民族文化、中国在西方的形象以及中澳关系等众多领域，发表了百余篇有关中国的论文，并撰写学术专著多部，代表作有《变化中的中国》《中国戏剧简史》《新剑桥当代中国手册》《1912 年后的中国少数民族文化、身份及融合》《我看中国：1949 年以来中国在西方的形象》等。他先后获得美国和澳大利亚联合授予的"媒体和平奖"（1981）、英国剑桥

---

① 徐有威：《澳大利亚中国问题研究一瞥》，《档案与史学》2000 年第 3 期，第 65—70 页。

国际传记中心"二十世纪成就奖"（1993）、阿尔伯特·爱因斯坦国际学术基金会"十字勋章奖"（1993）、澳中理事会澳中关系文化领域"杰出贡献和成就奖"（1999）、"澳大利亚一等功勋奖章"（2007）、中国政府"友谊奖"（2014）等重要奖项。

马克林教授的著作是建立在他对中国的深入了解与思考之上的。这些著作刷新了西方对中国的认识，将中国文化推向世界。2014 年 11 月 17 日，习近平主席在澳大利亚联邦议会发表演讲时，高度赞扬了马克林教授为促进中澳两国教育、文化事业所作出的贡献。2015 年，马克林教授荣获中国政府颁发的"中华图书特殊贡献奖"。

澳大利亚国立大学中华全球研究中心汇集了诸多澳大利亚一流的中国问题专家。除了上述学者，还有研究中国经济和区域发展问题的葛丽珍（Jane Golley）教授，关注中国社区问题、劳动力市场改革和中产阶级研究的邓利杰（Luigi Tomba）教授等。

五、研究情况

正如前文所提及的，中华全球研究中心主要对 1949 年以后当代中国的政治、经济、文化教育、军事、外交等诸方面进行学术研究。中心会定期组织一些学术会议，邀请国内外研究中国问题的权威专家参与讨论，他们在会议期间会宣读原创的研究论文。会议结束后，中心会把这些论文进行修订并编辑成册，最终形成学术期刊特刊或以中心工作论文的形式发表。中心尤其重视对 1978 年以后中国的经济改革、农村问题、毛泽东研究以及澳中关系等方面的研究，这也集中地反映了国外当代中国研究的热点变化和研究趋势。从 1971 年起，中心编辑出版了一套中国研究书系，自 1991 年起该书系由美国夏普出版公司出版。[①]

此外，中国乡村研究近年来受到海内外学者的重视，成为海外中国研究中的热点和"显学"。[②] 中华全球研究中心在其研究路径和方法方面也不断推陈出新，更注重田野调查与理论的结合。中心诸多学者都对中国乡村

[①] 章立明：《澳大利亚的当代中国研究》，《学术界》2016 年第 9 期，第 232—233 页。

[②] 王栀韩：《继替与融合：海外中国乡村研究的新发展》，《国外理论动态》2014 年第 8 期，第 61—71 页。

问题的不同领域进行了研究，比如乔纳森·安戈教授致力于研究中国的教育、农村社会改革、产业政策。最值得一提的要数陈佩华博士，她和乔纳森·安戈以及赵文词（Richard Madsen）等人在香港利用访谈法，形成了独树一帜的陈村系列研究。陈佩华与其研究团队通过对23位陈村村民的223次访谈，生动地展示了一幅中国社会风貌与村落个人生活图像的长卷，从看似庸常的乡村生活百态中捕捉和呈现了在中国改革开放的背景下，华南农村近20年来的社会变迁。

在海外对中国共产党、中国改革以及中国政治的研究持续升温的全球背景下，中心对中国的研究形成了以区域研究、政治学、社会学为核心并尤以政治学为重心的学术研究格局，主要围绕政治转型、官僚制度、反腐机制等问题展开研究。比如，1996年出版的《中国的民族主义》一书是由时任中心主任、《中国研究》主编的乔纳森·安戈教授主持编辑的，由9位中国研究领域中的著名学者合著，包括白鲁恂（Lucian W. Pye）、白杰明（Geremie R. Barmé）、杜赞奇（Prasenjit Duara）、爱德华·弗里德曼（Edward Friedman）、詹姆斯·汤森（James Townsend）、王赓武等。该书出版后受到西方汉学界的普遍赞誉，被认为是有关中国民族主义问题"最为重要的研究文献"。

六、人才培养

中华全球研究中心重视人才培养，为致力于当代中国研究的学生和学者提供了多种研究经费支持，并承担了接待各类不同层次的学生和学者深造进修和访问学习的任务。

（一）研究经费

中心欢迎澳大利亚国立大学相关专业的研究生申请研究资助。资助用于：

——直接参与或从事中心相关学术研究；

——支持研究政治、法律、经济和社会等相关因素如何影响中国，以及在当今世界塑造其角色的学术研究项目；

——田野考察中聘用研究生助理的费用支出，享受津贴资助的人须将他们的研究成果提交中心进行研究讨论。

（二）访问学者项目

中心欢迎中国问题研究方面的专家参加访问学者项目，以促进中心对影响当代中国的世界地位的政治、法律、经济和社会因素的理解，从而推动中心的相关理论建设。来自世界各地的访问学者将在中心度过半年至一年的时间，他们将进行自己的研究，并将其研究成果提交给中心的学者群体，与感兴趣的同事和学生进行讨论。访问研究学者项目招收的学者可以提出短期（少于一个月）或长期在中心进行研究的计划。访问学者将参与中心的学术生活，并向其同专业学者介绍自己的研究工作。

（三）资助学术交流

中心鼓励研究人员、访问学者和学生开展对外尤其是对华交流，并提供以下几种资助项目。

1. 差旅补助（Travel Grants）

该补贴主要资助相关研究和会议旅行，本校内从事研究或教学工作的人员均可申请。申请者应关注中国和华人问题，并有潜力推进相关研究、展示研究成果和扩展交流网络。补助额为 3000 美元，申请者须在收到补助后的 12 个月内使用，并在差旅结束后提交一份 500 字的报告。

2. 学士预备课程（Honours Advance Preparation Program）

该项目是中心 2023 年起开始举办的冬令营活动，面向澳大利亚国内学习社会科学或人文学科并主要关注中国问题的本科生。项目由澳中关系国家基金会（National Foundation for Australia-China Relations）资助，活动为期一周，参加者将集中讨论与中国相关的各种主题，包括政治、国际事务、经济、当代文化和社会变革，并将与来自澳大利亚国立大学和其他大学的专家进行交流。

3. 留学项目（Study Abroad Program）

该项目为短期留学项目（为期三周），面向本校内对中国和汉语感兴趣的本科生。项目分为两部分，第一部分为期两周，其间学生将前往中国，在与澳大利亚国立大学有合作关系的中国大学学习汉语；第二部分为期一周，其间学生将前往中国农村进行实地考察，与农民、商界人士和当地政策制定者进行交流。

七、成果发布

中华全球研究中心的研究成果主要通过著作出版、专题研讨、讲座和媒体等多种途径进行发布。

（一）代表性期刊

《澳大利亚中国事务杂志》（1979—1995），1979 年由时任当代中国中心主任费思芬博士创刊，当代中国研究中心主办和发行，一年两期。该刊内容分为两大部分：第一部分（研究）发表针对中国各方面的原创研究文章或翻译；第二部分（四个板块：时事、报告、回顾和评论）发表不同类别和主题的文章。

1995 年，《澳大利亚中国事务杂志》更名为《中国研究》，目的是倡导国际性。《中国研究》在 1995 年第一期的扉页上宣布了原刊改版，称该刊将从一个区域性的出版物正式转型为一个真正的国际性杂志。《中国研究》现任主编为中华全球研究中心现任主任本·希尔曼。

《中国研究》目前由芝加哥大学出版社代表中华全球研究中心发行，每年 1 月和 7 月出版。该刊撰稿者集中了世界各地的优秀学者，其观点和研究方法体现了国际上当代中国研究的前沿。该期刊被认为是研究中国最权威的综合性期刊之一。在《期刊引用报告》（Journal Citation Report，JCR）每年发布的各领域研究型期刊影响力和相对重要性的排序中，《中国研究》在"中国研究"领域的期刊中连续多年排名第一。

（二）举办学术活动

中心会定期举办各类讲座、论坛、会议等学术活动，主题包括：中国外交政策、经济发展战略、法律改革、少数民族政策，中国领导层变动，以及中国与美国的关系等。中心根据不同的研讨形式与议题，邀请国内外研究中国问题的权威专家参与研讨，并在会后将与会专家的原创研究论文集结成册，最终形成学术特刊或以中心工作论文的形式发表。

中心还会举办研讨班，为不同立场、族群的人们提供共同探讨、思考、交流启发的机会。研讨班的主要形式是以一名在某个领域富有研究经验的主讲人为核心，若干个小团体在主讲人陈述其研究成果的基础上进行深入的互动性探讨。

此外，中心还利用多种社交媒体平台与外界进行交流。

（三）发挥核心引擎和辐射带动作用

1998 年，当代中国中心与澳大利亚国立大学政治和社会变革系合并，2010 年归入亚洲和太平洋学院下设的科拉尔·贝尔亚太事务学院，共同推进延续其近 30 年来积累的成果。

当代中国中心在中国问题研究方面的成绩和发展，极大地促进本校和联邦政府加大了对中国问题研究的重视以及对中国研究机构建设力度，各类科研机构（项目）相继成立。

"中国遗产"项目由澳大利亚国立大学太平洋研究院和亚洲研究院共同发起，项目关注中国历史、中国社会和当代的文化遗产，项目负责人为白杰明博士。此项目有一个"网上中国遗产"电子百科全书，且出版了《中国遗产季刊》（*China Heritage Quarterly*）。该刊物创立于 2005 年，倡导"新国学"，在传统汉学的基础上，针对当前中国复杂的现实问题，继续探讨"新汉学"的建设问题（官方网址可参见：http://www.chinaheritagequarterly.org/）。

2007 年，澳大利亚国立大学中国学院建立，建院宗旨在于打破中国研究的学科、机构限制，把澳大利亚国立大学所有与中国研究相关的专家联系起来，展开合作。学院每年或每两年会举行一次较大规模的学术会议，研究与中国相关的各种论题，同时还发起了中国学院论坛，主要为学者提供讲演平台。

2010 年 4 月，在澳大利亚国立大学的第 70 场莫理循民族学讲座上，时任总理陆克文作了专题发言并宣布政府将斥资与澳大利亚国立大学合作建立"中华全球研究中心"，该工程将在校园内建造研究大楼，采用领先的、创新的方式研究中国，旨在"将学者、专家和政策制定者从相互分隔的学科和系际窠臼中解放出来……在这个中心里，学者、思想家和政策专家能够采取一种全面的工作方式，使那些从事与中国相关的公共政策、环境、社会变革、经济学、贸易、外交政策、国防政策和战略研究实务的专业人士，与中国的历史、文学、哲学和文化研究融合起来"，从而在全球范围促进对中国和海外华侨的综合研究和了解。此外，他还呼吁商界人士和基金会能在政府的带动下注资建设这个新的中心，为政府公职人员、学者、媒体、政策制定者和高层商业人士搭建与中国高层对话的平台。

2010 年 6 月 22 日，正在澳大利亚访问的时任中华人民共和国副主席习近平出席了向中华全球研究中心赠书的仪式，赠书包括中国历史、文化、哲学方面的论著和研究当代中国经济社会发展历程和对外交往的新著，共计 881 种、1723 册相关书籍以及 60 多万种中华研究相关电子书。[①]

中华全球研究中心于 2010 年 7 月正式启动，创始至今共经历过三位历任主任，分别为创始主任白杰明博士、葛丽珍教授和现任主任本·希尔曼。

八、合作交流

近年来，中华全球研究中心开展了各种形式的交流合作活动。

（一）学生交换和暑期学校等合作项目

中心与中国多家教育科研机构以及中国教育部达成了合作伙伴关系，如由中澳两校之间牵头的学分交换、学位项目，以及由中国国家留学基金委员会牵头开展的国家建设高水平大学公派研究生项目。目前，中心至少与中国数十所高校签订了合作备忘录，每年至少有数百名中澳学生参与两国高校及中国教育部的交换生计划中。

（二）举行交流活动

2022 年 7 月 19 日，中华全球研究中心举办"中国与澳国立大学 75 周年展览"开幕活动，中国驻澳大使肖千应邀出席活动。[②]

2020 年 6 月 26 日，中华全球研究中心研究员魏舒歌以"战场之外：租界英文报刊与中国的国际宣传"为题，在腾讯会议平台举办了线上讲座。[③]

---

① 《记习近平副主席向澳大利亚中华全球研究中心赠书》，中国政府网，2010 年 6 月 24 日，https：//www.gov.cn/ldhd/2010-06/24/content_1636659.htm。

② 《肖千大使出席"中国与澳国立大学 75 周年展览"开幕活动》，中国驻澳大利亚大使馆网站，2022 年 7 月 20 日，https：//au.china-embassy.gov.cn/chn/dshd/202303/t20230316_11042721.htm。

③ 《"战场之外：租界英文报刊与中国的国际宣传"讲座纪要》，腾讯网，2020 年 7 月 4 日，https：//new.qq.com/rain/a/20200704A06FN000。

2016 年 12 月 7 日，中心研究员萨利·萨吉森（Sally Sargeson）以"碎片化和脆弱性：中国征地和补偿的影响"（Fragmentation and Fragility：The Impacts of Compensation for Land Expropriations in China）为主题在浙江大学公共管理学院作了研究成果报告。

2011 年 1 月，中国驻澳大使陈育明应邀到访中华全球研究中心，并与中心主要负责人座谈。①

（三）举办系列中国研讨会和年度讲座

中国研讨会和年度讲座（部分）

举办时间	研讨主题	备注
2020 年 10 月	熊十力和近代中国的文化民族主义	
2020 年 9 月	唐代道士司马承祯与道教圣地	
2020 年 8 月	普天之下： 在隔离时代如何停止忧虑，学会热爱中国品牌？	
2020 年 8 月	2019 年北京和台北的希望与担忧	
2020 年 5 月	一个国际非政府组织在中国的 40 年	
2020 年 2 月	台湾 2020 年选举回顾：安全公投？	
2019 年 11 月	韩国对"一带一路"倡议的研究	
2019 年 9 月	中国无声的土地改革：1958—1962	
2018 年 11 月	处于十字路口的澳中关系	
2018 年 5 月	普世价值与中国特色：从当今中国儒学复兴的视角	
2017 年 4 月	中国的力量与澳大利亚的未来	
2016 年 6 月	中国哲学的混合身份	
2015 年 12 月	昆曲和京剧艺术	
2014 年 5 月	堪培拉和北京的教育建筑	

---

① 《驻澳大利亚大使陈育明走访澳中华全球研究中心》，中国驻澳大利亚大使馆网站，2011 年 12 月 28 日，https://au.china-embassy.gov.cn/chn/jbwzlm/sgdan/201112/t20111228_1000956.htm。

举办时间	研讨主题	备注
2013 年 8 月	影响力合作伙伴： 澳大利亚和中国如何通过科学建立联系	
2013 年 11 月	当代中国法律哲学中的卡尔·施密特	
2011 年 7 月	澳大利亚和中国在世界上：谁的素养？	首届中华全球研究中心年度讲座

九、结语

澳大利亚国立大学中华全球研究中心作为澳最有影响力、最具权威性的中国问题研究机构之一，充分发挥自身优势，为增进中澳两国人民相互了解、交流和友谊作出了贡献。从当代中国中心到中华全球研究中心，该机构 50 多年来一直在本校和澳国内的中国研究领域发挥核心引擎和辐射带动作用，其运作模式和经验值得我们参考和借鉴。

澳大利亚国立大学中华全球研究中心联系信息

地址：China in the World Building #188，Fellows Lane，The Australian National University，Canberra ACT 2601，Australia

电话：+61-2-6125-9267

网址：https：//ciw.anu.edu.au/

邮箱：ciw@anu.edu.au

日　本

日本爱知大学国际中国学研究中心

李鹏飞

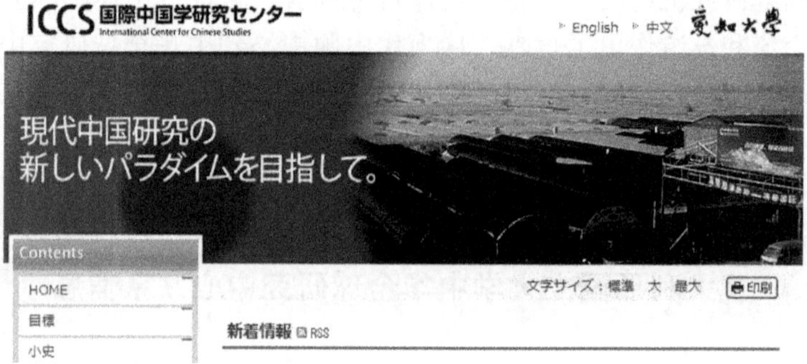

日本爱知大学国际中国学研究中心（Aichi University International Center for Chinese Studies）是在日本久负盛名的专业中国研究中心，也是近年来在日本非常活跃的当代中国研究机构。它是一所以爱知大学研究生院中国研究专业的硕士和博士点为核心，在现代中国学领域开展国际教育和研究的机构，其历史可以追溯到 1901 年在中国上海建立的东亚同文书院。东亚同文书院曾培养了一大批经济、贸易、文化、教育、外交领域的人才，是日本历史最为久远的国外高等教育机构。日本侵华战争失败后，东亚同文书院也随之关闭。1946 年 11 月，东亚同文书院的教职工和学生因为原校长本间喜一的呼吁而重新聚集在一起，在名古屋创立了新的大学，名为爱知大学，① 意为"热爱知识"②。爱知大学成立之后，以"培育具有国际素养和视野的人才"③ 为宗旨，继承并发展了原东亚同文书院的中国研究传统，对现代中国的诸多问题进行了深入观察，并培养了大量从事中国问题研究与中日交流的优秀人才。可以说，国际中国学研究中心就是在爱知大学雄厚的现代中国学研究的基础上得以成立的。

一、中心概况

日本爱知大学国际中国学研究中心的正式成立时间为 2002 年 10 月，它的建立和爱知大学悠久的中国学研究传统、雄厚的中国学研究实力是密不可分的。

爱知大学继续发扬了自己的中国研究传统，建校初期就在法律系设置了中国政法专业，在经济系设立了中国文学、东方历史、东方哲学等专业。1948 年创立的国际问题研究所同样以现代中国作为研究中心，同时关注其他区域与国别的政治经济情况。1955 年，爱知大学又出版了日本最早的中日语言工具书《中日大词典》。1991 年 4 月，该校研究生院设立了日本首个进行中国研究的中国学硕士专业，并在 1994 年开设了博士课程。1997 年 4 月，该校又创立了日本首家以"中国"命名的科学院——现代中国研究学部，随后又依托该学部组建了现代中国学会。以现代中国研究学部、研

① http://www.aichi-u.ac.jp/profile/flow/history.
② http://www.aichi-u.ac.jp/profile/flow/mark.
③ http://www.aichi-u.ac.jp/profile/concept.

究生院中国学研究科、现代中国学会为基础，国际中国学研究中心在 2002 年 10 月得到日本文部省的批准后建立，由日本著名现代中国问题研究专家加加美光行教授担任研究中心的首任所长。①

国际中国学研究中心主要依托爱知大学研究生院中国研究专业的硕士和博士课程为核心进行活动。其研究目标为"现代中国学研究方法的构建"，即从现代中国的政治、经济、文化等视角出发，以现代中国学研究为基干，涵盖其应用与发展，建立一个专业的学科体系——"现代中国学"②。

国际中国学研究中心的研究活动在日本国内和国外都有广泛影响力。根据研究中心的数据显示，日本国内共有 80 所高等教育及研究机构的 184 名学者参加过中心的学术研讨会。在国际范围内，共有来自 8 个国家 81 所高等教育及研究机构的 287 名学者参与过中心的学术活动，其中不乏哈佛大学、北京大学、伦敦大学政治经济学院等名校的学者。

二、机构设置

国际中国学研究中心在组织上分为三个层级：第一层级是研究中心的所长，第二层级为事业负责人与运营委员会，第三层级为办公室、研究部门和海外基地。研究部门具体分为政治与外交研究会、经济与环境研究会、文化与社会研究会。海外基地有中国南开大学分中心、中国人民大学分中心，以及中日合作西部开发共同研究中心。③ 具体如下图所示。④

---

① http://iccs. aichi-u. ac. jp/history. html.
② http://iccs. aichi-u. ac. jp/outline. html.
③ http://iccs. aichi-u. ac. jp/member/.
④ http://iccs. aichi-u. ac. jp/cn/member. html.

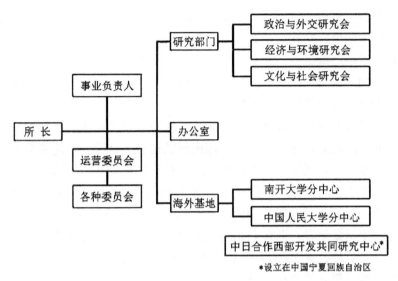

组织机构图

其中，所长总理研究中心的一切事项。事业负责人负责中心的发展战略和前进方向，以及对资源及资金的使用提出建议。运营委员会负责具体的日常管理和经营。办公室负责海外协调业务、学术资料整理、数据库建设与维护。研究部门按类别进行不同维度的研究。海外基地主要负责爱知大学中国研究科和南开大学及中国人民大学的双博士学位及共同研究教学项目。

该中心的经费来源主要分为三部分，包括来自日本文部省的"21世纪重点科研基地 COE 工程"的每年度拨款，爱知大学的大量资金支持，以及来自日本丰田汽车集团公司的赞助。另据中心主页介绍，有一部分的研究活动是由外部资金支持的。①

因为爱知大学国际中国学研究中心的目标是从政治、经济、文化等多元维度对现代中国进行分析与研究，因此中心的人员也都具有不同的文化和学术背景。从 2019 年的资料来看，该中心的所长、运营委员会的成员以及所员共计 21 人，涵盖了爱知大学的 6 个学院，其中日籍有 13 人、中国籍有 8 人。目前担任所长的是来自国际语言文化交流学部的周星教授。详

① 何培忠：《日本中国学研究考察记（四）——访爱知大学国际中国学研究中心加加美光行教授》，《国外社会科学》2004 年第 6 期，第 74—77 页。

细分析每位老师的学术背景，可以发现来自现代中国学部的老师共有 10 人，来自国际语言文化交流学部的共有 2 人，来自经营学部的共有 3 人，来自经济学部的有 2 人，来自文学部有 1 人，来自地域政策学部的共有 3 人。多元的学术和文化背景，有利于该中心采用不同的视角进行研究，也为研究带来了讨论的活力与多维的碰撞。

除了常任所员和运营委员会的成员，爱知大学国际中国学研究中心也以开放的态度吸纳并聘任来自日本国内外的助教、研究员、客座研究员以及访问教授。中心网站上的资料显示，2019 年共有客座研究员 27 人、助教 4 人、研究员 2 人、访问教授 1 人，其中日籍有 13 人，中国籍有 21 人。2004 年至今，爱知大学国际中国学研究中心一共接收过访问教授 43 人，除了日籍与中国籍学者，也有 11 位来自剑桥大学、纽卡斯尔大学等欧美高校的研究者。另外，从 2004 年至今，该中心还接收了 29 位研究员、71 位助教，其中华人研究者共有 75 人。[1]

三、代表性人物

因为爱知大学国际中国学研究中心希望从不同的面向与维度去建立全新的理论学科"现代中国学"，因此研究中心的人员如前所述都是具有不同学科背景的现代中国研究领域著名专家学者，其研究领域主要划分为三个部分：政治外交领域、经济环境领域、文化社会领域。现选取中心的代表性人物介绍如下。

（一）加加美光行（Kagami Mitsuyuki）

加加美光行教授作为爱知大学国际中国学研究中心的首任所长，可以说是该中心的创立者。他在 1967 年毕业于东京大学文学部，曾在日本亚洲经济研究所担任主任一职。1991 年调入爱知大学工作，1997 开始担任爱知大学现代中国学部的院长，2002 年随着国际中国学研究中心的成立开始担任研究中心的所长，直至 2008 年。加加美教授现已退休，但依然作为爱知大学的名誉教授活跃在日本的中国研究界。他的研究方向为现代中国政治

---

① http://iccs.aichi-u.ac.jp/member/.

研究、日本现代政治思想，代表性著作有《21世纪的世界政治——中国世界》《中国的民族问题——问题的本质》《未完成的中国——作为课题的民主化》等。加加美教授曾经多次公开批评日本右翼的错误言论，提出要正确认识日本过去的历史。①

（二）李春利

李春利教授是国际中国学研究中心现任所长，他硕士毕业于中国社会科学院研究生院，在东京大学获得了经济学博士学位。他现在担任爱知大学经济学部的教授，兼任国际中国学研究中心中国业务推进负责人、人间文化研究机构（日本的大学共同利用机构）"现代中国区域研究"项目爱知大学合作基地副代表。李教授的主要研究领域为中国经济论、国际产业经济论、能源环境经济论、中印比较研究。其代表著作有《中国社会的底层变化和中日关系的变动》《汽车社会成本中的交通拥堵机理分析与东京模式》《关于中国第十三个五年计划中的环境问题》《日益严峻的中国城市环境问题》等。他同时担任了国际商业研究学会的理事和中国经济经营学会的理事。②

（三）川井伸一（Kawai shinichi）

川井伸一教授是爱知大学的现任校长，在国际中国学研究中心担任运营委员，同时也是经营学部的教授。他毕业于东京大学社会学院，曾是日本国际问题研究所研究员、日本驻华大使馆特别研究员。他现在的研究方向为比较经营学、中国企业论、中国企业的海外发展等。他近五年的代表学术成果有《中国公司的历史性格——基于法人的二重性观点》《东爱知丰桥的地方创生》《中国企业的创业与寿命》。川井教授还担任日本中国经济经营学会的理事，东亚同文书院纪念基金会的会长。③

（四）铃木规夫（Suzuki Norio）

铃木规夫教授本科毕业于上智大学文学部，博士毕业于成蹊大学法院

---

① http://news.youth.cn/gj/201411/t20141125_6121662.htm.
② http://edu.aichi-u.ac.jp/tsearch/AUT_detail.aspx?pid=11239.
③ http://edu.aichi-u.ac.jp/tsearch/AUT_detail.aspx?pid=11217.

政治研究科，1998 年开始在爱知大学任教，现在执教于国际语言文化交流学部。他的研究领域为政治哲学、伊斯兰研究，代表性著作有《信仰与平和》《全球时代的大众迎合主义》《中东和日本的前进方向》《中日韩思想家手册》《"一带一路"和生态文明——围绕个体与普遍的疑问》《文明不是冲突——"一带一路"的思想根据》等。他同时在日本的亚洲非洲研究所担任理事工作。①

四、研究情况

爱知大学国际中国学研究中心会把自己的研究成果在官网上公开发表。中心的研究内容一共分为三部分：第一，国际中国学研究中心的整体研究项目，包括讨论会、研讨会、讲座等；第二，各个研究小组的研究项目，包括研究会、研讨会、讲座等；第三，其他研究活动，包括大学外部的委托研究及青年研究会等。现将其研究内容及研究方向进行大致介绍。

（一）中心的整体研究项目

从中心对外公布的信息来看，2003—2018 年中心一共举办过 68 次国际中国学研究中心的整体研讨会，平均每年 4—5 次。其中大多数研讨会、研究会、讲座都是在爱知大学内举办的，但也有几次研讨会在中国的南开大学、南京大学、华东政法大学等地举办，可见研讨会的国际性和规模。具体从内容来看，其中有代表性的研讨会、讲座有：2003 年 5 月 29 日，在名古屋召开的国际中国学研究中心的起步纪念演讲会 "21 世纪中日经济关系的走向"；2005 年 12 月 3 日，在天津与南开大学历史学院共同举办的 "现代中国学方法论及其文化视角" 国际研讨会；2005 年 12 月 8 日，在北京同中国人民大学哲学院共同举办的 "围绕现代中国学方法论的构筑" 国际研讨会；2006 年 12 月 18 日，在南京大学和南京大学社会学系协同举办的 "环境压力与中国的社会转换——中日多领域专家间的对话" 国际研究会；2014 年 11 月 15 日，在华东政法大学召开的 "比较现代化视野中的中日国家建设" 研讨会；等等。②

---

① http://edu. aichi-u. ac. jp/tsearch/AUT_detail. aspx？pid = 11268.

② http://iccs. aichi-u. ac. jp/activity/iccsall. html.

（二）研究小组的研究项目

爱知大学国际中国学研究中心于 2017 年对原本的政治外交研究组、经济环境研究组、文化研究组、社会历史研究组进行重新划分，变更为现在的政治外交研究会、经济环境研究会、文化社会研究会。从 2017 年至今的数据来看，政治外交研究会共举办过研讨会、讲座等活动 12 次，其中有 2019 年 10 月 26 日举办的中日关系史学会前副会长张云方的公开讲座"中国改革开放的起点和中日关系的验证"，2018 年政治外交研究会举办的第七回中日研究方法研究会等。① 经济环境研究会共举办过 14 次活动，都是不定期召开的国际中国学研究中心中日农业问题研究会。② 文化社会研究小会举办了 8 次活动，有 2018 年 1 月 20 日的研讨会"现代中国学构筑的中日对话"，2019 年 5 月 25 日的国际讨论会"通古今之变：中国文化的现代反思"等。③

另外，据网站的资料显示，2007 年至 2016 年，爱知大学国际中国学研究中心共举办过 170 次专题研究小组活动，其中有代表性的活动包括召开了 30 次的中日战争研究会和召开了 25 次的中日农业问题研究会，2007 年的"台湾的教育和文化政策"中国文化与亚洲世界文化共存研究会，2010 年的"中国知识分子论——从 20 世纪 80 年代至 2000 年"研究会，等等。④

（三）其他研究活动

2010 年至今，爱知大学国际中国学研究中心共有 13 次接受外部研究资金而进行的调查研究。其中有 2010 年至 2016 年由日本电装（DENSO）公司出资的"关于中国冷链推广的研究"，2013 年由中国综合研究樱花科学中心出资的"中日科学技术交流 40 年"专题调查，2014 年同样由中国研究与樱花科技中心出资的"中国粮食问题及农业革命"专题调查等。⑤

此外，青年研究会是指以爱知大学国际中国学研究中心所聘请的研究

---

① http：//iccs. aichi-u. ac. jp/activity/entry-2736. html.

② http：//iccs. aichi-u. ac. jp/activity/entry-2737. html.

③ http：//iccs. aichi-u. ac. jp/activity/entry-2738. html.

④ http：//iccs. aichi-u. ac. jp/entry-2735. html.

⑤ http：//iccs. aichi-u. ac. jp/activity/gaibu. html.

员（博士后）和研究助手为主体而开设的研究会，是为了让研究中心的青年学者有成果发布的平台和促进学术交流的机会。这些青年学者的成果会发布在研究中心的电子杂志上。例如，2018 年 12 月 19 日，研究中心的研究助手张小月发表了《有关汉服的美学——通过与和服的比较》一文；2017 年 3 月 24 日，研究员户川贵行发表了题为《推古朝的迎宾礼仪与建康的礼仪重建》的研究报告。①

爱知大学国际中国学研究中心还拥有四个馆藏丰富的资料库，分别为：（1）研究成果数据库，是把该研究中心所有公开发表的研究报告进行电子化处理后的资料库，任何网络用户都可以随意查阅和下载。（2）中国战前明信片数据库，收藏有第二次世界大战之前中国以各个城市为背景的明信片，共有 398 张。如果要下载图像数据的话，需要向研究中心提出书面申请。（3）东亚同文书院数据库，是至 1945 年为止东亚同文书院所写成的调查报告，目前只能够通过爱知大学的校园网才可以访问。（4）"文化大革命"资料数据库，藏有爱知大学所有研究中国"文化大革命"的研究资料，现在暂时停止开放使用。②

据爱知大学的主页介绍，爱知大学图书馆的藏书达到 172 万册，远远超过了日本全国私立大学 30 万册和公立大学 111 万册的平均藏书数量。另外，爱知大学还拥有一部分极其珍贵的资料，例如《简斋文库》《霞山文库》《东亚同文书院中国旅行报告书》，以及"满洲国"时期的新闻报纸、中国各地的调查资料等。同时，爱知大学图书馆也拥有在中国研究方面很有价值的《竹村文库》《浅川文库》《中国学术交流文库》《中日大辞典文库》等文献。③

五、人才培养

爱知大学国际中国学研究中心是以爱知大学的中国学研究生课程为基础建立起来的。虽然它和爱知大学的现代中国学部有着千丝万缕的联系，但是从严格意义上来说，爱知大学现代中国学部并没有本科生课程，只有

---

① http：//iccs. aichi-u. ac. jp/activity/other-activity. html.

② http：//iccs. aichi-u. ac. jp/reportlist. html.

③ http：//www. aichi-u. ac. jp/grad/about/g-chi.

硕士、博士课程及博士后、访问学者制度。

如前所述，爱知大学研究生院中国研究科的中国学硕士课程设置于1991年，博士课程设置于2004年。2002年，依托现代中国学部、现代中国学会、中国研究科，国际中国学研究中心得以成立，之后得到迅速发展。2004年，国际中国学研究中心分别在中国的南开大学和中国人民大学设置了分中心（中国研究教育基地），并同两校签署了合作协议，开始实行中国研究科双博士学位项目。同年9月，双博士学位项目的首届中方学生抵达日本开始学习。2005年2月，双博士学位项目的首届日方学生抵达中国开始学习。2007年4月，双学位项目扩大到硕士课程，爱知大学中国研究科的硕士生可以通过该项目获得南开大学或中国人民大学的硕士学位。2014年开始，爱知大学中国研究科的日籍学生也可以选择通过台湾东吴大学的双学位项目来获得博士或硕士学位。

爱知大学国际中国学研究中心内部也有人才培养和招聘制度。主要分为三种：（1）研究员制度。研究中心通过聘用优秀的青年学者（每年2—3名）来进一步促进中心研究活动的开展。研究员除从事研究工作之外，还协助所长及各研究组负责人统一管理研究助手以及进行研究会活动的运营工作。（2）研究助手制度。该制度以爱知大学或其他大学的在籍博士生作为对象进行人员招聘，被聘人员附属于研究中心各研究组，他们会在各研究组负责人的指挥下进行辅助研究并负责研究会的运营等工作。（3）青年研究学者研究资助制度。此制度以爱知大学研究生院中国研究科的博士生、毕业生以及期满退学人员为申报对象，资助符合条件的人员开展研究。①

现对国际中国学研究中心的中国研究学科、双学位项目、研究员制度进行简要介绍。②

（一）中国研究学科

爱知大学国际中国学研究中心的中国研究学科是日本最早开展专门研究中国问题并具有显著特色的研究学科。在本专业的学习过程中，既有专业的教师担任研究指导，也能运用英语或汉语进行研讨，还能与留学生同上英语和汉语课，同时重视实地考察的学习方法。本研究学科不只是以中

---

① http://iccs.aichi-u.ac.jp/education.html.

② http://www.aichi-u.ac.jp/grad/about/g-chi.

国作为研究对象，还以华语圈作为对象，从社会和文化两方面，以个别性和综合性的研究为基础，从全球化的角度开展中国研究。

（二）双学位项目

参与该项目的学生将在爱知大学和中国的南开大学（天津）或中国人民大学（北京）或东吴大学（台北）同时进行学籍注册。博士前期课程（硕士课程）的总学习时间为 1 年 6 个月；博士后期课程中的 1 年在中国大陆或台湾进行（必修），同时利用远程授课等方式获得中日两国的大学学位。该项目今后将进一步扩大合作学校的范围。

（三）研究员制度

爱知大学国际中国学研究中心接纳来自日本及世界各地的研究人员，一共有三种方式。针对已经在日本其他大学有职位的学者，主要采用客座研究员（Visiting Researchers）的方式进行邀请。对于世界其他著名大学的学者，采用访问教授（Visiting Professors）的邀请方式。对于青年学者，则是采用研究员（Researchers of the ICCS）的形式进行聘用。

六、成果发布

爱知大学国际中国学研究中心拥有多样的学术活动，例如之前所介绍的研讨会、研究会，但召开时间不固定。截至 2019 年 12 月，研究中心共举办了 68 次全体研讨会和 272 次专题研讨会，进行了 13 次外部项目研究。

有了丰富的研究活动作为基础，国际中国学研究中心也有数量众多的研究产出。中心拥有自己的研究杂志——《现代中国学集刊》，随时受理有关现代中国的政治、经济、文化、社会及环境等方面的论文投稿。投稿语言可以使用汉语、日语及英语。杂志的所有内容都会上传到国际中国学研究中心的研究成果资料库（http://iccs.aichi-u.ac.jp/report/），可以随时查看。从 2009 年发行第一卷第一号开始，至 2019 年 6 月 28 日，中心已经出版了 21 册《现代中国学集刊》。国际中国学中心也拥有自己的官方网页（http://iccs.aichi-u.ac.jp/），会随时对外发布科研成果、学会通知、重要信息等。

爱知大学国际中国学研究中心目前出版的学术著作主要包括：

——《现代中国学集刊》11 卷，21 册；

——"面向现代中国学的构筑"系列丛书 5 卷：《中国新发现》《中国内外政治和互相依存》《进入海外的世界经济》《改革变革与中国文化社会民族》《中国的环境问题》；

——研究报告书 31 本，研究主题有：《现代中国研究建构的方法论》《东亚能源相关问题》《中国企业海外投资与经营》《21 世纪中日经济关系的去向》《现代中国环境论》《现代中国学的课题与展望》《中国和亚洲的人口生态环境问题》等；

——英文图书 1 本：《现代中国研究的挑战和展望》（*New Challenges and Perspectives of Modern Chinese Studies*）；

——研究中心的研究人员以个人名义所出版的专著 40 本。

七、合作交流

爱知大学国际中国学研究中心为了推动世界的现代中国研究，共同构建以研究中心为中枢基地的国际性学术网络，同日本国内及各国的著名大学和研究机构建立了交流与合作关系。

在日本国内，爱知大学国际中国学研究中心在 2010 年和东海中日贸易机构，在 2011 年同日本人间文化研究机构签订了共同研究的协议。

在国际合作方面，研究中心和 25 所国外的院校及研究机构建立了不同类型的合作关系，其中国内地 16 所、中国香港 2 所、中国台湾 1 所、新加坡 1 所、英国 2 所、美国 3 所。合作内容包括邀请访问教授、远程多边的教研交流系统的设置与管理、共同研究、资料交换、共同召开研讨会、双学位项目等。具体合作情况见下表。

国际中国学研究中心合作机构一览表

签署合作 协议时间	国家/ 地区	机构名称	合作交流形式
2023 年	中国台湾	台湾大学中国大陆暨两岸关系教学研究中心	参与研讨会

签署合作 协议时间	国家/ 地区	机构名称	合作交流形式
2016 年	中国	上海外国语大学国际关系 与公共事务学院	参与研讨会
2015 年	中国	北京大学经济学院	共同举办研讨会、共同研究
2015 年	中国	华东政法大学政治学与公 共管理学院	共同举办研讨会、资料交换
2012 年	中国	清华大学汽车工程系	互派研究员、共同研究、资料交换
2011 年	中国	北京大学中国经济研究中心	共同研究、资料交换
2011 年	中国	武汉大学中国传统文化研 究中心	互派研究员、资料交换
2010 年	中国	石河子大学政法学院伊斯 兰逻辑与文化研究中心	互派研究员、资料交换
2010 年	中国	中国政法大学政治与公共 事务学院	互派研究员、资料交换
2009 年	中国	浙江大学创新管理与持续 竞争力研究国家创新基地	互派研究员、资料交换
2009 年	中国	南京大学社会学院	邀请访问教授、共同举办研讨会、 接受研究员、资料交换
2009 年	中国	中央民族大学中国少数民 族研究中心	互派研究员、资料交换
2005 年	中国	宁夏社会科学院	设置中日合作西部开发共同研究中 心、共同研究、资料交换
2005 年	英国	伦敦大学亚非学院	邀请访问教授、资料交换
2004 年	中国	复旦大学国际关系与公共 事务学院	互派研究员、资料交换

签署合作协议时间	国家/地区	机构名称	合作交流形式
2004 年	中国	南开大学	邀请访问教授、共同举办研讨会、设置分中心、双学位项目、远程多边的教研交流系统的设置与管理、互换学分、共同研究
2004 年	中国	中国人民大学	邀请访问教授、共同举办研讨会、设置分中心、双学位项目、远程多边的教研交流系统的设置与管理、互换学分、共同研究
2004 年	中国香港	香港中文大学中国文化研究所当代中国文化研究中心	邀请访问教授、远程多边的教研交流系统的设置与管理、共同研究、资料交换
2004 年	中国香港	香港大学中文系	资料交换
2004 年	英国	伦敦政治经济学院亚洲研究中心	邀请访问教授、资料交换
2004 年	美国	加利福尼亚大学伯克利分校中国研究中心	邀请访问教授、资料交换、派遣研究员、共同研究
2004 年	美国	加利福尼亚大学洛杉矶分校中国研究中心	接受研究员、资料交换
2004 年	美国	夏威夷大学中国研究中心	邀请访问教授、共同研究、资料交换、参与研讨会
2003 年	中国	中国科学院地理科学与资源研究所	邀请访问教授、共同举办研讨会、共同研究、资料交换
2003 年	新加坡	新加坡国立大学人文社会学院	邀请访问教授、共同研究、资料交换

八、结语

2002 年 10 月成立以来，爱知大学国际中国学研究中心在得到日本政府、学校和社会的资金支持后，一直聚焦于现代中国研究并适时合理地调整研究重点和研究方向。中心的研究活动持续稳定，且极其重视国际交流，因此有稳定和多方面的研究产出。中心还努力推动其研究成果在社会中得到应用与发展。在人员方面，中心采用了数种方法和渠道来培养和招纳人才，为自己的持续性发展不断注入新的活力。架构合理的行政组织也是该中心得以流畅运作与发展的重要原因之一。正是这些因素，让爱知大学国际中国学研究中心在日本乃至国际中国研究领域一直占有重要地位并引起强烈的反响。

日本爱知大学中国学研究中心联系信息

地址：日本爱知县名古屋市中村区平池町 4 丁目 60 番 6，爱知大学国际中国学研究中心事务所，453-8777

电话：+81-052-564-6120

传真：+81-052-564-6220

网址：http：//iccs. aichi-u. ac. jp/

日本早稻田大学现代中国研究所

李鹏飞

　　日本早稻田大学现代中国研究所（Waseda Institute of Contemporary Chinese Studies）是目前日本最具影响力与最活跃的当代中国研究中心。早稻田大学与中国的缘分可谓是由来已久，从清末新政时期的大批留日学生，[1] 乃至民国时期的陈独秀、李大钊、廖仲恺[2]等先贤都将早稻田大学选择为自己的留学目的地。依靠着早稻田大学在日本高校界的雄厚实力及长久以来的积淀，早稻田大学也自然而然成为日本当代中国研究的重镇。中日关系史著名学者安藤彦太郎甚至对早稻田大学与近代中国的关系写有专著《早稻田大学与中国：架起通向未来之桥》，由此也可以看到早稻田大学与中国的深厚渊源。

　　早稻田大学是全日本最早建立当代中国研究学科的大学之一。早稻田大学最早的当代中国研究者可以追溯到 20 世纪初的青柳笃恒。青柳笃恒作为早稻田大学的创立者，即日本明治、大正政府的重臣大隈重信的汉语秘书，在日本和中国的互相往来方面做了许多翻译工作。在中国爆发辛亥革命后，由于大隈重信的重视，早稻田大学又相继引入了实藤惠秀等优秀人才，为早稻田大学的现代汉语教学和研究打下了坚实的基础。在抗日战争时期，日本因为侵华需要，更加重视对中国问题的研究。早稻田大学也调整了自己的政策，成立了特设东亚专科、东亚法制研究所等机构。[3] 日本战败后，新中国再次引起了日本学者们的浓厚兴趣，这一时期早稻田大学内也聚集了许多优秀的中国问题研究者。在中日邦交正常化之后，日本学者受到的政治压力有所减轻，许多学者开始踏上中国的土地对中国进行实证研究。改革开放之后，中国的对外信息大量增长，经济发展突飞猛进，让许多本来对中国不感兴趣的日本学者开始转向研究中国。伴随着中国国力的增长，日本学者们又开始积极关注中国的现代化及其与周边国家的关系。由于早稻田大学在历史上与中国有着特殊关系，又因为其深厚的学术成果积累和中国研究人才培养制度，因此它在中国研究方面在日本大学中一直处于领先者地位。2007 年，在日本人间文化研究机构的"现代中国区域研

---

　　① 王格格：《辛亥革命前日本早稻田大学中国留学生革命活动述论》，《民国档案》2018 年第 4 期，第 60—70 页。

　　② 韩一德：《李大钊留学日本时期的史实考察》，《近代史研究》1989 年第 1 期，第 303—311 页。

　　③ 安藤彦太郎：《早稻田大学与中国：架起通向未来之桥》，武汉大学出版社，2010，第 14—56 页。

究"项目中，就指定了早稻田大学、东京大学、京都大学、庆应义塾大学、综合地球环境研究所、东洋文库共 6 所著名的现代中国研究机构，并由早稻田大学现代中国研究所作为中心基地进行研究。[①]

综上所述，早稻田大学现代中国研究所可以说从地位到活跃程度上都为当今日本首屈一指的当代中国研究中心。

一、研究所概况

早稻田大学现代中国研究所的正式成立时间为 2009 年，由早稻田大学政治经济学部教授、日本著名当代中国研究专家毛里和子（Mouri Kazuko）女士出任首任所长。2010 年毛里和子教授退休后，由另一位著名当代中国研究专家天儿慧（Amako Satoshi）教授接替所长职务，并带领中心取得了长足的发展。2019 年起，由早稻田大学现今当代中国研究的中坚力量青山瑠妙（Aoyama Rumi）女士开始担任所长职务。

虽说研究所的正式成立时间是 2009 年，但是为了当代中国研究所的成立，早稻田大学及日本国内老中青三代的现代中国研究者从 20 世纪 90 年代中期就开始筹备了。[②] 1996 年，日本文部省批准了毛里和子教授所主持的重点研究领域课题"现代中国的结构变动"。该项课题共计有 70 名学者参加，涵盖政治、经济、社会、环境、历史、国际关系等 7 个方面，探讨改革开放后中国的变化。该项课题历时三年完成，日本文部省为该项目提供了 5 亿日元的资金支持。

以此次对当代中国的全面研究为契机，立体化研究当代中国的重要性在早稻田大学内部逐渐成为共识。21 世纪初，日本文部省又资助早稻田大学建立了有关现代亚洲学的研究基地。原本在早稻田大学从属于东亚研究范畴中一部分的当代中国研究，越来越被日本政府及众多学者所重视。

真正让日本的当代中国研究走上专业化的契机来自 2004 年成立的日本大学共同利用机构法人——人间文化研究机构。人间文化研究机构为了推进国别区域研究，积极地支持具有深厚现代中国研究根基的大学成立现代

---

① https：//www.nihu.jp/ja/research/archive/areastudies/china.

② 何培忠：《日本中国学研究考察记（三）——访早稻田大学政治经济学部毛里和子教授》，《国外社会科学》2004 年第 4 期，第 57—60 页。

中国研究基地。在人间文化研究机构的资金支持下，日本的几所著名大学或研究机构都成立了属于自己的现代中国研究机构，并进行联合研究及工作。除去上文所说的 6 所机构，还有法政大学、爱知大学、神户大学 3 所大学的现代中国研究机构也参加了该项目。

2009 年，早稻田大学现代中国研究所终于正式成立，预计每 5 年为一个研究周期。2007 年人间文化研究机构开始的"现代中国区域研究"项目第一期（2007—2011 年）中，早稻田大学现代中国研究所主要从政治、经济、社会、历史等方面研究了"中国持续发展的可能性"。在第二期（2012—2016 年）研究中，现代中国研究所对中国体现出"超级大国"特性的四个方面进行了具体的分析：国际关系中的"超级大国"、经济全球化中的"超级大国"、社会成熟与"超级大国"、帝国史中的"超级大国"。

从第三期研究（2016—2021 年）开始，人间文化研究机构停止了只局限于现代中国的区域研究，而把视角扩大到东北亚研究，致力于搭建东北亚区域研究的学术网络，以"东北亚区域的结构性变化：通过跨境现象探讨互惠共生之路"为主题，进行跨学科的综合性区域调查研究。在该项目中，早稻田大学现代中国研究所的研究课题是"中国的崛起与亚洲的区域关系"。①

早稻田大学现代中国研究所在其主页上对自己十几年来的工作作了评价："早稻田大学现代中国研究所在近十年的时间里，积极努力聘用当代中国研究人员，从而拥有了特别优秀的政治、社会和历史领域的研究人员。同时，研究所迎来了日本国内其他大学的相关研究人员作为共同研究员，以充实研究团队。研究所还与海外特别是中国的研究机构进行了共同研究和调查，招聘了许多海外研究人员作为海外研究协作者。由此可见，能够综合研究'超级大国'中国的客观条件已经具备。早稻田大学现代中国研究所已经完成了作为研究基地的基本架构。研究所不仅希望作为日本国内现代中国研究的中心基地来强化国内研究网络，还将继续努力，期待能够被公认为海外当代中国研究中心中，日本国内当代中国研究的信息窗口。"②

---

① https：//www. waseda. jp/prj-wiccs/chinese/project.

② https：//china-waseda. jp/wiccs/overview. html.

二、机构设置

根据研究所主页和对前任所长天儿慧教授的访谈，现代中国研究所在组织上主要有两个层级。其中，所长总揽研究所的各项事务并负责研究所整体的研究方向和框架的调整，也负责研究所各项研究成果的汇总。在所长之下，有各个研究方向的研究员进行各自领域的研究，例如政治、经济、外交、教育、电影、思想史、民族主义等。另外，所长荣誉退休之后，也会担任研究所的顾问，为研究所的发展建言献策或是产出自己的研究成果。① 此外，研究所虽然有自己的办公地点，但是没有运营委员会、研究所办公室等一般行政部门。

现代中国研究所的成立源于人间文化研究机构的支持，其经费主要来自人间文化研究机构的拨款，也有早稻田大学提供的少数资金和场地支持。

作为日本国内最为优秀的中国研究中心之一，早稻田大学现代中国研究所齐聚了日本现当代中国研究的顶尖人才，其中不仅有传统的政治、外交、经济、社会制度等研究方向，还有教育、文化、思想等新角度和新思潮。早稻田大学现代中国研究所现有 12 名正式研究人员，其中 7 名是日籍，5 名是在日多年的华人。② 另有 6 名客座研究员，其中 4 名为日籍。正式的研究员都来自早稻田大学或人间文化研究机构，客座研究员则来自日本的其他大学或研究机构。在人间文化研究机构的第二期研究中，早稻田大学现代中国研究所也联系了诸如清华大学的胡鞍钢、北京大学的王逸舟、中国人民大学的温铁军、中国社会科学院近代史研究所的步平、华东师范大学的沈志华等中国知名学者作为海外共同研究员。但是从第三期研究开始，可能因为人间文化研究中心研究方向的调整，早稻田大学现代中国研究所的主页不再显示招聘海外共同研究员的计划，也没有了海外研究者的信息，这不能不说是一个遗憾。③

总体来看，虽然早稻田大学给予了现代中国研究所一定的经费支持及场地支持，但研究所并未配备专职的科研人员和管理人员，研究成员都来

---

① https://www.waseda.jp/inst/cro/other/2020/03/29/3448/.
② 2018 年以前华人研究员大致常年只有两三人，2018 年之后华人研究员的比例有所上升。
③ https://china-waseda.jp/wiccs/overview.html.

自早稻田大学的其他学院，因此严格来说现代中国研究所不是一个实体研究机构。

三、代表性人物

毫不夸张地说，早稻田大学现代中国研究所的各位核心成员占据了日本现代中国研究的半壁江山，他们多次出现在日本国内外的各种顶级学术会议和新闻媒体中，代表了过去和现在日本学界主流的对华意见和观点。因此，了解研究所各位成员的具体研究情况和学术履历是非常有必要的。下面将简要介绍几位学者的学术经历、学术思想及代表性作品。

（一）毛里和子

出生于 1940 年的毛里和子教授是东京人氏，分别在御茶水女子大学、东京都立大学、早稻田大学取得了学士、硕士及博士学位。现在已经 80 多岁的她，仍然活跃在各种学术会议及研究活动中。她曾担任日本国际问题研究所研究员、日本驻上海领事馆调查员、静冈县立大学国际关系学院教授、横滨市立大学国际文化学院教授、早稻田大学政治经济学院教授、日本现代中国学会理事长等职务，直到 2010 年退休，被早稻田大学授予了名誉教授的称号。如前文所述，毛里和子为早稻田大学现代中国研究所的建立作出了重要贡献，她也担任了研究所的首任所长。虽然她在研究所建立的第二年就荣誉退休，但是在她的领导和团结下，早稻田大学各方面研究中国的学者渐渐聚拢起来，为研究所后来的发展奠定了扎实的基础。毛利和子教授自己的研究领域主要集中在现当代中国的政治、外交研究及冷战研究。她的博士论文题目为《从周边来看的中国——国家与民族问题》，她的其他代表性作品有《中国的议会制度及地方自治——以北京和上海的事例为中心》《现代中国政治》《中日关系——从战后走向新世代》《现代中国外交》等。

毛里和子教授可以说是日本在二战后较早一批从事现代中国研究的学者。作为比较能客观看待中国发展的知华派人士，她一直以尊重的眼光来看待中国独特的发展轨迹，认为中国发展模式是一种介于世界普遍的近代化及东亚型模式之间的发展模式。例如，她提出过要对 20 世纪日本著名的中国学学者内藤湖南所认为的"中国停滞论"进行批评，认为日本的"京都学派"① 其实是在为日本侵华提供理论支持。她也反对滨下武志等学者所认为的"新朝贡体系论"②，也批判过日本首相安倍晋三参拜靖国神社是幼稚的行为。③ 她经常和中国的学者合作，如曾经在1986—1989年和费孝通教授合作开展了江苏小镇建设研究，也同沈志华教授合作研究过中苏关系。当然，毛里和子教授研究中国时依然保持了一个"他者"的观察角度，但同继任的两位所长相比，可以说毛里和子教授对中国的好感和支持是最为明显的。

（二）天儿慧

天儿慧教授是1947年生人，故乡是冈山县。他1971年毕业于早稻田大学教育学部，1974年毕业于东京都立大学法学研究院，1981年在一桥大学取得博士课程学分后退学，④ 1982年开始担任琉球大学的助教。1986—1988年，他同时兼任日本外务省的委托专业调查员在北京工作，据天儿教授说，这成为他开始专业研究现代中国的契机。1986年，他以《中国革命与基层干部——动荡期的政治动态》一文获得了一桥大学的社会学博士学位。1990年，他前往共立女子大学国际文化学部担任副教授，1993年晋升为教授。1994年，他前往青山学院大学国际政治经济学部工作，又在2001年被早稻田大学聘为亚洲太平洋研究科教授。2006—2008年，他担任早稻田大学亚洲太平洋研究科科长。2010年，他继毛里和子教授之后开始担任人间文化研究机构"现代中国区域研究"项目的理事长，同时接手了早稻田大学现代中国研究所所长的职位。2018年，他荣誉退休，被早稻田大学授予名誉教授。

可以说，早稻田大学现代中国研究所成立以来，天儿慧教授一直起着中流砥柱和领导核心的作用。天儿教授的著作非常丰富，有实地考察介绍中

---

① 京都学派是在日本京都大学的学术环境下产生的东洋史学研究学派。该学派在中国历史与研究方面提出了许多不同的研究思路与范式，其著名学者有狩野直喜、桑原骘藏、内藤湖南等人。

② 即认为当代中国存在同古代中国的朝贡体系相似的"大国傲慢""双边外交""厚往薄来"等因素，是"中国威胁论"的一种。

③ https://www.guancha.cn/strategy/2014_02_21_207569.shtml.

④ 在20世纪的日本，大多数学者如果在三年的博士课程期间无法完成自己的博士学术论文，会选择在学分修满后退学，之后在合适的时间再提交自己的学位论文取得博士学位。

国改革开放现状的《中国改革最前线——邓小平的改革路线》《邓小平——朝向富强中国的摸索》《阅读习近平时代的中国》等，还有对中国历史进行回顾与考察的《中华人民共和国史》《中国近代化的调查记录》，也有对中日关系和亚洲整体情况进行思考的《中国、亚洲、日本——成为大国的巨龙真的是威胁吗》《亚洲联合之路：理论与人才培育的构想》等不同方面的著述，其中有多本被翻译为中文。他在大众媒体上也十分活跃，是朝日新闻、人民网、凤凰网等热点媒体的常客，对不同时期的中日关系做过多次精辟的分析和讨论。除去个人的大量成果，天儿教授还培育了许多从事中日交流的人才，如在中国活动的日本演员三浦研一、早稻田大学社会科学研究院的郑成副教授等。他还带领现代中国研究所开展了许多大型的研究项目，该所迄今为止的所有重要成果，可以说都是于天儿教授在任期间所取得的。

天儿教授在日本国内被认为是友华派。从天儿教授的政治观点来看，他对中国的现代化成就非常赞赏，并且很早就预言中国会成为足以与美国比肩的超级大国。总体上而言，天儿教授对新中国的历史和现状虽然非常了解，但可以看出他在自诩客观的立场下经常从日本国家利益的角度，或以所谓的"普世价值观"来批判中国。

（三）青山瑠妙

青山瑠妙教授是现代中国研究所现任所长，她 1994 年在日本庆应义塾大学商学院取得硕士学位，2006 年取得博士学位。2000 年她进入早稻田大学教育学部担任讲师，2002 年升为副教授，2007 年升为教授。2017 年她调到亚洲太平洋研究科，以补充天儿慧教授退休后现代中国研究力量的不足。青山瑠妙的主要研究领域是国际关系理论、政治学、现代中国外交、现代中国政治。她的主要作品有《现代中国的外交》《中国的亚洲外交》《外交与国际秩序（超级大国·中国的未来走向 2）》《中国外交史》等。

青山瑠妙教授总体上的研究倾向是将中国设定为一个正在意图扩大自己势力范围和国力来争夺自己国家利益的大国。她对中国的一举一动充满了来自"他者"的观察和审视。她完全跳出自己原本的中国国籍与前二十多年的人生经历和认识，以纯外国人的角度来评论和研究自己的母国。同天儿慧教授一样，青山瑠妙教授也自诩秉持了客观的立场，但是在青山教授的眼中，中国的扩张性甚至是威胁性更为值得关注。

四、研究情况

根据现代中国研究所网站，该所近年参与的研究项目主要是人间文化研究机构的"东北亚区域的结构性变化：通过跨境现象探讨互惠共生之路"项目（2016—2021年）。在该项目中，现代中国研究所的研究课题是"中国的崛起与亚洲的区域关系"，项目负责人为现代中国研究所所长青山瑠妙教授，顾问为早稻田大学名誉教授、现代中国研究所前所长毛里和子教授和天儿慧教授，研究员包括早稻田大学政治经济学术院斋藤泰治教授、教育·综合科学学术院新保敦子教授、国际教养学部张望副教授、政治经济学术院唐亮教授、亚太研究中心中岛圣雄副教授、社会科学综合学术院刘杰教授等。

此外，通过笔者对天儿慧教授的访谈，他认为2015年之后中国经济的高速增长有所放缓，进入所谓的"新常态"（New Normal）时期。一方面，中国在国内面临贫富差距加大、腐败、环境问题、人口老龄化等的社会问题；另一方面，中国在国际关系尤其是在安全领域也引发一些国家的警惕。因此，现代中国研究所计划从上述"新常态"时期的政治、外交、社会、经济、国际关系、历史、文化等各个角度来研究当代中国，希望在此基础上阐明"新常态"下中国发展中呈现的特点和面临的问题，并勾画出中国今后的发展路径。在该课题中，现代中国研究所的研究人员展开了共同研究，研究方向分别为：天儿慧，中国的政治领导层动态和政治体制变革；青山瑠妙，中国的大国外交与对外战略（"一带一路"倡议等）；刘杰，中国的民族主义、地方主义及传统思想；唐亮，大众民族主义的崛起及其对中国政治的影响；斋藤泰治，中国近现代思想史上的自由主义；小林敦子，中国的社会教育差距与老龄化社会；中岛圣雄，中国电影产业中的经济社会学；平川幸子，新时代的两岸关系；张望，新阶段的中日关系；黄斌，中国近代民族主义。

可以看出，早稻田大学现代中国研究所的研究方向紧随时代变化，能准确地找到当下的重点，并一直希望能够从多方面和多角度来观察和研究现代中国。

五、人才培养

如前所述，早稻田大学现代中国研究所严格来说不是一个实体研究机构，其本身也没有承担专门招收和培养本科生、硕士生或者博士生的任务。根据其主页的介绍，现在研究所主要是通过向硕士生及博士生提供参加学术会议或发表学术论文的机会来培养日本的现代中国研究人才。

另外，研究所成员本身来自早稻田大学的不同院系，各自在校内还承担了一定的课程教学工作。同时，研究所作为一个负责交叉学科教育的开放式教育中心，开设了多个与现代中国研究有关的研究生科目，例如历史、经济、政治、文化、语言等方面。

六、成果发布

早稻田大学现代中国研究所主要的研究成果都会集结成册进行出版，其中一些著作在中国国内出版了中文版。研究所也会以年度报告的形式总结这一年的学术活动。① 现选取一部分重要著作及最近更新的年度报告进行介绍。

（一）学术著作

1.《日本当代中国研究》（2009—2017 年）

该丛书是日本人间文化研究机构现代中国区域研究基地的成果之一，由核心基地早稻田大学现代中国研究所承担编辑、出版的具体组织事务。该系列大致由论文、研究、书评等几部分组成，当代日本学者、在日的中国学者对中国的关注所在、方法论、研究的基本特征等通过具体论文在其中得以较为充分地展现；研究动态则是学者对某一问题的研究心得、思考的总结；有代表性的研究成果则通过书评得到介绍。综合来看，该丛书可以说是对当代日本中国研究之最前沿的介绍和展现。该丛书 2013 年被社会

---

① 根据研究所主页的信息，年度报告只更新到了 2018 年，主要原因是人间文化研究机构更改了区域研究的对象，从现代中国研究扩展到了东亚研究，导致现代中国研究所的研究活动出现停滞。

科学文献出版社引入中国国内，截至 2017 年已出版 6 辑，每辑主题包括历史与社会、法律与对外关系、经济与环境等。可以说，该丛书是当代日本以中国作为研究对象的区域国别研究的最新成果。另外，该成果一直以中、日、英三种语言在网上进行刊载，任何人都可以随时阅览。①

2. The Journal of Contemporary China Studies（2012—2016 年）

这套书是《日本当代中国研究》的英文版，每期的内容同中文版及日本版完全一致。需要说明的是，随着人间文化研究机构调整了研究方向，该系列从 2017 年开始变为了《当代东亚研究》（*Journal of Contemporary East Asia Studies*）。

3.《人间文化研究机构现代中国研究基地共同研究项目：现代中国研究》（第 1—8 号）

该系列除第 7 号是独著外，每期都是有不同主题的论文集，主题大多是当下的热点问题，包括：《中日学术讨论会——中国改革开放后 30 年的思考》（第 1 号）、《两个"战后"秩序与中国》（第 2 号）、《天津市定点观察调查（1997—2010）：从单纯统计结果来看时代变化及其解释》（第 3 号）、《改革开放以后的经济制度、政策变迁及其评价》（第 4 号）、《东亚地区立体像与中国》（第 5 号）、《中国长江三角洲产业集成地图》（第 6 号）、《当代中国农民的人口与劳动——基于农户调查的微观数据》（第 7 号）、《第三届冷战史国际工作坊——作为全球历史的冷战与中国的外交》（第 8 号）。该成果可以在研究所网站上查阅全文，但没有中文版和英文版。②

4.《当代中国探索》（第 1—4 号）

这四本书是四部对中国近现代史进行研究的成果，包括石川祯浩的《孙中山致苏联政府的遗书》、松村史纪的《二战后的美国与"中国大国化的崩溃"——从马歇尔调处到亚洲冷战》、高桥伸夫的《探求中国"市民社会"的历史性展望》、加岛润的《政权更替与上海市财政结构的变动（1945—1956）》。

另外，研究所还出版了一些对中国的大国路线进行全面分析的图书，都由东京大学出版社出版，包括《超级大国·中国的未来走向 1：文明观

---

① https://www.waseda.jp/prj-wiccs/chinese/jscclist.

② https://www.waseda.jp/prj-wiccs/publication.

与历史认识》《超级大国·中国的未来走向2：外交与国际秩序》《超级大国·中国的未来走向3：共产党与政府》《超级大国·中国的未来走向4：经济大国的摩擦和冲击》《超级大国·中国的未来走向5：勃兴的民众》等。

（二）年度报告

根据研究所的网站，其年度报告仅更新至2017年，现介绍如下。

2017—2018年度，早稻田大学现代中国研究所不仅积聚了本校的研究精英，并且通过各种国际学术交流，积极推动了关于现代中国的学术研究，发表了诸多高水平的学术成果。这些对中国的政治、国际关系、社会等多层面的研究和分析，不仅加深了日本对现代中国的了解，同时也在国际社会确立了早稻田大学现代中国研究所的学术地位。

作为人间文化研究机构"东北亚区域研究"项目的一个重要研究基地，早稻田大学现代中国研究所把"中国的崛起与亚洲的区域关系"作为研究主题，积极推进了学术研究。该研究所与富山大学远东区域研究中心合作，于2017年12月8日举办了题为"朝鲜半岛：可否保持东北亚的安定"的国际研讨会。同时，该研究所也积极推进与国外中国研究机构的交流和合作，推进国际研究网络的建构。该研究所成员参加了2017年11月16—18日在韩国成均馆大学举办的题为"中国风险研究"的国际研讨会，并与其他与会者探讨了今后开展国际合作的可能性。另外，2018年2月该研究所还举办了题为"'一带一路'与东盟"的国际研讨会。除了在国内外媒体上发表研究成果，该研究所还致力于《当代东亚研究》国际期刊的出版。该期刊是该研究所编辑与出版的英文杂志，2017年出版了第1号和第2号，共发表了11篇学术论文和5篇书评。

可以看出，近年来该研究所调整了自己的研究方向，从单纯的对中国一国的国别研究转变为对中国在东亚整体范围内所处情况的区域研究，这不仅是应对其经费提供单位人间文化研究机构总体研究项目发生变化的无奈之举，也可以认为是对区域国别研究视野的一种反思和审视。

七、合作交流

早稻田大学现代中国研究所同日本国内外的中国研究机构保持着密切

的联系，经常召开国际学术会议和开展共同研究。例如，2023 年 5 月 24 日，美国印第安纳大学温迪·勒特（Wendy Leutert）副教授应早稻田大学现代中国研究所邀请，作了题为《通过 20 世纪 80 年代的中日交往重塑中国经济》（Reimagining the Chinese Economy through Sino-Japanese Engagement in the 1980s）的线上学术讲座。

2022 年 7 月 30 日，由上海国际问题研究院、日本东亚共同体研究所主办，早稻田大学现代中国研究所协办，举行了题为"纪念中日邦交正常化 50 周年"国际学术研讨会。会议邀请到了来自中、日、美三国的专家学者，分别就"东亚地区的政治形势"和"东亚地区的经济形势以及中日合作的可能性"两大议题进行了深入讨论。

2022 年 2 月 12 日，日本防卫省防卫研究所地域研究部中国研究室主任山口信治应早稻田大学现代中国研究所邀请，作了题为"毛泽东的强国战略"的线上学术讲座。

2021 年 12 月 18 日，北京大学牛军教授应早稻田大学现代中国研究所邀请，作了题为"中国对外政策的形成过程"的线上学术讲座。

八、结语

作为日本国内最著名和最活跃的现代中国研究中心之一，早稻田大学现代中国研究所的研究实力和学界地位是毋庸置疑的。在人间文化研究机构的支持下，以早稻田大学现代中国研究所为中心，协同研究当代中国的 6 所著名大学和研究机构，它们的相关研究可以说代表了当前日本学界乃至民间的对华认识和态度。在天儿慧教授担任所长的 8 年间，现代中国研究所产出了许多高质量的研究成果，推动了多次不同国家间学者进行交流的学术会议，也培养了许多从事中日交流和中日两国研究的优秀人才。研究所成员的发言经常被中国的人民网、环球网、凤凰网，日本的朝日新闻、日本经济新闻等媒体进行报道和引用，可以说该研究所在政界和学界都有相当重要的影响力。

但从研究所近几年的活动来看，不得不说已经不能同往日相提并论。不论是研究所网站的更新速度，还是所内成果的出版与发行，抑或是所内研究人员的活跃程度，都让人觉得陷于迟缓和停滞。这当然同新冠疫情、人间文化研究机构的方向调整、早稻田大学只聘请有显著成绩的教授而不注重自己培养青年教师力量，以及研究所没有专职行政人员等因素有很大的关系。总而言之，早稻田大学现代中国研究所在日本的现代中国研究学界依然具有举足轻重的地位，在早稻田大学和人间文化研究机构的继续支持下，相信现代中国研究所会继续前进，再创辉煌。

日本早稻田大学现代中国研究所联系信息

　　地址：169-0051，日本东京都新宿区西早稻田 1-21-1，早稻田大学西早稻田大楼 604 号室

　　电话：+81-03-5287-5091

　　传真：+81-03-5287-5092

　　网址：https：//www.waseda.jp/prj-wiccs/chinese

印　度

印度贾瓦哈拉尔·尼赫鲁大学东亚研究中心中国研究部

张洋　邹正鑫

List of courses being offered in Winter Semester 2020
Time Table for Monsoon Semester 2020

CEAS　　Faculty ▾　　Courses　　Events ▾　　Scholars ▾　　Research ▾　　Join Us　　FAQ　　CONTACT US

A warm welcome to the modified and updated website of the Centre for East Asian Studies. The East Asian region has been at the forefront of several path-breaking changes since 1970s beginning with the redefining the development architecture with its State-led development model besides emerging as a major region in the global politics and a key hub of the sophisticated technologies. The Centre is one of the thirteen Centres of the School of International Studies, Jawaharlal Nehru University, New Delhi that provides a holistic understanding of the region. Initially established as a Centre for Chinese and Japanese Studies it subsequently grew to include Korean Studies as well. At present there are eight faculty members in the Centre. Several distinguished faculty who have now retired include the late Prof. Gargi Dutt, Prof. P.A.N. Murthy, Prof. G.P. Deshpande, Dr. Nranarayan Das, Prof. R.R. Krishnan and Prof. K.V. Kesavan. Besides, Dr. Madhu Bhalla served at the Centre in Chinese Studies Programme during 1994-2006. In addition, Ms. Kamlesh Jain and Dr. M. M. Kunju served the Centre as the Documentation Officers in Chinese and Japanese Studies respectively.

The academic curriculum covers both modern and contemporary facets of East Asia as each scholar specializes in an area of his/her interest in the region. The integrated course involves two semesters of classes at the M. Phil. programme and a dissertation for the M. Phil. and a thesis for Ph. D. programme respectively. The central objective is to impart an interdisciplinary knowledge and understanding of history, foreign policy, government and politics, society and culture and political economy of the respective areas. Students can explore new and emerging themes such as East Asian regionalism, the evolving East Asian Community, the rise of China, resurgence of Japan and the prospects for reunification of the Korean peninsula. Additionally, the Centre lays great emphasis on the building of language skills. The background of scholars includes mostly from the social science disciplines: History, Political Science, Economics, Sociology, International Relations and Language.

Several students of the centre have been recipients of prestigious research fellowships awarded by Japan Foundation, Mombusho (Ministry of Education, Government of Japan), Saburo Okita Memorial Fellowship, Nippon Foundation, Korea Foundation, Nehru Memorial Fellowship; and Fellowship from the Chinese and Taiwanese Governments. Besides, students from Japan receive fellowship from the Indian Council of Cultural Relations.

贾瓦哈拉尔·尼赫鲁大学（Jawaharlal Nehru University，以下简称"尼赫鲁大学"）是印度最著名的大学之一，该校国际关系学院东亚研究中心（Centre for East Asian Studies，CEAS）下设有中国研究部（Chinese Studies Division，CSD），汇集了多名印度的中国研究权威和知名学者，在中印两国及国际学术界均有一定的影响力。中国研究部已为印度政府、军方、外交系统和学术界培养出众多知华精英。中国研究部的学者不仅学术观点多元，还与中国学界、媒体界甚至政界有较深的互动，是一家不可忽视的重要学术机构。

一、机构概况

20世纪60—70年代以来，东亚地区一直处于数次突破性变革的前沿，成为全球政治的核心区域和尖端技术的关键枢纽。为适应国际形势发展和研究需要，印度于1969年以首任总理的名字命名，成立了尼赫鲁大学。该校的国际关系学院前身是在印度世界事务委员会（Indian Council of World Affairs，ICWA）的支持下于1955年成立的印度国际关系学院（Indian School of International Studies）。印度国际关系学院曾下设11个系，其中包括东亚研究系（Department of East Asian Studies）。[1] 该学院作为一个高等研究中心，是印度第一个提倡和发展国别与区域研究的机构，在国际上具有一定声望。[2] 印度国际关系学院于1970年并入尼赫鲁大学，即现在的尼赫鲁大学国际关系学院。

作为尼赫鲁大学国际关系学院下设的13个中心之一，东亚研究中心的宗旨是"全面了解中国、日本和朝韩的历史、经济、社会和政治情况"。[3] 东亚研究中心最初是中国和日本研究中心，后又增加了朝韩研究（Korean Studies）。[4] 该中心现下设三个研究部门：中国研究部、日本研究部、朝韩研究部。

---

① A. Appadorai, "International and Area Studies in India," *International Studies*, Vol. 24, No. 2 (1987), p. 137.

② School of International Studies, "Introduction," https://www.jnu.ac.in/sis/.

③ Centre for East Asian Studies, "Frequently Asked Questions," https://www.jnu.ac.in/ceas-faq.

④ Centre for East Asian Studies, "Centre for East Asian Studies," https://jnu.ac.in/sis/ceas.

中国研究部所在的东亚研究中心位于尼赫鲁大学国际关系学院楼内,该部的研究领域包括中国政治、外交、历史、文化、社会等各个方面。[①] 早在印度大学拨款委员会(University Grants Commission, UGC)成立的1963年,该委员会就认为有必要加强有关中国、日本、东南亚、非洲、西亚以及印度直接邻国的教学和研究工作。由此,印度专门的中国研究开始在德里出现,[②] 其中也包括1964年成立的德里大学中国研究系(现为东亚研究系)。

从中国研究部走出了大批印度的中国问题研究人员和"知华派",部分学者被邀请担任国家安全顾问、各级政府或非政府组织的顾问,在电视、广播节目中发表涉华问题的观点。东亚研究中心每周举行"周四研讨会"(Thursday Seminar),邀请国内外知名学者就东亚问题进行研讨。此外,该中心也经常举办国家级和国际会议,邀请国内及国际上知名的外交官、学者到中心作报告。过去20多年来,应印度外交部要求,中心的学者参与了学院组织的对印度外交部试用人员为期3—4个月的培训,给予了这些外交人员必要的外交职业教育。东亚研究中心的中国研究学者同时兼任印度其他中国研究机构的成员,他们长期活跃于中印两国的研究及对话前沿,在印度及中国学界均有一定的影响力。

二、机构设置

从行政层面来说,中国研究部隶属于尼赫鲁大学国际关系学院东亚研究中心,为非实体性质的分支机构,是东亚研究中心的管理单元。

尼赫鲁大学作为政府设立的大学,其经费主要由印度大学拨款委员会直接拨付,用于支付教师工资、基础设施建设和科研经费及日常开支,下属各个学院和中心再根据具体情况进行分配。尼赫鲁大学2021—2022年度的预算中工资和经常性支出分别为26.8亿卢比(约3258万美元)和21亿卢比(约2551万美元),[③] 占印度年度教育总预算9322.4亿卢比(113.3

---

① Centre for East Asian Studies, "Centre for East Asian Studies".

② A. Appadorai, "International and Area Studies in India," p. 137.

③ Jawaharlal Nehru University, "52nd Annual Report (2021-22)," p. 6, https://www.jnu.ac.in/sites/default/files/annual_reports/52AnnualReport_Eng.pdf.

亿美元）的很少一部分。2021—2022 年，尼赫鲁大学的收入为 42.7 亿卢比（约 5187 万美元），其中拨款和补贴为 40.2 亿卢比（约 4884 万美元）。[①]此外，尼赫鲁大学还通过特别基金，如从联合国教科文组织、联合国儿童基金会、福特基金会（Ford Foundation）和拉坦塔塔爵士信托基金（Sir Ratan Tata Trust）等捐助者那里筹集资金，用于维持学校日常运转。[②] 东亚研究中心的日常经费主要来自学校的拨款。

东亚研究中心的主任负责中国研究、日本研究、朝韩研究三个部门的日常管理工作。三个部门举办的会议、学术活动由中心教研人员和学生共同参与。东亚研究中心的每位教授均有独立的办公室，中心主任有专门的办公室，另设有行政事务办公室及 3 名工作人员。

截至 2023 年，东亚研究中心有 9 名教研人员，其中 6 名属于中国研究部，包括 3 名教授：谢钢（Srikanth Kondapalli）、阿尔卡·阿查亚（Alka Acharya）、瓦拉普拉萨德·谢卡·多拉（Varaprasad Sekhar Dolla）；2 名副教授：里图·阿加瓦尔（Ritu Agarwal）、拉维普拉萨德·纳拉亚南（Raviprasad Narayanan）；1 名助理教授：苏达卡尔·瓦迪（Sudhakar Vaddi）。[③]

印度知名的中国研究学者如加尔吉·杜特（Gargi Dutt）、G. P. 德什潘德（G. P. Deshpande）、纳拉纳拉扬·达斯（Nranarayan Das）、马杜·巴拉（Madhu Bhalla）等都曾在中国研究部工作，[④] 并指导了几十名中国政治、经济、外交、历史等研究方向的博士生学者。[⑤]

曾有多名中国留学生在中国研究部攻读副博士（M. Phil）或博士学位，他们毕业回国后在清华大学、中国人民大学、中国国家博物馆、中国社会科学院、山东大学、云南大学等机构从事研究工作。此外，还有来自中国知名高校的学者曾到中国研究部访学或进行学术交流。

① Jawaharlal Nehru University, "52nd Annual Report (2021–22)," p. 164.
② Manu Balachandran, "Everything You Need to Know about How JNU Uses Taxpayers' Money, in 5 Charts," *Quartz India*, February 18, 2021, https://qz.com/india/618333/jnu-really-doesnt-burn-a-lot-of-tax-payers-money-so-why-the-wrath-against-it/.
③ Centre for East Asian Studies, "Faculty," https://jnu.ac.in/sis-ceas-faculty.
④ Centre for East Asian Studies, "Centre for East Asian Studies," https://jnu.ac.in/sis/ceas.
⑤ Centre for East Asian Studies, "Scholars," https://jnu.ac.in/ceas-phd-thesis.

三、代表性人物

中国研究部所属的东亚研究中心的现任主任是沙巴妮·罗伊·乔杜里（Srabani Roy Choudhury），她从 2022 年开始担任此职，她本人主要从事日本问题研究。① 中国研究部的代表性人物有谢钢、阿尔卡·阿查亚、瓦拉普拉萨德·谢卡·多拉等。②

（一）谢钢

谢钢教授现为尼赫鲁大学国际关系学院院长、比较政治和政治理论中心主任、印太研究中心主任。③ 他是知名的研究中国和印中关系的学者，曾多次担任东亚研究中心主任，是印度中国研究所（ICS）荣誉会员，还曾在国防分析研究所（IDSA）工作近 12 年。他有着丰富的在华学习工作的经历，曾在北京语言大学学习中文，1996—1998 年在中国人民大学从事博士后研究工作，2004 年在台湾政治大学做访问学者。④ 谢钢教授的代表性专著有 1999 年出版的《中国军队：转型时期的中国人民解放军》（*China's Military：The PLA in Transition*）和 2001 年出版的《中国海上力量》（*China's Naval Power*），另编著有《一带一路：天下大同》（*One Belt One Road—China's Global Outreach*）、《中国与金砖五国：另起炉灶》（*China and the BRICS：Setting up a Different Kitchen*）和《中国军队和印度》（*China's Military and India*）等。⑤

（二）阿尔卡·阿查亚

阿尔卡·阿查亚曾在 2006 年 2 月至 2008 年 1 月担任东亚研究中心主

---

① Jawaharlal Nehru University, "School of International Studies (SIS)：Chairpersons," https：//jnu. ac. in/centres-chairperson.

② Centre for East Asian Studies, "Faculty," https：//jnu. ac. in/sis-ceas-faculty.

③ Jawaharlal Nehru University, "Deans of Schools," https：//jnu. ac. in/dean-of-schools；Jawaharlal Nehru University, "School of International Studies (SIS)：Chairpersons," https：//jnu. ac. in/centres-chairperson.

④ Institute of Peace and Conflict Studies, "Srikanth Kondapalli," http：//www. ipcs. org/people_select. php? member_id = 113.

⑤ Institute of Peace and Conlifct Studies, "K. Subrahmanyam Award," https：//idsa. in/KSubrahmanyam Award.

任。她撰写了大量有关印中关系和中国外交政策的文章，其研究领域涵盖印中边界问题、印中俄三方合作以及中国对后冷战时期国际政治安全结构特别是对邻国的战略反应。阿尔卡还是印度"印中名人小组"（India-China Eminent Persons Group）① 和印度国家安全顾问委员会（National Security Advisory Board of the Government of India）的成员。其代表作有《跨越梦想之桥：印中50年》（*Crossing a Bridge of Dreams：50 Years of India-China*）。②

（三）瓦拉普拉萨德·谢卡·多拉

瓦拉普拉萨德·谢卡·多拉教授2014—2016年担任东亚研究中心主任，他的研究领域涵盖当代中国科技与创新、中国近代史、中国统一问题和中国国内政治等。他的代表作有《当代中国的国内政治：观念、制度与问题》（*Domestic Politics in Contemporary China：Ideas，Institutions and Issues*）、《当代中国的科技：探寻政策与进展》（*Science and Technology in Contemporary China：Interrogating Policies and Progress*）、《印中关系中的技术贸易：不同的动力和影响》（*Technology Trade in India-China Relations：Divergent Dynamics and Implications*）等。③ 多拉教授已培养了15名博士和33名副博士，现有7名博士研究生在读。他还是印度科技部下属的印度国家科技发展研究院（NISTADS）"中日韩科技创新项目"监测和监管委员会的成员。

（四）里图·阿加瓦尔

里图·阿加瓦尔现为中国研究部副教授，主要研究中国政治、农村政治经济、中国各省经济发展和中国城市财产制度等。里图1997—1998年在北京语言大学学习中文，此后又在德里大学东亚研究系进修中文，2005年获德里大学政治学博士学位。她毕业后先在德里大学任教，从事中国相关的教学和研究，2008年进入尼赫鲁大学东亚研究中心中国研究部工作至今。里图曾多次到云南大学、云南民族大学、暨南大学和中国社科院短期访学，以及赴华参加国际会议和讲座。她近些年发表的文章主要有：《云南省的少数

---

① 2000年5月，印度总统纳拉亚南访华期间倡议成立一个由印中各领域的知名人士组成的论坛。2001年9月，印中名人论坛第一次会议在新德里举行。

② Centre for East Asian Studies，"Alka Acharya," http：//www. jnu. ac. in/Faculty/alkaacharya/.

③ Centre for East Asian Studies，"Varaprasad Sekhar Dolla," https：//jnu. ac. in/index. php/content/dvs.

民族、整体民族主义与高等教育》（*Ethnic Minorities，Integrative Nationalism and Higher Education in Yunnan Province*）、《云南与新地区经济模式》（*Yunnan and the New Regional Economic Model*）、《走向法治：中国的法律改革》（*Towards Rule of Law：Legal Reforms in China*）等。

（五）拉维普拉萨德·纳拉亚南

拉维普拉萨德·纳拉亚南的主要研究领域是中国政治经济学和中国的决策制定，其代表性学术成果有《印度对美国"再平衡战略"的回应》（*India's Response to U.S. Rebalancing Strategy*）、《文化与外交政策：孔子学院与增强具有中国特色的"软实力"》（*Culture and Foreign Policy：The Confucius Institutes and Advancing "Soft Power" with Chinese Characteristics*）等。

四、研究情况

中国研究部的中国研究主要包括中国外交军事、国内政治、经济贸易、社会历史。部内虽未具体划分各个研究组，但针对每一研究领域都有相应的教授、副教授和学生参与。该部的研究重点主要有三方面：一是深入全面地了解中国的政治、经济、社会、文化等各方面的现状和内在机理；二是印中比较研究，探索中国经验和中国模式对印度的影响和启示；三是关注印中关系中的现实问题，为印度政府处理印中关系建言献策。以下就该部的研究情况作一简介。

（一）中国外交军事研究

中国研究部进行中国外交军事方面研究的代表是谢钢教授。他长期跟踪研究中国军事问题，早期出版的专著对中国的军事战略、军事结构、军事转型、海上力量、人员素质和军事后勤等问题进行了专门研究。近年来，中国研究部更多地关注中国的外交政策，如"一带一路"倡议、中国周边外交政策、中国与世界及印中边界问题等。研究部学者的研究也紧跟时事，对印中关系中的一些热点问题及时发布评论。

（二）中国国内政治研究

该领域的代表性研究人员是瓦拉普拉萨德·谢卡·多拉教授和里图·

阿加瓦尔副教授。他们的研究结合历史与现实，重点关注中国大政方针的制定，评估中国的政策及其对印影响与启示。此外，里图结合在华学习研究的经历，选取靠近印度的云南省作为对象，研究云南省的少数民族融合、社会改革与经济发展、职业教育与扶贫、地方治理等问题。中国研究部的学者从不同视角对中国的政治体制和中国共产党的治国理政方针进行了分析。瓦拉普拉萨德教授在 2019 年中国"两会"期间高度赞扬了中国在消除贫困方面取得的成就。他认为"如果说过去三四十年来全球贫困人口有了大幅下降，那么部分原因就是中国在消除贫困人口方面的作出了贡献"。[①]

（三）中国经济和科技创新研究

中国研究部的研究人员较为关注中国经济发展背后的科技因素。一方面，他们试图探讨中国的"技术追赶战略"、中国的绿色经济发展与环境之间的关系、"中国制造 2025"、中国的能源安全以及民用技术转让等问题；另一方面，他们将中国与印度做比较研究，关注印中关系中技术贸易的分歧与影响、印中科技合作路径及前景等问题。[②]

（四）中国历史研究

该研究部也非常重视现当代中国历史的研究，阿尔卡·阿查亚、瓦拉普拉萨德·谢卡·多拉在这方面著作颇丰。阿尔卡·阿查亚研究了印中两国关系的发展演进、中国的改革开放、全球化进程中的中国角色等问题。她还试图从历史视角出发去研究印中边界问题。此外，该研究部的博士学位论文的研究范围也较为广泛。总体而言，可分为三类：第一类涉及中国与世界的关系，如 1949—1964 年中国对非洲的政策、1949 年以来的中英关系、1955—1965 年的中印（尼）关系、1962—1967 年的中美关系等；第二类涉及中国主要的历史和政治事件，如 1911 年辛亥革命的起源与影响、1927—1934 年共产主义在中国的发展、1957—1958 年中国的反右运动等；

---

① 《中国"两会"吸引世界目光这些热词引发外国专家热议》，中国日报网，2019 年 3 月 13 日，https://language. chinadaily. com. cn/a/201903/13/WS5c88a467a3106c65c34ee6b9. html。

② Saurabh Sharma, "History Proves Threats Don't Work: Why India-China Should Focus on Trade Not Tirade," Bussiness Today, Jul. 25, 2017, https://www. businesstoday. in/latest/economy-politics/story/history-proves-threats-dont-work-why-india-china-should-focus-on-trade-not-tirade-85389-2017-07-25.

第三类涉及印中关系中的第三方因素，如 1950—1980 年印中关系中的苏联因素、1949—1978 年印中关系中的台湾因素等。

中国研究部有小规模藏书，其多为使馆或其他机构捐赠的专著或期刊。研究人员可通过尼赫鲁大学图书馆查阅文献、期刊论文以及数据库，并可订阅最新的研究著作。尼赫鲁大学图书馆与其他印度高校、研究机构有馆际合作，可互相借阅书籍。

五、人才培养

中国研究部承担博士生和副博士生的教学培养任务，课程涵盖中国的政治、历史、外交、社会与文化等领域。博士生和副博士生还需要去尼赫鲁大学国际关系学院或其他学院选修语言或其他学科的课程。中国研究部所在的东亚研究中心的教学目标是传授跨学科知识，增进学生对东亚各国的历史、外交政策、政府和政治、社会和文化以及政治经济学的理解。学生们可以根据自己的兴趣探索新兴的课题，如东亚地区主义、不断发展的东亚共同体、中国的崛起、日本的复兴以及朝鲜半岛统一的前景等。进入中心就读的学生大多有社会科学的学科背景，如历史学、政治学、经济学、社会学、国际关系学和语言学等。中心非常重视语言技能的培养，在其课程设置中，研究对象国的语言（中日韩语）、研究方法、东亚地区及其国际关系为三大必修课。除了课程教学，东亚研究中心还经常邀请各国和各地区的外交官、研究学者、访问学者为学生们开展研讨会和讲座。

中国研究部对于学生的选拔依据尼赫鲁大学的相关规定进行，符合申请条件的学生可网上报名，经审核通过后参加笔试和面试，最终确定录取名单并在网站上公示。中国研究部开设的涉及中国研究的课程主要有：中国经济模式与发展、中国政治体制、中国外交政策及国际关系、1921—1949 年的中国共产主义运动、后毛泽东时代的中国社会文化、中国近现代史和中国社会等。[1] 截至 2023 年 7 月，东亚中心有学生 67 名，其中中国研

---

[1] Centre for East Asian Studies, "Courses Offered," https://jnu.ac.in/index.php/sis/ceas-courses_politics.

究部、日本研究部和朝韩研究部分别有 21 人、30 人和 16 人。①

中国研究部也在博士和副博士计划下为外国学生保留一定的名额。尼赫鲁大学一般每年 2 月左右会发布国际学生申请指南，国际学生一般分为三类：自费生、印度政府文化交流项目学生、进修生（无学位）。自费生在考试期间若在印度，就必须参加入学考试；若在国外，则只需填写申请表并递交个人资料即可通过免试申请。申请程序与大多数高校一致，即首先需要下载和填写申请表，并将申请材料的英文翻译件、公证书和国际汇款单等邮寄到学校留学生办公室，等待学校最终选拔并通知。近几年受新冠疫情影响，尼赫鲁大学的学生录取工作有所延迟，加上印度教育改革和该校自身所面临的问题，国际招生名额骤减，学费几乎翻了一倍，申请难度随之所增加。

除了印度大学拨款委员会、拉吉夫·甘地基金会和尼赫鲁纪念基金等印度政府设立的支持高等教育和研究的奖学金，印度学生也可申请印中文化合作协定下的中国政府奖学金（最多 4 年）、日本基金会（Japan Foundation）奖学金、日本政府文部科学省奖学金（MEXT Scholarship，正式名称为 Monbukagakusho Scholarship）、冲田三郎纪念奖学金、韩国基金会奖学金、印韩文化合作协定下的韩国政府奖学金（最多 4 年）、韩国学中央研究院奖学金等。此外，来自国外的学生也可申请印度文化关系委员会（Indian Council for Cultural Relations，ICCR）的奖学金。

六、成果发布

东亚研究中心所在的国际关系学院有印度知名国际问题刊物《国际问题研究》（*International Studies*），其创刊于 1959 年，是一本同行评审期刊，致力于探索和理解印度的外交政策、不结盟理论和实践以及第三世界国家的发展和安全问题。该刊主要收录国际政治和组织、国际经济学、国防和战略研究、政治地理学和国际法方面的文章。截至 2023 年 7 月，以"中国"为关键词检索发现，该刊物共有 967 篇文章涉及中国，如《超越范式：用折中主义分析理解南海争端》《超越民族主义：中国的多元民族认同及其

---

① Centre for East Asian Studies, "List of Scholars," https：//jnu. ac. in/index. php/ceas-current-strength.

对中国对外关系的影响》《中国与世界贸易组织：质疑"修正主义"假设》等。其中不乏中国学者介绍中国国际关系理论、中国经济改革和印度外交方面的文章。[①] 东亚研究中心的学者近年来在该刊上发表的文章主要有：《全球化时代的印中竞争》《印度与东亚的互动：机遇与挑战》等。

中国研究部所在的国际关系学院和东亚研究中心均设有网站，但更新较慢。东亚研究中心的网站没有共享数据库和学术资源，但设置了"在线资源""期刊杂志""官方文件""政治""经济""社会文化""历史""外交政策"等板块，分别链接到中、日、韩等国的对应数据库、官方网站、期刊等，一定程度上便于印方研究人员和学生查找资料。但因更新不及时，部分链接已失效。

相比于印度其他非高校内的研究机构，东亚研究中心对新媒体平台的建设还不够重视，仅在"脸书"上开设了账号，但其主页上只有中心的基本介绍、联系方式和网址等，没有及时更新更多信息。不过，东亚研究中心的部分学者会利用个人账号分享中心的活动及研究情况。以谢钢教授为例，他于 2019 年 11 月加入"推特"，2022 年 1 月时已拥有 3500 多名关注者、820 多条推文，他发布的内容多为个人参加会议的情况、发言要点和对某些热点问题的看法等。因中心研究人员身兼多职，且经常接受媒体参访，因此他们的相关信息和观点也可通过其他研究机构和媒体获得。

七、合作交流

在印度国内，东亚研究中心中国研究部除独立承担研究任务外，还与尼赫鲁大学中国与东南亚研究中心、德里大学东亚研究系和德里的中国研究所（Institute of Chinese Studies，ICS）等研究机构交往密切。该部的部分研究人员都有在上述机构交叉任职的经历，有些研究人员更是在多个中国研究机构身兼多职。[②]

东亚研究中心经常邀请来自各个国家和地区的官员、知名学者到中心

---

① International Studies，"China," https：//journals. sagepub. com/action/doSearch? AllField＝China&SeriesKey＝isqa&content＝articlesChapters&countTerms＝true&target＝default&startPage＝0&sortBy＝relevancy.

② 四川大学南亚研究所课题组编著：《印度智库研究（第 1 辑）》，时事出版社，2018，第202 页。

开展讲座，与师生进行交流。清华大学、北京大学、山东大学等多所中国高校的学者曾受邀到东亚研究中心开展讲座或访学。

八、结语

作为印度知名的中国研究机构，贾瓦哈拉尔·尼赫鲁大学东亚研究中心中国研究部成果丰硕，一定程度上引领着印度的中国研究，影响着印度政界、学界和普通公众的对华认知。中印建交 70 多年来，两国合作机制日益完善，合作领域不断拓展，也为促进世界和平、稳定与发展作出了重要贡献。中国应密切关注中国研究部这一对华研究机构，深入了解其中不同学者的对华认知及其形成逻辑，深化双边学术交流，促进双方全面客观理性地认识彼此，为中印关系的健康稳定发展奠定坚实的思想基础。

贾瓦哈拉尔·尼赫鲁大学东亚研究中心中国研究部联系信息

地址：Chinese Studies Division（CSD），Centre for East Asian Studies（CEAS），Room No. 143，School of International Studies，Jawaharlal Nehru University，New Delhi，110067，India

电话：+91-11-26704346

网址：https：//jnu. ac. in/sis/ceas

邮箱：chair_ceas@mail. jnu. ac. in，chairmanceas@gmail. com

印度中国研究所

张洋　刘琰

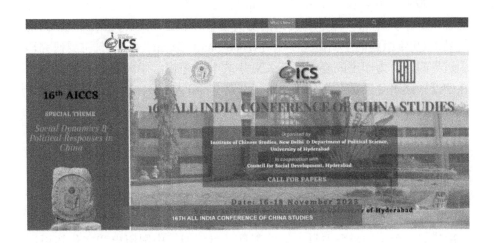

印度中国研究所（Institute of Chinese Studies，ICS）是印度最早设立的中国和东亚研究机构之一。[1] 在印度外交部的支持下，该所聚集了一批印度中国学领域的高级学者及前资深外交官，其任务是制定印度与中国交往的战略愿景，并满足本国由于中国崛起而产生的研究和培训需求。中国研究所一直致力于采取多种形式促进印度中国学研究的发展，代表着印度中国学研究的较高水平。

一、机构概况

1990 年，在印度德里大学和贾瓦哈拉尔·尼赫鲁大学（以下简称"尼赫鲁大学"）中国研究学者的共同努力下，[2] 印度中国研究所成立，其前身是 1969 年组建的中国研究小组（China Study Group，CSG），主要研究印中边界问题，为印度政府提供有关对华政策的建议。中国研究小组每周三在印度国际事务委员会（Indian Council of World Affairs）讨论中国的发展情况，参与者包括德里大学、尼赫鲁大学以及印度国防研究与分析研究所（Institute of Defence Studies and Analyses，IDSA）的教授、研究员，还包括一些外交官和记者。小组成员在中国研究所成立之前在不同的研究机构会面交流，讨论印中关系等问题。1978 年，中国研究小组开始在社会发展研究中心（Center for Social Development Studies，CSDS）举办"星期三研讨会"（Wednesday Seminar）并组织其他学术活动。中国研究小组的目标是在印度建立一个中国研究项目，培养兼具汉语技能、中国历史和文化知识以及扎实的社会科学功底的学者。该小组在初创时期积极发表文章和出版书籍，并参与报纸专栏的撰写和媒体的公开辩论活动，在重塑印度舆论、促进印中关系正常化发展方面发挥了显著作用。此外，小组成员对西方许多用于分析中国的刻板方法及冷战式的处理国际事务的方法表示质疑，作出了突出的学术贡献。[3]

1990 年，作为社会发展研究中心下辖组织的中国研究小组成立了中国研究所，小组成员作为名誉研究员隶属于该所。1997 年，印度外交部拨款

---

[1] Institute of Chinese Studies，"Mission & History，" https：//www. icsin. org/mission-history.

[2] 章立明：《印度中国研究经历三个阶段》，《中国社会科学报》2012 年 12 月 19 日。

[3] Institute of Chinese Studies，"Mission & History，" https：//www. icsin. org/mission-history? page＝2.

支持研究所的文秘工作和举行研讨会。[①]

中国研究所成立的目的是促进中国和东亚历史、文化和文学、社会、国际关系、经济和政治领域的研究，引领有关印中关系的公开讨论，支持印度大学里的中国和东亚教学项目，培养青年社会科学家和中国学学者，建立中国和东亚研究学者的全国网络。该所通过提供实习和项目资助来促进新的研究，并在政策制定过程中提供有依据和客观的意见。该所还出版《中国述评》（*China Report*）季刊，并不定期推出论文、专著和政策分析报告，促进国际合作和交流。[②]

二、机构设置

中国研究所最初由来自德里各大学和研究所的名誉研究员参与运作。在中国崛起、印中关系稳步发展、印中两国在世界中的作用和关注度显著提升的背景下，为了应对摆在学者、政策制定者和一般公众面前的许多新的挑战，中国研究所决定重组，使该所成为拥有全职研究人员和一定基础设施的独立机构。2010 年，中国研究所在印度外交部支持下注册为一个协会，并宣布了新的学术举措。2012 年 8 月，中国研究所搬到了位于德里大学附近的专属办公场所，并拥有了核心的全职研究人员。

从创办之初，该研究所的资金来源就很广泛。美国福特基金会曾多年支持该所在中国的调研等工作，日本财团（Nippon Foundation）、印度塔塔钢铁公司（TISCO）和印度工业联合会（CII）也支持了该所的一些项目。2000 年，印度外交部在社会发展研究中心为该所租用了办公场所，并进一步扩展了该所的学术项目。[③] 中国研究所的其他资助单位还有世界卫生组织、印度外交部、印度塔塔信托基金（Tata Trusts）、印度社会科学研究委员会（ICSSR）、加尔吉和维迪娅·普拉卡什·杜特基金会（Gargi & Vidya Prakash Dutt Foundation）、詹马拉尔·巴贾吉基金会（Jamnalal Bajaj Foundation）、

---

① Institute of Chinese Studies, "Mission & History," https：//www.icsin.org/mission-history?page=2.

② Ibid.

③ Ibid.

皮罗沙·戈德瑞基金会（Pirojsha Godrej Foundation）等。[1]

三、代表性人物

阿肖克·K.康特（Ashok K. Kantha），中国研究所现任所长。康特2017年3月起任中国研究所所长，此前他是一名职业外交官。他自1977年起从事外交工作，1979—1981年在新加坡南洋理工大学学习中文，1981—1985年在印度驻华使馆工作，后担任过印度驻中国香港、中国澳门总领事、印度外交部东亚司司长等职，并于2014—2016年任印度驻华大使。[2] 在30多年的外交生涯中，康特专注于亚洲事务，曾密切参与印度对中国和东亚的外交政策的制定和实施。[3]

谭中（Tan Chung），印度华裔历史学家。谭中是研究中印关系和中印文化的知名学者，从事中国文化研究40多年。谭中1964—1994年在尼赫鲁大学和德里大学任教，曾任英迪拉·甘地国家艺术中心研究教授和中国研究所名誉所长，2010年获"中印友谊奖"和印度"二等莲花奖"（Padma Bhushan）。其作品包括《喜马拉雅在呼唤：中国与印度的起源》《谭云山与中印文化交流》《中国与美丽新世界》等。他还是"跨越喜马拉雅障碍"丛书的主编，该丛书包括1998年在印度出版的《跨越喜马拉雅障碍：印度寻求了解中国》（*Across the Himalayan Gap—An Indian Quest for Understanding China*）和2006年在中国出版的《跨越喜马拉雅障碍：中国寻求了解印度》。[4]

维诺德·C.坎纳（Vinod C. Khanna），曾任中国研究所所长，印度驻古巴、印度尼西亚和不丹大使。坎纳是中国研究小组的创始成员，并一直担任《中国述评》的编委。其著作有《印度尼西亚、印度和中国的〈罗摩衍那〉：未来之路》（合著），研究领域为中国外交政策和印度与东南亚之间的传统文化交流。[5] 谭中和坎纳都是中国研究所的荣休研究员。

近年来，中国研究所还涌现出一批年轻的研究人员，其中包括：瑞

---

① Institute of Chinese Studies, "Supporters," https：//www. icsin. org/supporters. 具体资助情况可见：https：//www. icsin. org/fcra-donation-details。

② Institute of Chinese Studies, "Director," https：//www. icsin. org/director.

③ Ibid.

④ Institute of Chinese Studies, "Emeritus Fellows," https：//www. icsin. org/faculty/tan-chung.

⑤ Institute of Chinese Studies, "Emeritus Fellows," https：//www. icsin. org/faculty/vinod-c-khanna.

嘉·奈尔（Reeja Nair），印度尼赫鲁大学国际关系学院东亚研究中心中国研究部博士，主要研究后毛泽东时代中国的劳动力和城市化等问题，研究兴趣领域包括工人如何在快速城市化的中国驾驭城市空间，并与印度背景下的此类问题进行比较研究；[1] 普雷克莎·什里·切特丽（Preksha Shree Chhetri），印度尼赫鲁大学国际关系学院欧洲研究中心博士，研究兴趣包括欧盟-中国关系、中国在全球气候变化谈判中的作用、欧盟和中国在中亚与欧盟和中国在非洲。[2]

四、研究情况

（一）主要研究项目

中国研究所主要的研究项目有边界研究、中国经济研究、印中比较研究、世界中的中国等。

1. 边界研究（Border Studies）

边界研究项目旨在研究整个印中边界问题，包括边界争端问题，并特别关注印度东北部和孟中印缅地区。[3] 2013—2014 年，边界研究项目主要关注中印提出的"孟中印缅经济走廊"倡议。其中，三位中国研究所名誉研究员被任命为印度政府关于"孟中印缅经济走廊"联合研究小组的成员。此外，该所研究人员曾多次参加在中国举行的与"一带一路"倡议相关的会议。

中国研究所还有两个进行中的边界研究项目。一是"印度边境地区的基础设施项目"。该项目旨在了解印度中央政府在边界地区开发项目的动机，以及邦政府和地方利益集团对这些项目的期望。二是"印中关系综合数据库：边境争端和 1962 年的参考方案"。该项目旨在建立一个涉及印中边界争端所有问题的内容广泛的数据库，并最终力图使中国研究所成为印中关系各个方面重要数据的存储中心。

---

① Institute of Chinese Studies, "Current Research Faculty," https://www.icsin.org/faculty/reeja-nair.

② Institute of Chinese Studies, "Current Research Faculty," https://www.icsin.org/faculty/preksha-shree-chhetri.

③ Institute of Chinese Studies, "Border Studies," https://www.icsin.org/border-studies-programme.

2. 中国经济研究 (Chinese Economy Research)

中国经济研究项目于 1999 年启动，重点关注中国的经济发展、现代化进程、国际贸易和印中经济关系。该项目旨在帮助研究人员、决策者和从业者更好地了解中国经济的现状、挑战与发展方向，并通过调查和探索新的机会，加强印度和中国之间的经济对话和合作。[①] 其中，正在进行的项目有"世界贸易组织、贸易救济和中国工业""孟中印缅地区经济合作""中国市场经济地位及其对印度中小微企业的启示"等。

3. 印中比较研究 (India-China Comparative Studies)

该项目以比较的视角对中印劳工、社会福利、公共卫生和教育等问题进行研究，并批判性地研究印度和中国的发展经验以及方法上的异同。[②]

相关研究项目包括：（1）劳工和社会福利研究。该研究旨在分析解决产业工人问题的制度方法，并分析国家重新配置其福利框架的影响。已完成的项目有"中国和印度的国家社会福利响应：中小企业工人的比较研究"。（2）中印比较卫生小组 (China-India Comparative Health Unit)。该小组的目标是对选定的公共卫生领域进行研究，建立中国和印度卫生系统相关问题的资料库，并与两国学者、研究所和中心建立关系网，组织有关问题的讲习班、研讨会和发表论文。（3）少数民族研究。已完成的项目有"印度和中国的少数民族政策"。

4. 世界中的中国 (China in the World)

中国研究所最初主要关注中国的政治制度、经济、历史、社会和外交政策，特别是印中关系。这一关注点现已扩大到新的地理区域，包括印度和中国在非洲、拉丁美洲和南亚的影响，以及印度和中国在未来世界中的角色。[③]

该所正在进行的有关项目是考察中国与赞比亚的关系，重点关注中国在农业和采矿业方面对赞比亚的投资。已完成的有关项目是"中国在非洲的基础设施建设项目：坦桑尼亚和肯尼亚项目考察"，拟开展的有关项目有

---

① Institute of Chinese Studies, "Chinese Economy Research Programme," https://www.icsin.org/chinese-economy-research-programme.

② Institute of Chinese Studies, "India-China Comparative Studies," https://www.icsin.org/india-china-comparative-studies.

③ Institute of Chinese Studies, "China in the World," https://www.icsin.org/china-in-the-world.

"中国收购非洲资源：以津巴布韦为例"。

5. 印度和中国：认知和联系（India and China：Perception and Engagements）

该项目涵盖的方面包括电影、戏剧、文学、书法、博物馆学、艺术等。中国研究所旨在通过该项目探索认知和联系的边界，以及它们的组成和运作机制，加强与印中两国普通公众的接触，拓宽两国人民彼此间的认识和了解。[1]

（二）资料中心及馆藏介绍

中国研究所的图书馆及相关设施可供会员、高校师生、学者和其他有兴趣获取与中国和东亚相关的信息的人使用。图书馆中的书籍根据"杜威十进制图书分类法"进行分类，并附有所有书目细节。[2]

该图书馆的馆藏以当代中国和东亚研究方面的文献为主。谭中及其夫人黄绮淑（Huang I-shu）以及 C. V. 兰加纳坦（C. V. Ranganathan）、G. P. 德什潘德（G. P. Deshpande）、帕特里夏·乌贝罗伊（Patricia Uberoi）、吉里·德什英卡（Giri Deshingkar）、萨蒂希·萨博瓦（Satish Saberwal）和白蜜雅（Mira Sinha-Bhattacharjea）等中国研究学者向中国研究所捐赠过他们的个人藏书。2001 年，牛津大学教授芭芭拉·哈瑞斯-怀特（Barbara Harris-White）将已故丈夫戈登·怀特（Gordon White）的中国研究相关藏书赠予了中国研究所图书馆。

除日常收集外，中国研究所图书馆还会专门采购研究机构、国际组织以及中国中央和省级政府印制的各类出版物。该图书馆收藏了当代汉语、政治、经济发展、外交政策、能源、环境、社会学、社会人类学等方面的书籍，以及研讨会论文、会议论文集、统计数据等文献约 6000 册。该图书馆还收藏了印度外交部发布的白皮书和大量的中文书籍，提供超过 20 种订阅期刊和过刊，还接受 15 种期刊的交换，并与国内外相关机构交换研究成果和出版物。

该图书馆提供多种服务，例如在线信息检索和通过互联网、电子邮件和光盘数据库传播信息。其他服务包括信息选择性传播（SDI）和新知通报

---

[1] Institute of Chinese Studies, "India and China：Perceptions and Engagements," https：//www. icsin. org/india-and-china-perceptions-and-engagements.

[2] Institute of Chinese Studies, "Library collection," https：//www. icsin. org/library-collection.

服务（CAS）、馆际互借、咨询、流通以及复印服务。

五、人才培养

中国研究所是印度首屈一指的中国研究机构，致力于对中国和整个东亚地区进行高质量的学术研究。该所研究人员的研究领域十分广泛，包括外交政策、经济、劳工、边境地区、公共卫生、少数民族、政治、历史、社会、领导力等。

中国研究所设有实习计划（Internship Programme），帮助和培养相关研究人员获得专业经验，以及研究、数据分析、写作、编辑、沟通和组织方面的技能。该计划的目标是促进实习生对中国和东亚的兴趣和了解，使其能够进行更高级的研究。[1]

中国研究所现有来自尼赫鲁大学、德里大学、印度理工学院、美国哈佛大学、阿联酋沙迦大学等高校的研究中国问题的 11 名访问学者，也曾接待过北京大学、中山大学、上海外国语大学、海南亚太观察研究院、美国布朗大学、澳大利亚蒙纳士大学、孟买大学等高校和研究机构的从事中印研究的 9 名访问学者。[2]

六、成果发布

中国研究所的所刊《中国述评》最初是社会发展研究中心在 1964 年创办的双月刊，由中国研究小组管理。不久后该刊物转为学术季刊，并委托世哲-印度出版公司（Sage-India）出版。[3]

中国研究所的网站有最新活动、评论文章、期刊、专著、已举办的活动、媒体宣传、博客和推特等多个板块。在过去的几年里，中国研究所一直在举办"星期三研讨会"，其研讨主题范围广泛，吸引了专家、从业者、学生和非业内人士参加。这些研讨会为感兴趣者提供了一个可以就中国的

---

① Institute of Chinese Studies, "Past Interns," https：//www. icsin. org/past-interns.

② Institute of Chinese Studies, "Current Visiting Faculty," https：//www. icsin. org/current-visiting-faculty；"Past Visiting Faculty," https：//www. icsin. org/past-visiting-faculty.

③ Institute of Chinese Studies, "Mission & History," https：//www. icsin. org/mission-history？page＝2.

各个方面进行知情讨论的平台，显示出印度国内对中国感兴趣的群体正在不断扩大。

中国研究所目前主要承办以下三项大型会议：（1）全印度中国研究会议（All India Conference of China Studies，AICCS）。该会议 2006 年发起，每年由中国研究所与印度其他高校和研究机构合作举办，现已成为中国研究所的旗舰性活动。会议旨在为研究中国和东亚的印度学者提供分享研究成果、评估各自领域的发展和规划联合开展学术活动的平台。（2）全印度东亚研究会议（All India Conference of East Asian Studies，AICEAS）。该会议 2022 年发起，中国研究所于 2022 年 3 月 21—22 日与位于德里的希夫纳达尔大学（Shiv Nadar University）国际关系与治理研究系合作举办了第一届会议。① （3）印度果阿中国论坛（India Forum on China@Goa，IFC@Goa）。该论坛由中国研究所、康拉德·阿登纳基金会（Konrad Adenauer Stiftung，KAS）与果阿大学 2017 年发起，已发展成为年度国际会议。② 历届论坛的主题包括"解读中国寻求全球和地区领导力""改变中国经济的驱动力""中国和亚洲不断变化的地缘政治""中国共产党建党百年和中国的未来""'新时代'的中国共产党"等。

七、合作交流

近年来，中国研究所与许多中国高校和研究机构建立了合作关系，联合举办研讨会并发表著作。中国研究所与中方机构共同发起了多个多边论坛，例如孟中印缅区域经济合作论坛、俄罗斯-印度-中国学术三边论坛。该所人员还参加了博鳌亚洲论坛。其间，印度关于中国方面的学术研究蓬勃发展，印度高校和研究机构中出现了新一代的中国问题学者。③

中国研究所经常接待访问印度的中国代表团，就与中国、东亚及其他地区有关的一系列问题进行构思、讨论和交换意见。其目标是创建一个与世界各地大学、智库和其他学术机构的网络，通过互动建立伙伴关系，促

---

① Institute of Chinese Studies，"All India Conference of East Asian Studies，" https：//www. icsin. org/all-india-conference-of-east-asian-studies.

② Institute of Chinese Studies，"India Forum on China，" https：//www. icsin. org/india-forum-on-china.

③ Institute of Chinese Studie，"Mission & History，" https：//www. icsin. org/mission-history？page＝2.

进二轨外交和增进相互了解。[①]

印度中国研究所与俄罗斯科学院远东研究所、越南社科院印度和西南亚研究所、越南社会科学院中国研究所、上海大学全球问题研究院、上海市卫生和健康发展研究中心、复旦大学公共卫生学院、上海社会科学院、西安交通大学、西安财经大学、云南社会科学院和广东国际战略研究所等机构有学术合作。该所的学术伙伴还有印度尼赫鲁大学社会医学和社区健康中心、印度行政人员学院（海得拉巴）、印中经济文化促进会和查谟中央大学国家安全研究系等。[②]

八、结语

作为一所专门从事中国问题研究的权威学术机构，中国研究所是印度中国学研究的先锋。作为印度政府的智囊机构，中国研究所囊括了印度外交、国防、内政、情报等部门的实权派人物，他们频繁地参与一系列战略评估和决策支持工作，受到了广泛关注。中国需持续对此研究机构保持高度关注，深刻认识到该所在印度对华政策制定上的影响力，并与其充分保持务实对话和互动，增进两国间的相互认识和关系发展。

印度中国研究所联系信息

地址：Institute of Chinese Studies，B-371（3rd floor），Chittaranjan Park，Kalkaji，New Delhi，110019，India

电话：+91-11-40564823

网址：https：//www. icsin. org

邮箱：info@icsin. org

---

① Institute of Chinese Studies，"Delegation Visit," https：//www. icsin. org/delegation-visit.

② Institute of Chinese Studies，"Academic Partners," https：//www. icsin. org/academic-partners.

参撰人员简介

主　编

梁占军，首都师范大学历史学院教授，博士生导师，燕京学者。现任教育部国别和区域研究基地文明区划研究中心主任、中国世界近代现代史研究会副会长、中国世界现代史研究会专业委员会会长等职务。研究领域涉及世界现代史、现代国际关系史、第二次世界大战史和全球史。

方强，美国明尼苏达大学德鲁斯校区历史学教授，2017—2019 年当选为美国中国历史学家学会主席，现任美国华人社会科学教授学会会长。

编写人员

白晓煌，首都师范大学大学英语教研部教授，硕士生导师，主要研究方向为外语教育、语言测评。

邓嵘，首都师范大学大学英语教研部副教授，研究领域主要涉及中外高等教育比较、教育教学、高校教师发展与能力培养、高等职业教育等。

郝睿萱，首都师范大学历史学院硕士研究生，研究方向为现代国际关系史。

李鹏飞，首都师范大学国际文化学院助理研究员，研究方向为中日关系史、中国近代史、日本政治。

李阳，航天工程大学基础部教师，主要研究方向为英语教学与研究、二语习得研究等。

刘畅，首都师范大学外国语学院德语系讲师，研究方向为德语语言学和教学法。

刘京，河北师范大学历史文化学院副教授，主要研究方向为现代国际关系史。

刘旭，首都师范大学研究生院讲师，研究方向为全球史、地中海史。

刘琰，印度贾瓦哈拉尔·尼赫鲁大学印地语硕士研究生，主要从事中印关系、印度外交及南亚安全问题研究。

马理唯奇，首都师范大学国际文化学院合作办学办公室副主任，助理研究员，主要从事国际文化交流、地中海史研究。

王若茜，河南师范大学历史文化学院讲师，主要研究领域为国际关系史。

魏佳琳，首都师范大学国际文化学院助理研究员，研究方向为意大利语言文学、商务英语、商务分析与战略管理。

吴珺，首都师范大学大学英语教研部讲师，主要研究方向为英语语言教学研究、语言学习者研究、课程理论和教师发展研究。

吴湜珏珊，首都师范大学外国语学院讲师，硕士生导师，外国诗歌研究中心助理研究员，研究方向为小说诗学、比较文学。

张北晨，首都师范大学文明区划研究中心编辑，研究方向为现代国际关系史。

张如奎，首都师范大学外国语学院俄语系副教授，硕士生导师，主要研究方向为西方及俄罗斯语言哲学、现代俄汉双语翻译理论与实践、俄罗斯近现代政治文化历史及俄罗斯汉学。

张秀峰，首都师范大学大学英语教研部教授，主要研究方向为英语教育和比较教育。

张洋，中国国家博物馆和中国社会科学院联合培养博士后，主要从事中印关系、中印文化比较与认知研究。

邹正鑫，印度德里大学政治学博士研究生，主要从事中印关系、印度外交及印度洋安全问题研究。

钟厚涛，国际关系学院副教授，研究方向为中美关系史与台湾问题。